에듀윌과 함께 시작하면,
당신도 합격할 수 있습니다!

오랜 직장 생활을 마감하며 찾아온 앞날에 대한 막연한 두려움
에듀윌만 믿고 공부해 합격의 길에 올라선 50대 은퇴자

출산한지 얼마 안돼 독박 육아를 하며 시작한 도전!
새벽 2~3시까지 공부해 8개월 만에 동차 합격한 아기엄마

만년 가구기사 보조로 5년 넘게 일하다, 달리는 차 안에서도
포기하지 않고 공부해 이제는 새로운 일을 찾게 된 합격생

누구나 합격할 수 있습니다.
시작하겠다는 '다짐' 하나면 충분합니다.

마지막 페이지를 덮으면,

에듀윌과 함께
공인중개사 합격이 시작됩니다.

14년간 베스트셀러 1위
에듀윌 공인중개사 교재

기초부터 확실하게 기초/기본 이론

기초입문서(2종)

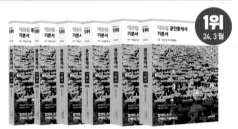

기본서(6종)

출제경향 파악 기출문제집

단원별 기출문제집(6종)

다양한 출제 유형 대비 문제집

기출응용 예상문제집(6종)

<이론/기출문제>를 단기에 단권으로 단단

단단(6종)

부족한 부분을 빠르게 보강하는 요약서/실전대비 교재

1차 핵심요약집+기출팩

임선정 그림 암기법
(공인중개사법령 및 중개실무)

오시훈 키워드 암기장
(부동산공법)

심정욱 합격패스 암기노트
(민법 및 민사특별법)

심정욱 핵심체크 OX
(민법 및 민사특별법)

합격을 위한 비법 대공개 합격서

이영방 합격서
부동산학개론

심정욱 합격서
민법 및 민사특별법

임선정 합격서
공인중개사법령 및 중개실무

김민석 합격서
부동산공시법

한영규 합격서
부동산세법

오시훈 합격서
부동산공법

신대운 합격서
쉬운 민법체계도

합격을 결정하는 파이널 교재

이영방 필살키

심정욱 필살키

임선정 필살키

오시훈 필살키

김민석 필살키

한영규 필살키

7일끝장 회차별 기출문제집
(2종)

실전모의고사 완성판
(2종)

더 많은
공인중개사 교재

* 해당 교재의 이미지는 변경될 수 있습니다.

공인중개사, 에듀윌을 선택해야 하는 이유

8년간 아무도 깨지 못한 기록
합격자 수 1위

합격을 위한 최강 라인업
1타 교수진

공인중개사

합격만 해도 연 최대 300만원 지급
에듀윌 앰배서더

업계 최대 규모의 전국구 네트워크
동문회

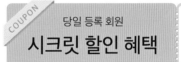

합격자 수 1위 에듀윌
6만 5천 건이 넘는 후기

고○희 합격생

부알못, 육아맘도 딱 1년 만에 합격했어요.

저는 부동산에 관심이 전혀 없는 '부알못'이었는데, 부동산에 관심이 많은 남편의 권유로 공부를 시작했습니다. 남편 지인들이 에듀윌을 통해 많이 합격했고, '합격자 수 1위'라는 광고가 좋아 에듀윌을 선택하게 되었습니다. 교수님들이 커리큘럼대로만 하면 된다고 해서 믿고 따라갔는데 정말 반복 학습이 되더라고요. 아이 둘을 키우다 보니 낮에는 시간을 낼 수 없어서 밤에만 공부하는 게 쉽지 않아 포기하고 싶을 때도 있었지만 '에듀윌 지식인'을 통해 합격하신 선배님들과 함께 공부하는 동기들의 위로가 큰 힘이 되었습니다.

이○용 합격생

군복무 중에 에듀윌 커리큘럼만 믿고 공부해 합격

에듀윌이 합격자가 많기도 하고, 교수님이 많아 제가 원하는 강의를 고를 수 있는 점이 좋았습니다. 또, 커리큘럼이 잘 짜여 있어서 잘 따라만 가면 공부를 잘 할 수 있을 것 같아 에듀윌을 선택했습니다. 에듀윌의 커리큘럼대로 꾸준히 따라갔던 게 저만의 합격 비결인 것 같습니다.

안○원 합격생

5개월 만에 동차 합격, 낸 돈 그대로 돌려받았죠!

저는 야쿠르트 프레시매니저를 하다 60세에 도전하여 합격했습니다. 심화 과정부터 시작하다 보니 기본이 부족했는데, 교수님들이 하라는 대로 기본 과정과 책을 더 보면서 정리하며 따라갔던 게 주효했던 것 같습니다. 합격 후 100만 원 가까이 되는 큰 돈을 환급받아 남편이 주택관리사 공부를 한다고 해서 뒷받침해 줄 생각입니다. 저는 소공(소속 공인중개사)으로 활동을 하고 싶은 포부가 있어 최대 규모의 에듀윌 동문회 활동도 기대가 됩니다.

다음 합격의 주인공은 당신입니다!

더 많은
합격 비법

세상을 움직이려면
먼저 나 자신을 움직여야 한다.

– 소크라테스(Socrates)

➕ 합격할 때까지 책임지는 개정법령 원스톱 서비스!

법령 개정이 잦은 공인중개사 시험. 일일이 찾아보지 마세요!
에듀윌에서는 필요한 개정법령만을 빠르게! 한번에! 제공해 드립니다.

| 에듀윌 도서몰 접속
(book.eduwill.net) | ▶ | 우측 정오표
아이콘 클릭 | ▶ | 카테고리 공인중개사
설정 후 교재 검색 |

개정법령
확인하기

2024
에듀윌 공인중개사
기출응용 예상문제집 1차
민법 및 민사특별법

왜 기출응용 예상문제를 풀어야 할까요?

기출지문에만 익숙해지면 안 됩니다. 개념을 정확하게 이해했는지 예상문제를 풀어보면서 점검해야 완전히 내 것이 됩니다.

합격생A

응용문제와 고난도 문제를 반복적으로 충분히 연습하고 가시면 본 시험에서 문제 없이 푸실 수 있습니다.

합격생B

그래서 에듀윌 기출응용 예상문제집은?

1 | 익숙한 기출문제를 기출응용문제로 새롭게 점검!

핵심 기출문제를 변형한 문제로 학습하면서 약점을 파악하고 응용력을 기를 수 있습니다.

제34회 민법 및 민사특별법 기출문제	➡	2024 에듀윌 기출응용 예상문제집 민법 및 민사특별법 p.12

41. 다음 중 연결이 잘못된 것은? (다툼이 있으면 판례에 따름)

① 임차인의 필요비상환청구권 – 형성권
② 지명채권의 양도 – 준물권행위
③ 부동산 매매에 의한 소유권 취득 – 특정승계
④ 부동산 점유취득시효완성으로 인한 소유권 취득 – 원시취득
⑤ 무권대리에서 추인 여부에 대한 확답의 최고 – 의사의 통지

01. 다음 중 연결이 잘못된 것은? (다툼이 있으면 판례에 따름)

① 임차인의 비용상환청구권 – 형성권
② 지명채권의 양도 – 준물권행위
③ 부동산 매매에 의한 소유권 취득 – 승계취득
④ 부동산 점유취득시효완성으로 인한 소유권 취득 – 원시취득
⑤ 등기된 임차권의 대항력 – 권리의 작용의 변경

저는 문제를 많이 풀면서 모르는 문제, 처음보는 문제에 대한 두려움을 없애보고자 노력했던 것이 도움이 되었습니다.

합격생C

최근 단어나 말을 살짝 바꾼 함정문제가 나오는 과목도 있어 정확하게 연습하는 것이 중요합니다.

합격생D

2 | 실제 시험 유형 · 지문과 유사한 예상문제로 학습!

공인중개사 시험의 출제경향에 맞추어 실전감각을 키우는 연습이 가능합니다.

제34회 민법 및 민사특별법 기출문제	←	2023 에듀윌 기출응용 예상문제집 민법 및 민사특별법 p.137

58. 전세권에 관한 설명으로 옳은 것은? (다툼이 있으면 판례에 따름)

① 전세권설정자의 목적물 인도는 전세권의 성립요건이다. (×)

② 타인의 토지에 있는 건물에 전세권을 설정한 경우, 전세권의 효력은 그 건물의 소유를 목적으로 한 지상권에 미친다.

③ 전세권의 사용 · 수익 권능을 배제하고 채권담보만을 위해 전세권을 설정하는 것은 허용된다.

④ 전세권설정자는 특별한 사정이 없는 한 목적물의 현상을 유지하고 그 통상의 관리에 속한 수선을 해야 한다.

⑤ 건물전세권이 법정갱신된 경우, 전세권자는 이를 등기해야 제3자에게 대항할 수 있다. (×)

19. 전세권에 관한 설명으로 틀린 것은? (다툼이 있으면 판례에 따름)

① 전세금의 지급은 전세권의 성립요건이다.

② 농경지는 전세권의 목적으로 하지 못한다.

③ 건물전세권이 법정갱신된 경우 전세권자는 전세권 갱신에 관한 등기 없이도 제3자에게 전세권을 주장할 수 있다.

④ 전세권자에게는 필요비상환청구권은 인정되지 않고, 유익비상환청구권만 인정된다.

⑤ 건물의 일부에 대한 전세에서 전세권설정자가 전세금의 반환을 지체하는 경우, 전세권자는 전세권에 기하여 건물 전부에 대해서 경매청구할 수 있다.

이 책의 구성 및 활용법

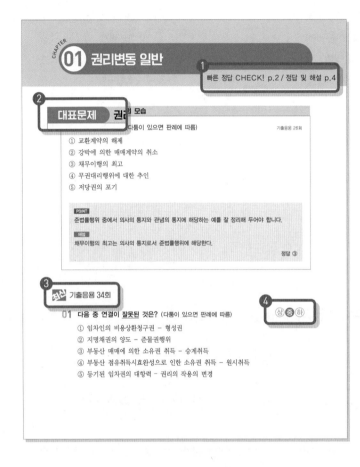

1 정답만 확인하고 싶다면?
'빠른 정답 CHECK!',
해설까지 확인하고 싶다면?
'정답 및 해설' 페이지로 바로 확인!!

2 대표문제를 풀면서
핵심 출제키워드, 문제 유형을
한번에 파악!

3 최신 기출응용&예상문제로
약점 보완 및 응용력 강화!

4 상/중/하 난이도에 따른
문제풀이 학습 가능!

➕ 오답 노트가 되는 정답 및 해설(책속의 책)

· 문제와 정답/해설이 분리되어 있어 실전 대비 가능
· 함께 학습하면 좋은 이론 추가, 마지막 복습노트로 활용
· 어려운 문제, 보충개념 등은 오답 NOTE에 정리!
· 형광펜 표시로 주요 포인트만 빠르게 회독 가능

머리말

최근 공인중개사 시험에서 민법 및 민사특별법은 판례의 결론을 얼마만큼 정확하게 기억하고 있느냐와 사례문제를 정해진 시간 내에 얼마나 빨리 해결할 수 있느냐를 테스트하는 문제가 주로 출제됩니다. 이러한 출제경향은 앞으로도 계속될 것으로 판단되어, 이번 기출응용 예상문제집에서도 판례와 사례를 통한 접근을 많이 시도하였습니다.

특히 이번 기출응용 예상문제집은 다음의 사항에 주안점을 두어 집필하였습니다.

첫째, 출제확률이 높은 중요한 쟁점들을 빠짐없이 문제화하여 이 책의 반복적 학습만으로도 충분히 시험에 합격할 수 있도록 구성하였습니다.

둘째, 최근 출제경향에 맞추어 판례문제를 집중적으로 배치하였고, 판례의 결론을 물어보는 단답형 문제와 판례를 사례형태로 출제하는 문제들을 효과적으로 나누어 구성하였습니다.

셋째, 내용을 정확히 이해하고 문제를 빨리 푸는 훈련을 할 수 있도록 박스형 문제를 대폭 도입하였습니다. 박스형 문제를 많이 다루어보게 함으로써 문제를 푸는 방법을 터득하게 하고 시간안배를 잘 할 수 있도록 배려하였습니다.

항상 수험생활에는 힘든 고비가 찾아오지만, 끝까지 포기하지 마시길 바랍니다. 포기하지 않는다면 여러분은 반드시 합격하실 겁니다. 처음 공부를 시작했던 마음으로 끝까지 파이팅하십시오!

저자 심정욱

약 력
- 現 에듀윌 민법 및 민사특별법 전임 교수
- 前 EBS 민법 및 민사특별법 강사
- 前 주요 공인중개사 학원 민법 및 민사특별법 강사

저 서
에듀윌 공인중개사 민법 및 민사특별법 기초입문서, 기본서, 단단, 합격서, 단원별/회차별 기출문제집, 핵심요약집, 기출응용 예상문제집, 실전모의고사, 필살키, 핵심체크 ○× 등 집필

차 례

PART 3 계약법

PART 4 민사특별법

책속의 책　　오답 노트가 되는 정답 및 해설

PART

1

민법총칙

최근 5개년 출제경향 분석

최근 5개년 PART1 출제비중

25%

CHAPTER	문항 수					비중	✿빈출 키워드
	30회	31회	32회	33회	34회		
CH.01	0	0	0	0	1	2%	권리변동의 모습
CH.02	1	1	3	2	2	18%	반사회적 법률행위, 불공정한 법률행위
CH.03	2	2	1	1	1	14%	제108조 제2항의 제3자, 착오로 인한 의사표시
CH.04	4	3	3	4	3	34%	협의의 무권대리, 표현대리
CH.05	2	3	2	2	2	22%	무효와 취소
CH.06	1	1	1	1	1	10%	조건부 법률행위

* 복합문제이거나, 법률이 개정 및 제정된 경우 분류 기준에 따라 위 수치와 달라질 수 있습니다.

대표문제 | **권리변동의 모습**

준법률행위인 것은? (다툼이 있으면 판례에 따름) 기출응용 26회

① 교환계약의 해제

② 강박에 의한 매매계약의 취소

③ 채무이행의 최고

④ 무권대리행위에 대한 추인

⑤ 저당권의 포기

POINT
준법률행위 중에서 의사의 통지와 관념의 통지에 해당하는 예를 잘 정리해 두어야 합니다.

해설
채무이행의 최고는 의사의 통지로서 준법률행위에 해당한다.

정답 ③

기출응용 34회

01 다음 중 연결이 <u>잘못된</u> 것은? (다툼이 있으면 판례에 따름)

① 임차인의 비용상환청구권 – 형성권

② 지명채권의 양도 – 준물권행위

③ 부동산 매매에 의한 소유권 취득 – 승계취득

④ 부동산 점유취득시효완성으로 인한 소유권 취득 – 원시취득

⑤ 등기된 임차권의 대항력 – 권리의 작용의 변경

02 권리변동에 관한 설명 중 **틀린** 것은?

① 매매계약에 의해 소유권이전등기청구권을 취득하는 것은 원시취득에 해당한다.
② 甲이 소유하는 가옥을 乙에게 매각하여 그 소유권을 상실한 것은 상대적 소멸에 해당한다.
③ 甲이 乙 소유의 토지에 지상권을 설정받은 경우는 설정적 승계에 해당한다.
④ 선순위저당권이 변제 기타 사유로 소멸하여 후순위저당권의 순위가 승진하는 것은 내용의 변경에 해당한다.
⑤ 임차권이 등기되어 새로운 소유자에게 임차권을 주장할 수 있게 되는 것은 작용의 변경에 해당한다.

03 다음 중 서로 **잘못** 짝지어진 것은?

① 전세권의 설정 – 설정적 승계
② 재단법인설립행위 – 상대방 없는 단독행위
③ 점유취득시효의 완성에 의한 소유권의 취득 – 승계취득
④ 청약자가 하는 승낙연착의 통지 – 관념의 통지
⑤ 무권대리에서 추인 여부에 대한 확답의 최고 – 의사의 통지

04 다음 중 전주(前主)의 하자나 부담이 소멸하는 경우를 모두 고른 것은?

㉠ 지상권설정	㉡ 부합에 의한 소유권취득
㉢ 상속에 의한 소유권취득	㉣ 유실물 습득에 의한 소유권취득
㉤ 사인증여에 의한 소유권취득	

① ㉠, ㉢
② ㉡, ㉣
③ ㉠, ㉢, ㉣
④ ㉠, ㉢, ㉤
⑤ ㉡, ㉣, ㉤

05 법률사실과 법률요건에 관한 설명으로 <u>틀린</u> 것은?

① 매매계약에 있어서 청약과 승낙의 의사표시는 법률사실에 해당하고, 매매계약은 법률요건에 해당한다.

② 정당한 대리인이라는 신뢰는 관념적 용태에 해당한다.

③ 혼동은 사건에 해당한다.

④ 무권대리행위의 추인 여부에 관한 상대방의 최고는 의사의 통지에 해당한다.

⑤ 위 ④의 경우 본인이 확답을 발하지 아니한 경우 추인거절의 효과가 생기는 것은 당사자의 의사에 근거한 것이다.

02 법률행위

빠른 정답 CHECK! p.2 / 정답 및 해설 p.5

대표문제 **법률행위의 효력요건**

법률행위의 효력에 관한 설명으로 틀린 것은? (다툼이 있으면 판례에 따름)   31회

① 무효행위 전환에 관한 규정은 불공정한 법률행위에 적용될 수 있다.

② 경매에는 불공정한 법률행위에 관한 규정이 적용되지 않는다.

③ 강제집행을 면할 목적으로 허위의 근저당권을 설정하는 행위는 반사회질서의 법률행위로 무효이다.

④ 상대방에게 표시되거나 알려진 법률행위의 동기가 반사회적인 경우, 그 법률행위는 무효이다.

⑤ 소송에서 증언할 것을 조건으로 통상 용인되는 수준을 넘는 대가를 지급하기로 하는 약정은 무효이다.

POINT
법률행위의 효력요건에 관한 판례가 자주 출제되므로 이에 관한 판례의 결론을 꼭 정리해 두어야 합니다.

해설
① 대판 2011.4.28, 2010다106702
② 대결 1980.3.21, 80마77
③ 강제집행을 면할 목적으로 부동산에 허위의 근저당권설정등기를 경료하는 행위는 반사회적 법률행위에 해당하지 않는다(대판 2004.5.28, 2003다70041).
④ 대판 2002.9.10, 2002다21509
⑤ 대판 1994.3.11, 93다40522 ; 대판 2010.7.29, 2009다56283

정답 ③

01 상대방 있는 단독행위에 해당하지 <u>않는</u> 것은? (다툼이 있으면 판례에 따름) 32회 상중하

① 공유지분의 포기
② 무권대리행위의 추인
③ 상계의 의사표시
④ 취득시효 이익의 포기
⑤ 재단법인의 설립행위

02 다음 중 연결이 <u>틀린</u> 조합은? 상중하

① 재단법인설립행위 – 상대방 없는 단독행위
② 유증 – 계약
③ 사단법인설립행위 – 합동행위
④ 해제, 채무면제 – 상대방 있는 단독행위
⑤ 증여, 임대차 – 계약

03 다음 중 단독행위인 것을 모두 고른 것은? (다툼이 있으면 판례에 따름) 상중하

┌─────────────────────────────────┐
│ ㉠ 합의해제
│ ㉡ 무권대리행위에 대한 본인의 추인
│ ㉢ 임차권의 양도
│ ㉣ 매매의 일방예약
│ ㉤ 지상권의 포기
└─────────────────────────────────┘

① ㉠   ② ㉠, ㉡
③ ㉡, ㉤   ④ ㉢, ㉣
⑤ ㉣, ㉤

04 다음 중 연결이 <u>틀린</u> 것은?

① 상대방 있는 단독행위 – 추인, 취소
② 요식행위 – 법인설립행위, 등기신청
③ 준물권행위 – 채권양도, 교환계약
④ 보조행위 – 동의, 대리권의 수여
⑤ 종된 행위 – 계약금계약, 저당권설정계약

05 다음 중 준물권행위가 <u>아닌</u> 것은?

① 채권양도   ② 채무면제
③ 저작권의 양도   ④ 임대차
⑤ 특허권의 양도

06 법률행위의 효력요건이 <u>아닌</u> 것은? (다툼이 있으면 판례에 따름)

① 대리행위에서 대리권의 존재
② 정지조건부 법률행위에서 조건의 성취
③ 농지거래계약에서 농지취득자격증명
④ 법률행위 내용의 사회적 타당성
⑤ 토지거래허가구역 내의 토지거래계약에 관한 관할관청의 허가

07 법률행위의 목적에 관한 설명으로 옳은 것은? (다툼이 있으면 판례에 따름) 　상⟨중⟩**하**

① 「농지법」상의 농지취득자격증명은 농지매매의 효력발생요건이다.
② 「부동산등기 특별조치법」에 위반한 중간생략등기의 합의는 무효이다.
③ 계약성립 후 채무이행이 불가능하게 되더라도, 계약이 무효로 되는 것은 아니다.
④ 법률행위의 표시된 동기가 사회질서에 반하는 경우 그 법률행위는 반사회적 법률행위라고 할 수 없다.
⑤ 법률행위의 목적의 불능 여부는 이행기를 기준으로 판단하여야 한다.

08 법률행위의 목적에 관한 설명으로 옳은 것은? 　상⟨**중**⟩하

① 목적의 불능으로 법률행위가 무효가 되는 것은 원시적 불능에 한한다.
② 타인 소유의 물건을 매매하는 것은 법률적으로 불가능한 것을 목적으로 하고 있어 무효가 된다.
③ 「자본시장과 금융투자업에 관한 법률」 규정에 위반한 투자수익보장약정은 유효하다.
④ 무허가 주유소의 영업행위는 법률행위의 목적의 적법성이 결여되어 무효이다.
⑤ 「민간임대주택에 관한 특별법」 규정에 위반하여 임대의무기간 경과 전에 임대주택을 매각하더라도 이는 유효하다.

09 다음 중 원칙적으로 당사자간의 특약으로 그 적용을 배제할 수 있는 것을 모두 고른 것은? (다툼이 있으면 판례에 따름) 　**상**⟨중⟩하

㉠ 쌍무계약상의 위험부담	㉡ 해제·해지의 불가분성
㉢ 매도인의 담보책임	㉣ 임대차의 법정갱신

① ㉠, ㉡
② ㉡, ㉢
③ ㉢, ㉣
④ ㉠, ㉡, ㉢
⑤ ㉠, ㉡, ㉢, ㉣

10 효력규정이 <u>아닌</u> 것을 모두 고른 것은? (다툼이 있으면 판례에 따름) 32회

> ㉠ 「부동산등기 특별조치법」상 중간생략등기를 금지하는 규정
> ㉡ 「공인중개사법」상 개업공인중개사가 중개의뢰인과 직접 거래를 하는 행위를 금지하는 규정
> ㉢ 「공인중개사법」상 개업공인중개사가 법령에 규정된 중개보수 등을 초과하여 금품을 받는 행위를 금지하는 규정

① ㉠
② ㉡
③ ㉢
④ ㉠, ㉡
⑤ ㉡, ㉢

11 법률행위의 목적의 적법과 관련한 판례의 태도와 <u>다른</u> 것은?

① 중간생략등기를 금지하는 「부동산등기 특별조치법」에 위반된 중간생략등기의 합의는 유효하다.
② 「부동산 거래신고 등에 관한 법률」상의 토지거래허가규정에 위반하여 경료된 중간생략등기는 무효이다.
③ 「주택법」상의 전매금지규정을 위반한 전매약정이라도 유효하다.
④ 투자일임매매를 제한하는 「자본시장과 금융투자업에 관한 법률」 관련규정에 위반한 일임매매약정이라도 유효하다.
⑤ 증권회사 또는 그 임·직원의 부당권유행위를 금지하는 「자본시장과 금융투자업에 관한 법률」 관련규정에 위반한 투자수익보장약정은 유효하다.

12 다음 중 판례에 따를 때 반사회적 법률행위가 <u>아닌</u> 것은?

① 전통사찰의 주지직을 거액의 금품을 대가로 양도·양수하기로 하는 약정
② 매매계약체결 당시에 정당한 대가를 지급하고 목적물을 매수하는 계약을 체결하였으나 그 후 목적물이 범죄행위로 취득된 것을 알게 된 경우
③ 소송사건에서 증언의 대가로 금전을 지급하기로 약정하였으나 그것이 통상적으로 용인될 수 있는 수준을 초과하는 경우
④ 당사자 사이의 경제력 차이로 인하여 이율이 사회통념상 허용되는 한도를 초과하여 현저하게 고율로 정해진 경우
⑤ 이중매매에 있어서 매도인의 배임행위에 제2매수인이 적극가담한 경우

13 반사회질서의 법률행위로서 무효인 것을 모두 고른 것은? (다툼이 있으면 판례에 따름)

> ㉠ 범죄행위로 조성된 '비자금'을 소극적으로 은닉하기 위하여 임치하는 행위
> ㉡ 피상속인이 제3자에게 토지를 매각한 사실을 알고 있는 자가 그 사정을 모르는 상속인을 적극적으로 기망하여 그 토지를 자신이 매수한 행위
> ㉢ 강제집행을 면할 목적으로 부동산에 허위의 근저당권을 설정하는 행위
> ㉣ 소송사건에서 증언의 대가로 통상적으로 용인될 수 있는 수준을 초과하는 금전을 지급하는 행위

① ㉠, ㉡
② ㉠, ㉣
③ ㉡, ㉣
④ ㉠, ㉢, ㉣
⑤ ㉡, ㉢, ㉣

14 법률행위의 효력요건에 관한 판례의 태도로서 **틀린** 것은?

① 백화점 수수료위탁판매 매장계약에서 임차인이 매출신고를 누락하는 경우 판매수수료의 100배에 해당하고 매출신고누락분의 10배에 해당하는 벌칙금을 임대인에게 배상하기로 한 위약벌의 약정은 반사회적 법률행위에 해당한다.

② 비자금을 소극적으로 은닉하기 위하여 임치한 것은 반사회적 법률행위에 해당하지 않는다.

③ "어떠한 일이 있어도 이혼하지 않겠다."라는 의사표시는 무효이다.

④ 「농지법」상 농지취득자격증명은 농지취득의 원인이 되는 법률행위의 효력발생요건이 아니다.

⑤ 제3자가 피상속인으로부터 토지를 전전매수하였다는 사실을 알면서도 그 정을 모르는 상속인을 기망하여 결과적으로 그로 하여금 토지를 이중매도하게 하였다면, 그 매수인과 상속인 사이의 토지매매계약은 반사회적 법률행위에 해당한다.

15 다음 중 판례의 입장과 **다른** 것은?

① 밀수자금에 사용될 줄 알면서 금원을 대출해 주기로 하는 약정은 반사회적 법률행위이므로 무효이다.

② 부정행위를 용서받는 대가로 손해배상을 함과 아울러 가정에 충실하겠다는 서약의 취지에서 처에게 부동산을 양도하되, 부부관계가 유지되는 동안에 처가 임의로 처분할 수 없다는 제한을 붙인 약정은 유효하다.

③ 도박채무를 변제하기 위해 채무자로부터 부동산의 처분을 위임받은 채권자가 그 부동산을 제3자에게 매도한 경우에 있어서 도박채무부담행위와 부동산처분에 관한 대리권을 도박채권자에게 수여한 행위는 무효이다.

④ 증언대가로서의 금품을 수수하기로 약정한 경우 그 금품이 통상적으로 용인될 수 있는 수준이면 유효하다.

⑤ 국가기관이 「헌법」상 보장된 국민의 기본권을 침해하는 위헌적인 공권력을 행사한 결과 국민이 그 공권력의 행사에 외포(畏怖)되어 자유롭지 못한 의사표시를 하였더라도 그 의사표시가 반사회성을 띠게 되어 당연히 무효로 된다고는 볼 수 없다.

16 반사회질서의 법률행위에 해당하지 <u>않는</u> 것을 모두 고른 것은? (다툼이 있으면 판례에 따름)

> ㉠ 2024년 체결된 형사사건에 관한 성공보수약정
> ㉡ 부첩관계를 단절하면서 첩의 생활비, 자녀의 양육비를 지급하기로 하는 약정
> ㉢ 산모가 우연한 사고로 인한 태아의 상해에 대비하기 위해 자신을 보험수익자로, 태아를 피보험자로 하여 체결한 상해보험계약

① ㉠
② ㉢
③ ㉠, ㉡
④ ㉡, ㉢
⑤ ㉠, ㉡, ㉢

17 부동산이중매매에 관한 설명으로 <u>틀린</u> 것은? (다툼이 있으면 판례에 따름) 32회 상**중**하

① 반사회적 법률행위에 해당하는 제2매매계약에 기초하여 제2매수인으로부터 그 부동산을 매수하여 등기한 선의의 제3자는 제2매매계약의 유효를 주장할 수 있다.
② 제2매수인이 이중매매사실을 알았다는 사정만으로 제2매매계약을 반사회적 법률행위에 해당한다고 볼 수 없다.
③ 특별한 사정이 없는 한, 먼저 등기한 매수인이 목적 부동산의 소유권을 취득한다.
④ 반사회적 법률행위에 해당하는 이중매매의 경우, 제1매수인은 제2매수인에 대하여 직접 소유권이전등기말소를 청구할 수 없다.
⑤ 부동산이중매매의 법리는 이중으로 부동산임대차계약이 체결되는 경우에도 적용될 수 있다.

18 甲은 자신의 X부동산을 乙에게 매도하고 계약금과 중도금을 지급받았다. 그 후 이 사실을 알고 있는 丙은 甲과 X부동산에 대한 매매계약을 체결하고 자신의 명의로 소유권이전등기를 마쳤다. 다음 설명으로 <u>틀린</u> 것은? (다툼이 있으면 판례에 따름)

① 丙은 X부동산의 소유권을 취득한다.

② 乙은 최고 없이 甲과 체결한 X부동산에 대한 매매계약을 해제할 수 있다.

③ 甲의 배임행위에 丙이 적극가담한 경우에는 乙은 甲을 대위하여 丙에게 소유권이전등기의 말소를 청구할 수 있다.

④ 甲의 배임행위에 丙이 적극가담하고 선의의 丁이 X부동산을 丙으로부터 매수하여 이전등기를 받은 경우에는, 丁은 甲과 丙의 매매계약의 유효를 주장할 수 있다.

⑤ 甲은 계약금의 배액을 상환하고 X부동산에 대한 매매계약을 해제할 수 없다.

19 甲은 자신의 X부동산을 乙에게 매도하고 계약금과 중도금을 지급받았다. 그 후 丙이 甲의 배임행위에 적극 가담하여 甲과 X부동산에 대한 매매계약을 체결하고 자신의 명의로 소유권이전등기를 마쳤다. 다음 설명으로 <u>틀린</u> 것은? (다툼이 있으면 판례에 따름)

상중하

① 乙은 丙에게 직접 소유권이전등기를 청구할 수 없다.

② 乙은 丙에 대하여 불법행위를 이유로 손해배상을 청구할 수 있다.

③ 甲은 계약금 배액을 상환하고 乙과 체결한 매매계약을 해제할 수 없다.

④ 丙 명의의 등기는 甲이 추인하더라도 유효가 될 수 없다.

⑤ 만약 선의의 丁이 X부동산을 丙으로부터 매수하여 이전등기를 받은 경우, 丁은 甲과 丙의 매매계약의 유효를 주장할 수 있다.

20 반사회적 법률행위와 불공정한 법률행위에 관한 설명으로 옳은 것은? (다툼이 있으면 판례에 따름) 상**중**하

① 형사사건에 관하여 체결된 성공보수약정은 반사회적 법률행위에 해당하지 않는다.

② 보험계약자가 다수의 보험계약을 통하여 보험금을 부정취득할 목적으로 보험계약을 체결하는 것은 반사회적 법률행위에 해당하지 않는다.

③ 매매계약을 체결함에 있어 궁박한 상태였다고 하더라도 경솔, 무경험이 아니었다면 이를 민법 제104조의 불공정한 법률행위라고 할 수 없다.

④ 매매계약 당시 피해 당사자에게 궁박한 사정이 있다는 점을 폭리자가 알고 있었다고 하더라도 이를 이용하려는 의사가 없었다면 불공정한 법률행위에 해당하지 않는다.

⑤ 경매의 경우에도 불공정한 법률행위에 관한 제104조가 적용될 수 있다.

21 불공정한 법률행위에 관한 설명으로 옳은 것은? (다툼이 있으면 판례에 따름) 상**중**하

① 불공정한 법률행위로서 무효인 경우에도 추인에 의하여 무효인 법률행위가 유효로 될 수 있다.

② 증여계약과 같이 아무런 대가관계 없이 당사자 일방이 상대방에게 일방적인 급부를 하는 법률행위도 불공정한 법률행위에 해당될 수 있다.

③ 불공정한 법률행위가 성립되기 위한 요건인 궁박·경솔·무경험은 모두 구비되어야 하고, 어느 일부만으로는 불공정한 법률행위가 되지 아니한다.

④ 불공정한 법률행위의 요건으로서의 궁박은 경제적 원인에 기인한 경우만을 가리키고, 정신적 또는 심리적 원인에 기인한 경우에는 궁박이 될 수 없다.

⑤ 무효행위의 전환에 관한 제138조는 불공정한 법률행위에 적용될 수 있다.

22 불공정한 법률행위(민법 제104조)에 관한 설명으로 <u>틀린</u> 것은? (다툼이 있으면 판례에 따름)

① 불공정한 법률행위가 성립하기 위해서는 폭리행위자가 피해자의 궁박, 경솔 또는 무경험한 사정을 알고 이용하려는 의사가 반드시 있어야 한다.

② 무상계약에는 적용되지 않는다.

③ 불공정한 법률행위에 무효행위 전환의 법리가 적용될 수 있다.

④ 법률행위가 대리인에 의하여 행해진 경우, 궁박상태는 대리인을 기준으로 판단하여야 한다.

⑤ 매매계약이 불공정한 법률행위에 해당하는지는 계약체결 당시를 기준으로 판단하여야 한다.

23 불공정한 법률행위에 관한 설명으로 <u>틀린</u> 것을 모두 고른 것은? (다툼이 있으면 판례에 따름)

> ㉠ 객관적으로 급부와 반대급부 사이에 현저한 불균형이 존재하여야 한다.
>
> ㉡ 주관적으로 거래의 피해 당사자가 궁박하여야 하며, 그 밖에 그 거래가 피해자의 경솔 또는 무경험을 이용하여 이루어져야 한다.
>
> ㉢ 합동행위에는 불공정한 법률행위에 관한 제104조가 적용되지 않는다.
>
> ㉣ 대리인을 통해 거래가 이루어진 경우 경솔과 무경험은 대리인을 기준으로 하고, 궁박은 본인의 입장에서 판단하여야 한다.
>
> ㉤ 법률행위가 성립한 후에 외부적 환경의 급격한 변화에 따라 계약당사자 일방에게 큰 손실이 발생하고 상대방에게는 그에 상응하는 큰 이익이 발생한 경우에도 그 법률행위는 불공정한 법률행위에 해당한다.

① ㉡, ㉢

② ㉢, ㉣

③ ㉣, ㉤

④ ㉠, ㉢, ㉤

⑤ ㉡, ㉢, ㉤

24 매도인 A와 매수인 B는 지번 969-39에 있는 甲토지를 같이 둘러보고 그 토지를 매매의 목적물로 하는 매매계약에 합의를 하였으나, 그 목적물의 지번에 관하여 착오를 일으켜 지번이 969-36으로 되어 있는 A 소유의 乙토지를 매매의 목적물로 표시한 매매계약서를 작성하고 말았다. 그 후 B 앞으로 乙토지에 대하여 소유권이전등기가 경료되었고, B는 이를 다시 C에게 처분하고 소유권이전등기까지 마쳤다. 다음 설명 중 옳은 것은? (다툼이 있으면 판례에 따름) 　　 **상**중하

① A는 乙토지에 관한 매매계약을 착오를 이유로 취소할 수 있고, 이 경우 C가 선의라면 민법 제109조 제2항에 의하여 유효하게 소유권을 취득한다.

② 매매계약은 乙토지에 관하여 성립한다.

③ 乙토지에 관하여 유효하게 매매계약이 성립하였으므로, 현재 乙토지의 소유권은 C에게 있다고 보아야 한다.

④ A와 B 사이에 어느 토지를 목적으로 유효한 계약이 체결되었는지와 상관 없이 C는 선의인 한 공신의 원칙에 기하여 유효하게 乙토지의 소유권을 취득한다.

⑤ 물권변동은 甲토지와 乙토지 모두에 일어나지 않으며, C는 선의이더라도 乙토지에 대한 소유권을 취득하지 못한다.

빠른 정답 CHECK! p.2 / 정답 및 해설 p.13

PART 1

| 대표문제 | 제108조 제2항의 제3자 |

의사와 표시가 불일치하는 경우에 관한 설명으로 옳은 것은? (다툼이 있으면 판례에 따름)

기출응용 32회

① 파산자가 상대방과 통정한 허위의 의사표시에 의해 성립된 가장채권을 보유하고 있다가 파산선고가 된 경우의 파산관재인은 제108조 제2항의 제3자에 해당한다.
② 비진의 의사표시는 상대방이 표의자의 진의 아님을 알 수 있었을 경우 취소할 수 있다.
③ 동기의 착오가 상대방에 의해 유발된 경우에도 그 동기가 표시되어야 표의자는 자신의 의사표시를 취소할 수 있다.
④ 통정허위표시의 무효에 대항하려는 제3자는 자신이 선의라는 것을 증명하여야 한다.
⑤ 임차권 양도에 관한 임대인의 동의 여부를 설명하지 않고 임차권을 양도하더라도 이는 기망행위에 해당하지 않는다.

POINT

제108조 제2항의 제3자란 당사자 및 포괄승계인을 제외하고 허위표시를 기초로 법률상 새로운 실질적 이해관계를 맺은 자를 말합니다. 제3자에 해당하는지의 여부를 판례 중심으로 정리해 두시기 바랍니다.

해설

① 파산자가 상대방과 통정한 허위의 의사표시에 의해 성립된 가장채권을 보유하고 있다가 파산선고가 된 경우의 파산관재인은 제3자에 해당한다. 또한 파산채권자 모두가 악의로 되지 않는 한 파산관재인은 선의의 제3자에 해당한다(대판 2010.4.29, 2009다96083).
② 비진의표시는 상대방이 표의자의 진의 아님을 알 수 있었을 경우에는 무효로 한다(제107조 제1항 단서).
③ 동기의 착오가 상대방에 의해 유발된 경우 동기가 표시되지 않았더라도 중요부분의 착오에 해당하면 취소할 수 있다(대판 1990.7.10, 90다카7460).
④ 통정허위표시의 경우 제3자는 특별한 사정이 없는 한 선의로 추정되므로 제3자가 악의라는 사실에 관한 주장·입증책임은 그 허위표시의 무효를 주장하는 자에게 있다(대판 2006.3.10, 2002다1321).
⑤ 임차권 양도에 관한 임대인의 동의 여부 및 임대차 재계약 여부에 대한 설명 없이 임차권을 양도한 것은 기망행위에 해당한다(대판 1996.6.14, 94다41003).

정답 ①

01 甲은 乙에게 법률행위에 기해 부동산의 소유권이전등기를 경료한 후, 乙은 甲·乙 사이의 사정을 전혀 모르는 丙에게 그 부동산을 매도하고 소유권이전등기를 경료하였다. 다음 중 丙이 소유권을 취득하지 <u>못하는</u> 경우는? 상**중**하

① 甲이 비진의표시에 기하여 乙과 증여계약을 체결하고 乙에게 소유권이전등기를 해둔 경우

② 甲과 乙 사이의 매매계약이 통정허위표시로서 무효임이 밝혀진 경우

③ 甲이 과실 없이 중요부분의 착오에 빠져 乙과의 매매계약을 체결하였으나 후에 그 매매계약을 취소한 경우

④ 甲이 등기서류를 위조하여 자기 앞으로 소유권이전등기를 경료해 둔 사실을 모르고 乙이 甲으로부터 그 부동산을 매수한 경우

⑤ 甲이 乙로부터 강박을 당하여 위 매매계약을 취소한 경우

02 비진의표시에 관한 설명으로 <u>틀린</u> 것은? (다툼이 있으면 판례에 따름) 상**중**하

① 대출절차상 편의를 위하여 명의를 빌려준 자가 채무부담의 의사를 가진 경우, 그 의사표시는 비진의표시에 해당하지 않는다.

② 비진의표시에 관한 규정은 원칙적으로 상대방 있는 단독행위에 적용된다.

③ 매매계약에서 비진의표시는 상대방이 선의이기만 하면 설사 과실이 있더라도 유효하다.

④ 사직의사 없는 사기업의 근로자가 사용자의 지시로 어쩔 수 없이 일괄사직서를 제출하는 형태의 의사표시는 무효이다.

⑤ 상대방이 표의자의 진의 아님을 알았다는 것은 무효를 주장하는 자가 증명하여야 한다.

03 진의 아닌 의사표시에 관한 판례의 입장과 <u>다른</u> 것은? 상**중**하

① 학교법인이 「사립학교법」상의 제한규정으로 인하여 교직원의 명의를 빌려서 금원을 차용한 경우, 금원을 대여한 자가 그러한 사정을 알고 있었다면 위 교직원의 금원차용의 의사표시는 진의 아닌 의사표시로서 무효이다.

② 진의 아닌 의사표시가 무효가 되는 경우에도 선의의 제3자에 대하여는 무효를 주장할 수 없다.

③ 진의 아닌 의사표시를 주장하는 자는 표시와 진의가 다르다는 사실 및 상대방의 악의 내지 과실을 입증하여야만 의사표시의 효력을 부정할 수 있다.

④ 공무원이 사직원을 제출하여 의원면직처분을 한 경우 비록 사직할 뜻이 아니었다고 하더라도 표시된 대로 효력을 발생한다.

⑤ 비진의표시에 관한 제107조 제1항 단서는 대리권이 남용된 경우에 유추적용될 수 있다.

04 甲은 채권자들로부터 강제집행을 당할 것을 대비하여 친구인 乙과 짜고 자기 소유의 건물을 매도한 것처럼 乙에게 소유권이전등기를 해 두었다. 그런데 乙이 등기명의인이 된 것을 기화로 하여 이를 丙에게 매도하고 소유권이전등기를 해 주었다. 다음 설명 중 옳은 것은? **상**중하

① 丙이 가장매매 사실에 관해 악의인 경우에도 甲은 丙에게 건물의 반환을 청구할 수 없다.

② 丙이 가장매매 사실에 관해 선의인 경우에는 이후에 가장매매인 것을 알게 되었다면 위 계약의 무효를 주장할 수 있다.

③ 丙이 악의인 경우 甲의 채권자는 甲의 丙에 대한 소유물반환청구권을 대위행사할 수 없다.

④ 甲과 乙 사이의 매매는 무효이므로 丙은 선의이더라도 소유권을 취득할 수 없다.

⑤ 丙이 선의인 경우에도 丙으로부터 건물을 매수한 丁이 악의인 경우에는 丁은 소유권을 취득할 수 없다.

05 통정허위표시의 무효는 선의의 '제3자'에게 대항하지 못한다는 규정의 '제3자'에 해당하는 자를 모두 고른 것은? (다툼이 있으면 판례에 따름) 상 중 하

> ㉠ 통정허위표시에 의한 채권을 가압류한 자
> ㉡ 통정허위표시에 의해 설정된 전세권에 대해 저당권을 설정받은 자
> ㉢ 대리인의 통정허위표시에서 본인
> ㉣ 통정허위표시에 의해 체결된 제3자를 위한 계약에서 제3자

① ㉠, ㉡   ② ㉠, ㉢

③ ㉡, ㉢   ④ ㉡, ㉣

⑤ ㉢, ㉣

기출응용 34회

06 통정허위표시를 기초로 새로운 법률상 이해관계를 맺은 제3자에 해당하는 자를 모두 고른 것은? (다툼이 있으면 판례에 따름) 상 중 하

> ㉠ 파산선고를 받은 가장채권자의 파산관재인
> ㉡ 가장채무를 보증하고 그 보증채무를 이행하여 구상권을 취득한 보증인
> ㉢ 가장매매의 매수인으로부터 매매계약에 기한 소유권이전등기청구권을 보전하기 위
>   하여 가등기를 경료한 자

① ㉠   ② ㉢

③ ㉠, ㉡   ④ ㉡, ㉢

⑤ ㉠, ㉡, ㉢

07 착오에 관한 설명으로 옳은 것을 모두 고른 것은? (다툼이 있으면 판례에 따름) 상중하

> ㉠ 매도인의 하자담보책임이 성립하더라도 착오를 이유로 한 매수인의 취소권은 배제되지 않는다.
> ㉡ 경과실로 인해 착오에 빠진 표의자가 착오를 이유로 의사표시를 취소한 경우, 상대방에 대하여 불법행위로 인한 손해배상책임을 진다.
> ㉢ 상대방이 표의자의 착오를 알고 이용한 경우, 표의자는 착오가 중대한 과실로 인한 것이더라도 의사표시를 취소할 수 있다.
> ㉣ 매도인이 매수인의 채무불이행을 이유로 계약을 적법하게 해제한 후에는 매수인은 착오를 이유로 취소권을 행사할 수 없다.

① ㉠, ㉡
② ㉠, ㉢
③ ㉠, ㉣
④ ㉡, ㉢
⑤ ㉡, ㉣

08 착오에 관한 설명으로 틀린 것은? (다툼이 있으면 판례에 따름) 상중하

① 상대방이 표의자의 착오를 알고 이용한 경우에도 의사표시에 중대한 과실이 있는 표의자는 착오에 의한 의사표시를 취소할 수 없다.

② 부동산거래계약서에 서명·날인한다는 착각에 빠진 상태로 연대보증의 서면에 서명·날인한 경우에는 표시상의 착오에 해당한다.

③ 매매계약 내용의 중요부분에 착오가 있는 경우, 매수인은 매도인의 하자담보책임이 성립하는지와 상관없이 착오를 이유로 매매계약을 취소할 수 있다.

④ 착오가 타인의 기망행위에 의해 발생한 경우 표의자는 각각 그 요건을 입증하여 주장할 수 있다.

⑤ 매매대상에 포함되었다는 시공무원의 말을 믿고 매매계약을 체결한 경우는 착오를 이유로 취소할 수 있다.

09 착오에 관한 설명으로 <u>틀린</u> 것은? (다툼이 있으면 판례에 따름)

① 토지를 매수하였는데 법령상의 제한으로 인하여 그 토지를 의도한 목적대로 사용할 수 없게 된 경우, 동기의 착오에 해당한다.

② 토지 전부를 경작할 수 있는 농지인 줄 알고 매수하였으나 측량 결과 절반의 면적이 하천인 경우 이는 중요부분의 착오에 해당한다.

③ 계약 당사자 사이에 착오를 이유로 하여 취소할 수 없음을 약정한 경우, 표의자는 착오를 이유로 의사표시를 취소할 수 없다.

④ 공인중개사를 통하지 않고 개인적으로 토지거래를 하는 경우, 매매목적물의 동일성에 착오가 있더라도 토지대장 등을 확인하지 않은 것은 중대한 과실에 해당한다.

⑤ 공(空)리스에 있어서 리스물건의 존재 여부에 대한 보증인의 착오는 원칙적으로 법률행위의 중요부분의 착오에 해당한다.

10 착오에 관한 판례의 태도와 <u>다른</u> 것은?

① 저당권설정계약에 있어서 채무자의 동일성에 관한 착오는 중요부분의 착오에 해당한다.

② 매매목적물의 동일성에 관한 착오는 중요부분의 착오에 해당한다.

③ 토지의 경계에 관한 착오는 중요부분의 착오에 해당한다.

④ 토지의 현황에 관한 착오는 중요부분의 착오에 해당한다.

⑤ 재건축조합이 재건축아파트 설계용역계약을 체결함에 있어서 상대방의 건축사 자격 유무에 관한 착오는 중요부분의 착오에 해당하나, 건축사 자격 유무를 조사하지 않은 것은 중대한 과실에 해당한다.

11 착오에 관한 설명으로 <u>틀린</u> 것은?　

① 공무원의 법령오해에 터잡아 토지를 국가에 증여한 경우는 착오를 이유로 취소할 수 있다.

② 착오로 인한 의사표시를 취소하는 경우 상대방의 신뢰이익의 손해를 배상할 것인가에 대해서 판례는 부정적이다.

③ 공장을 경영하는 자가 공장이 협소하여 새로운 공장을 설립할 목적으로 토지를 매수함에 있어 토지상에 공장을 건축할 수 있는지 여부를 관할관청에 알아보지 아니한 것은 중대한 과실에 해당한다.

④ 표의자가 착오를 이유로 의사표시를 취소하기 위해서는 상대방이 표의자의 착오를 알았거나 알 수 있어야 한다.

⑤ 고려청자로 알고 매수한 도자기가 진품이 아닌 것으로 밝혀진 경우, 매수인이 자신의 골동품 식별능력을 과신한 나머지 전문적 감정인의 감정을 거치지 아니한 것은 중대한 과실에 해당하지 않는다.

12 사기·강박에 의한 의사표시에 관한 설명으로 <u>틀린</u> 것은? (다툼이 있으면 판례에 따름)

① 사기나 강박에 의한 소송행위는 원칙적으로 취소할 수 없다.

② 대리인의 기망행위로 계약을 체결한 상대방은 본인이 선의이면 계약을 취소할 수 없다.

③ 강박으로 의사결정의 자유가 완전히 박탈되어 법률행위의 외형만 갖춘 의사표시는 무효이다.

④ 교환계약의 당사자 일방이 자기 소유 목적물의 시가를 묵비한 것은 특별한 사정이 없는 한 기망행위가 아니다.

⑤ 제3자의 사기로 계약을 체결한 경우, 피해자는 그 계약을 취소하지 않고 그 제3자에게 불법행위책임을 물을 수 있다.

13 사기에 의한 의사표시에 관한 설명으로 옳은 것은? (다툼이 있으면 판례에 따름) ⑨⑧⑩

① 표의자가 제3자의 사기로 상대방 있는 의사표시를 한 경우, 상대방이 그 사실을 과실 없이 알지 못한 때에도 그 의사표시를 취소할 수 있다.

② 사기에 의한 의사표시의 상대방의 포괄승계인은 사기를 이유로 한 법률행위의 취소로써 대항할 수 없는 선의의 제3자에 포함된다.

③ 제3자의 사기로 인하여 매매계약을 체결하여 손해를 입은 자가 제3자에 대해 손해배상을 청구하기 위해서는 먼저 매매계약을 취소하여야 한다.

④ 교환계약의 당사자 일방이 상대방에게 그가 소유하는 목적물의 시가를 허위로 고지한 경우, 원칙적으로 사기를 이유로 취소할 수 있다.

⑤ 아파트분양자가 아파트단지 인근에 공동묘지가 조성되어 있다는 사실을 분양계약자에게 고지하지 않은 것은 기망행위에 해당한다.

14 하자 있는 의사표시에 관한 설명으로 <u>틀린</u> 것은? (다툼이 있으면 판례에 따름)

⑨⑧⑩

① 사기나 강박으로 인한 의사표시의 취소는 선의의 제3자에게 대항하지 못하는데, 이 경우 특별한 사정이 없는 한 제3자의 선의는 추정된다.

② 대형백화점의 변칙세일은 물품구매동기에 있어서 중요한 요소인 가격조건에 관하여 기망이 이루어진 것으로서 그 사술의 정도가 사회적으로 용인될 수 있는 상술의 정도를 넘은 것으로 위법성이 있다.

③ 기망에 의하여 하자 있는 물건에 관한 매매가 성립한 경우에 매수인은 각각의 요건을 입증하여 하자담보책임을 묻거나 사기에 의한 취소권을 행사할 수 있다.

④ 丙의 사기로 甲이 자신의 건물을 乙에게 증여한 경우 甲이 丙에게 불법행위를 원인으로 손해배상을 청구하기 위해서는 乙과의 계약을 반드시 취소하여야 한다.

⑤ 강박의 정도가 극심하여 표의자의 의사결정의 자유가 박탈(剝奪)된 상태에서 이루어진 의사표시는 무효이다.

15 의사표시의 효력발생에 관한 다음 설명 중 <u>틀린</u> 것은?

① 상대방이 있는 의사표시는 상대방에게 도달한 때에 그 효력이 생긴다.

② 의사표시자가 그 통지를 발송한 후 사망하거나 제한능력자가 되면 그 의사표시는 무효로 된다.

③ 판례는 내용증명우편으로 발송되고 반송되지 아니한 우편물은 특별한 사정이 없는 한 상대방에게 도달된 것으로 본다.

④ 상대방에게 의사표시가 도달하기 전에 이를 철회할 수 있다.

⑤ 의사표시의 상대방이 의사표시를 받은 때에 제한능력자인 경우에는 표의자는 그 의사표시로써 대항하지 못한다.

16 도달주의의 원칙이 적용되는 경우가 <u>아닌</u> 것을 모두 고른 것은?

> ㉠ 제한능력자의 상대방의 최고에 대한 제한능력자 측의 확답
> ㉡ 해제의 상대방이 해제권자에게 해제 여부의 확답을 최고하였는데 해제권이 소멸하게 되는 경우
> ㉢ 무권대리인의 상대방의 최고에 대한 본인의 확답
> ㉣ 격지자 사이의 계약의 청약
> ㉤ 제3자를 위한 계약에 있어서 채무자의 최고에 대한 제3자의 확답

① ㉠

② ㉠, ㉡

③ ㉠, ㉢

④ ㉡, ㉣

⑤ ㉢, ㉤

17 甲은 乙과 체결한 매매계약에 대한 적법한 해제의 의사표시를 내용증명우편을 통하여 乙에게 발송하였다. 다음 설명 중 옳은 것은? (다툼이 있으면 판례에 따름) 상**중**하

① 甲이 그 후 사망하면 해제의 의사표시는 효력을 잃는다.

② 乙이 甲의 해제의 의사표시를 실제로 알아야 해제의 효력이 발생한다.

③ 甲은 내용증명우편이 乙에게 도달한 후에도 일방적 해제의 의사표시를 철회할 수 있다.

④ 甲의 내용증명우편이 반송되지 않았다면, 특별한 사정이 없는 한 그 무렵에 乙에게 송달되었다고 봄이 상당하다.

⑤ 甲의 내용증명우편이 乙에게 도달한 후 乙이 성년후견개시의 심판을 받은 경우, 甲의 해제의 의사표시는 효력을 잃는다.

04 법률행위의 대리

빠른 정답 CHECK! p.2 / 정답 및 해설 p.18

PART 1

대표문제   무권대리

행위능력자 乙은 대리권 없이 甲을 대리하여 甲이 보유하고 있던 매수인의 지위를 丙에게 양도하기로 약정하고, 이에 丙은 乙에게 계약금을 지급하였다. 乙은 그 계약금을 유흥비로 탕진하였다. 이에 관한 설명으로 <u>틀린</u> 것은? (단, 표현대리는 성립하지 않으며, 다툼이 있으면 판례에 따름)   32회

① 매수인의 지위 양도계약 체결 당시 乙의 무권대리를 모른 丙은 甲의 추인이 있을 때까지 계약을 철회할 수 있다.

② 丙이 계약을 유효하게 철회하면, 무권대리행위는 확정적으로 무효가 된다.

③ 丙이 계약을 유효하게 철회하면, 丙은 甲을 상대로 계약금 상당의 부당이득반환을 청구할 수 있다.

④ 丙이 계약을 철회한 경우, 甲이 그 철회의 유효를 다투기 위해서는 乙에게 대리권이 없음을 丙이 알았다는 것에 대해 증명해야 한다.

⑤ 丙의 계약 철회 전 甲이 사망하고 乙이 단독상속인이 된 경우, 乙이 선의·무과실인 丙에게 추인을 거절하는 것은 신의칙에 반한다.

> **POINT**
> 무권대리는 대리인과 거래행위를 한 상대방을 보호하기 위한 제도입니다. 따라서 상대방의 최고권과 철회권 및 무권대리에 대한 책임주장권 내용을 먼저 정리해 두어야 합니다. 그리고 본인의 추인권과 관련한 판례의 태도도 함께 정리해 두시길 바랍니다.

> **해설**
> ① 선의의 상대방은 본인의 추인이 있을 때까지 본인이나 그 대리인에 대하여 계약을 철회할 수 있다(제134조).
> ② 상대방이 계약을 철회한 경우 무권대리행위는 확정적으로 무효가 된다(대판 2017.6.29, 2017다213838).
> ③ 계약상 채무의 이행으로 당사자가 상대방에게 급부를 행하였는데 계약이 무효이거나 취소되는 등으로 효력을 가지지 못하는 경우, 당사자들은 각각 부당이득반환의무를 진다. 그러나 이득자에게 실질적으로 이득이 귀속된 바 없다면 부당이득반환의무를 부담시킬 수 없다(대판 2017.6.29, 2017다213838). 따라서 위 사안의 경우 丙은 乙을 상대 계약금 상당의 부당이득반환을 청구하여야 한다.

④ 상대방이 유효한 철회를 한 경우 대리인에게 대리권이 없음을 알았다는 점에 대한 주장·입증책임은 철회의 효과를 다투는 본인에게 있다(대판 2017.6.29, 2017다213838).
⑤ 대리권한 없이 타인의 부동산을 매도한 자가 그 부동산을 상속한 후 소유자의 지위에서 자신의 대리행위가 무권대리로 무효임을 주장하여 등기말소나 부당이득반환을 청구하는 것은 신의칙에 반하므로 허용될 수 없다(대판 1994.9.27, 94다20617).

정답 ③

01 수권행위의 해석에 관한 판례의 태도와 <u>다른</u> 것을 모두 고른 것은?

㉠ 부동산 관리인에게 인감을 보관시킨 것은 처분권 부여행위로 볼 수 있다.
㉡ 매매계약의 체결과 이행에 관하여 포괄적으로 대리권을 수여받은 대리인은 약정된 매매대금의 지급기일을 연기하여 줄 권한을 가진다.
㉢ 대여금의 영수권한에는 대여금채무의 면제에 관한 권한은 포함되지 않으므로, 대여금채무를 면제하기 위해서는 본인의 특별수권이 필요하다.
㉣ 매매계약체결의 대리권에는 계약해제권 등의 처분권을 포함한다고 볼 수 있다.

① ㉠, ㉡   ② ㉠, ㉣   ③ ㉡, ㉢
④ ㉡, ㉣   ⑤ ㉢, ㉣

02 권한을 정하지 아니한 대리인이 할 수 <u>없는</u> 행위를 모두 고른 것은?

㉠ 미등기부동산의 보존등기를 하는 행위
㉡ 농지를 대지로 용도변경하는 행위
㉢ 기한이 도래하지 않은 채무를 변제하는 행위
㉣ 은행예금을 찾아서 보다 높은 금리로 개인에게 빌려주는 행위
㉤ 부패하기 쉬운 물건을 매각하는 행위

① ㉠, ㉢, ㉣   ② ㉠, ㉢, ㉤   ③ ㉡, ㉢, ㉣
④ ㉡, ㉣, ㉤   ⑤ ㉢, ㉣, ㉤

03 대리에 관한 설명으로 <u>틀린</u> 것은?

① 대리인이 본인을 위한다는 것을 표시하지 않는 의사표시는 자기를 위한 것으로 본다.
② 피한정후견인도 대리인이 될 수 있다.
③ 권한을 정하지 않은 대리인은 개량을 목적으로 하는 행위를 무제한 할 수 있다.
④ 원인된 법률관계가 종료하는 경우 임의대리권은 소멸한다.
⑤ 본인이 수권행위를 철회하거나 취소한 경우 임의대리권은 소멸한다.

04 자기계약과 쌍방대리의 금지를 규정한 민법 제124조에 관한 설명으로 <u>틀린</u> 것은?

① 자기계약과 쌍방대리는 원칙적으로 금지되나, 부득이한 사유가 있는 경우에는 예외적으로 허용된다.
② 본인의 허락이 있는 경우에는 자기계약 또는 쌍방대리가 인정된다.
③ 채무의 이행에 관하여는 양자 모두 허용된다.
④ 자기계약과 쌍방대리의 금지에 관한 민법 제124조에 위반한 행위는 무권대리행위로 된다.
⑤ 민법 제124조의 취지는 본인의 이익을 해할 가능성이 있으므로 자기계약·쌍방대리를 금지하는 것이다.

05 공동대리에 관한 설명으로 <u>틀린</u> 것은?

① 대리인이 수인인 경우 각자가 본인을 대리하는 것이 원칙이다.
② 법률 또는 수권행위에서 공동으로 대리하게 한 경우에는 공동으로 대리하여야 한다.
③ 공동대리의 제한이 있는 경우 의사결정에 관하여도 전원의 일치가 있어야 하고, 표시행위도 전원이 모두 하여야 한다.
④ 공동대리의 제한이 있는 경우 수동대리에 있어서는 각자 의사표시를 수령하면 된다.
⑤ 공동대리제한규정에 위반한 대리행위는 무효가 아니라 무권대리행위로 된다.

06 대리권의 소멸원인이 <u>아닌</u> 것은? (상)(중)**하**

① 본인의 사망

② 대리인에 대한 한정후견의 개시

③ 대리인에 대한 성년후견의 개시

④ 대리인의 파산

⑤ 대리인의 사망

07 甲의 대리인 乙은 甲 소유의 부동산을 丙에게 매도하기로 약정하였다. 다음 설명 중 틀린 것은? (다툼이 있으면 판례에 따름) (상)**(중)**(하)

① 乙이 丙의 기망행위로 매매계약을 체결한 경우, 甲은 이를 취소할 수 있다.

② 만일 乙이 미성년자라면, 甲은 乙이 제한능력자임을 이유로 매매계약을 취소할 수 있다.

③ 乙이 매매계약을 체결하면서 甲을 위한 것임을 표시하지 않은 경우, 그 의사표시는 乙을 위한 것으로 본다.

④ 위 ③의 경우 乙이 甲의 대리인임을 丙이 알았거나 알 수 있었을 경우에는 丙은 甲에게 위 부동산에 대한 소유권이전등기를 청구할 수 있다.

⑤ 乙이 丙에게 기망행위를 한 경우, 丙은 甲이 이 사실을 몰랐더라도 매매계약을 취소할 수 있다.

08 甲은 미성년자 乙에게 토지를 구입해 줄 것을 부탁하고 필요한 대리권을 수여하였다. 그리고 乙은 甲의 대리인의 자격으로서 丙과 그 소유의 토지에 대하여 매매계약을 체결하였는데, 丙으로부터 사기를 당해 시가보다 비싼 값으로 계약을 체결하였다. 이에 관한 설명으로 옳은 것은? (상)(중)**하**

① 乙은 甲과의 위임계약을 취소할 수 있다.

② 甲은 乙의 제한능력을 이유로 乙이 체결한 매매계약을 취소할 수 있다.

③ 乙은 사기를 이유로 丙과의 매매계약을 취소할 수 있다.

④ 甲은 원칙적으로 乙과의 위임계약을 일방적으로 해지할 수 없다.

⑤ 사기를 당했는지의 여부는 甲을 표준으로 하여 결정한다.

09 甲의 대리인 乙이 丙과 매매계약을 체결하였다. 다음 설명 중 옳은 것은? (다툼이 있으면 판례에 따름) 상**중**하

① 乙이 매매대금을 횡령할 생각을 가지고 계약을 체결하였다면, 이는 유효한 대리행위가 아니다.

② 乙이 실수로 甲을 위한 것임을 표시하지 않고 계약을 체결한 경우에, 丙이 계약 당사자를 乙이라 생각하여 乙에게 이행을 청구해오면, 乙은 착오를 이유로 계약을 취소할 수 있다.

③ 위 ②에서 주위 사정에 비추어 볼 때 乙이 甲의 대리인임을 丙이 알 수 있었다면, 丙은 甲에게 계약의 이행을 청구할 수 있다.

④ 계약서에 乙이 甲의 이름만을 적고 또는 甲의 인장만을 날인했다면, 이는 유효한 대리행위가 될 수 없다.

⑤ 乙이 丙을 기망하여 계약이 체결된 경우에도 甲이 선의이면 丙은 계약을 취소할 수 없다.

10 甲은 자신의 X부동산의 매매계약체결에 관한 대리권을 乙에게 수여하였고, 乙은 甲을 대리하여 丙과 매매계약을 체결하였다. 이에 관한 설명으로 옳은 것은? (다툼이 있으면 판례에 따름) 상**중**하

① 乙이 사망하면 특별한 사정이 없는 한 乙의 상속인에게 그 대리권이 승계된다.

② 乙은 甲의 승낙이나 부득이한 사유가 없더라도 복대리인을 선임할 수 있다.

③ 乙이 丙으로부터 대금 전부를 지급받고 아직 甲에게 전달하지 않았더라도 특별한 사정이 없는 한 丙의 대금지급의무는 변제로 소멸한다.

④ 乙의 대리권은 특별한 사정이 없는 한 丙과의 계약을 해제할 권한을 포함한다.

⑤ 乙이 미성년자인 경우, 甲은 乙이 제한능력자임을 이유로 계약을 취소할 수 있다.

11 대리에 관한 설명으로 **옳은** 것은? (다툼이 있으면 판례에 따름)

① 임의대리인이 임의로 복대리인을 선임하여 대리권 범위 밖의 대리행위를 하게 한 경우에는 표현대리가 성립할 수 없다.

② 표현대리가 성립할 경우에 상대방은 철회권을 행사하지 못한다.

③ 대리인의 기망에 의해 의사표시를 하게 된 상대방은 본인의 선의·악의나 과실의 유무를 묻지 않고 그 의사표시를 취소할 수 있다.

④ 타인이 자신의 판매점, 총대리점 또는 연락사무소 등의 명칭을 사용하여 자신을 대리하여 계약을 체결하는 것을 묵인하였더라도 대리권수여의 표시에 의한 표현대리가 성립하는 경우는 없다.

⑤ 대리인이 본인을 위한 것임을 표시하지 아니한 때에는 그 의사표시는 자기를 위한 것으로 추정한다.

기출응용 34회
12 복대리에 관한 설명으로 **틀린** 것은? (특별한 사정은 없으며, 다툼이 있으면 판례에 따름)

① 복대리인은 대리인의 대리인이 아니라 본인의 대리인이다.

② 복대리인은 행위능력자임을 요하지 않는다.

③ 법정대리인은 그 책임으로 복대리인을 선임할 수 있다.

④ 대리인의 능력에 따라 사업의 성공 여부가 결정되는 사무에 대해 대리권을 수여받은 자는 본인의 묵시적 승낙으로도 복대리인을 선임할 수 있다.

⑤ 대리인이 대리권 소멸 후 선임한 복대리인과 상대방 사이의 법률행위에도 민법 제129조의 표현대리가 성립할 수 있다.

13 복대리에 관한 설명으로 틀린 것은?

① 대리인은 자신의 이름으로 복대리인을 선임한다.

② 복대리인이 본인의 대리인임을 표시하지 아니한 경우 그 행위는 복대리인 자신을 위한 것으로 본다.

③ 임의대리인이 본인의 승낙이 있거나 부득이한 사유가 있어서 복대리인을 선임한 경우에는 책임이 경감된다.

④ 임의대리인은 원칙적으로 복임권이 없으나, 법정대리인에게는 언제든지 복임권이 있다.

⑤ 법정대리인은 복대리인을 선임한 때에는 선임·감독상의 과실이 없어도 원칙적으로 책임을 진다.

14 다음 설명 중 틀린 것을 모두 고른 것은?

> ㉠ 복대리인은 대리인의 대리인이다.
> ㉡ 법정대리인은 원칙적으로 선임·감독상의 과실 유무에 관계없이 복대리인의 행위에 대한 모든 책임을 진다.
> ㉢ 복대리인은 대리인의 감독을 받고 복대리권은 대리권의 범위에 따른다.
> ㉣ 자신이 직접 처리할 필요가 없는 법률행위에 관하여 임의대리인은 본인의 명시적인 금지가 있더라도 복대리인을 선임할 수 있다.
> ㉤ 복대리인의 대리행위에 관해서도 현명주의, 대리행위의 하자, 표현대리 규정이 그대로 적용된다.

① ㉠, ㉢

② ㉠, ㉣

③ ㉡, ㉣

④ ㉠, ㉣, ㉤

⑤ ㉡, ㉢, ㉤

15 복대리권의 소멸원인이 <u>아닌</u> 것은?

① 대리인의 대리권 소멸
② 본인의 성년후견 개시
③ 본인의 사망
④ 복대리인의 파산
⑤ 복대리인의 성년후견 개시

16 무권대리에 관한 판례의 태도와 <u>다른</u> 것은?

① 대리권 없는 자가 타인의 대리인으로 한 계약은 본인이 이를 추인하지 아니하면 본인
에 대하여 효력이 없다.
② 대리권 없는 자가 한 계약은 본인의 추인이 있을 때까지 상대방은 본인이나 그 대리
인에 대하여 이를 철회할 수 있다.
③ 무권대리인이 차용한 금원의 변제기일에 채권자가 본인에게 그 변제를 독촉하자 본
인이 변제기간의 유예를 요청한 것은 무권대리행위를 묵시적으로 추인한 것으로 볼
수 있다.
④ 본인이 자신의 장남이 서류를 위조하여 매도한 부동산을 상대방에게 인도하고 10여
년간 아무런 이의를 제기하지 않았다면 장남의 무권대리행위를 묵시적으로 추인한
것으로 볼 수 있다.
⑤ 母가 子의 부동산에 가등기 및 소유권이전등기를 하고 금원을 차용한 데 대하여 子가
차용금을 갚아주겠다고 하면서 등기말소를 요청한 것은 묵시적 추인으로 볼 수 있다.

17 甲의 子인 乙은 甲의 허락 없이 甲의 대리인으로서 丙과 甲 소유 토지에 대해 매매계약을 체결하였다. 다음 설명 중 **틀린** 것은? (다툼이 있으면 판례에 따름) ^상^중^하

① 甲이 추인하면 甲은 丙에 대하여 대금지급청구를 할 수 있다.

② 丙은 甲에게 상당한 기간을 정하여 추인 여부의 확답을 최고할 수 있다.

③ 乙이 甲의 추인을 얻지 못하면 丙은 일정한 요건을 갖춘 경우 乙에게 계약의 이행 또는 손해배상을 청구할 수 있다.

④ 선의인 丙은 甲의 추인이 있기 전에 계약을 철회할 수 있다.

⑤ 乙이 甲을 단독상속한 경우, 乙은 甲의 지위에서 계약의 무효를 주장할 수 있다.

기출응용 34회

18 무권대리인 乙이 甲을 대리하여 甲 소유의 X토지를 丙에게 매도하는 계약을 체결하였다. 다음 설명 중 옳은 것은? (다툼이 있으면 판례에 따름) ^상^중^하

① 丙이 甲에 대하여 상당한 기간을 정하여 추인 여부를 최고하였으나 그 기간 내에 甲이 확답을 발하지 않은 때에는 甲이 추인한 것으로 본다.

② 乙이 甲을 단독상속한 경우, 특별한 사정이 없는 한 乙은 본인의 지위에서 추인을 거절할 수 있다.

③ 甲의 단독상속인 戊는 丙에 대해 위 매매계약을 추인할 수 없다.

④ 丙은 乙과 매매계약을 체결할 당시 乙에게 대리권이 없음을 안 경우에도 甲의 추인이 있을 때까지 그 매매계약을 철회할 수 있다.

⑤ 甲이 乙의 대리행위에 대하여 추인을 거절한 경우, 丙은 미성년자 乙에 대해 손해배상을 청구할 수 없다.

19 대리권 없는 乙이 甲을 대리하여 丙에게 甲 소유의 토지를 매도하였다. 다음 설명 중 틀린 것은? (다툼이 있으면 판례에 따름) 상**중**하

① 甲의 추인이 있으면 위 매매계약은 소급하여 유효한 행위로 된다.

② 乙이 甲을 단독상속한 경우, 乙은 본인의 지위에서 추인거절권을 행사할 수 없다.

③ 만약 丙이 丁에게 토지를 전매한 경우, 甲은 丁에게는 추인할 수 없다.

④ 甲이 乙에게 추인한 경우에 丙이 추인이 있었던 사실을 알지 못한 때에는 甲은 丙에게 추인의 효과를 주장하지 못한다.

⑤ 丙은 상당한 기간을 정하여 甲에게 그 추인 여부의 확답을 최고할 수 있고, 甲이 그 기간 내에 확답을 발하지 아니한 때에는 추인을 거절한 것으로 본다.

20 甲은 아무런 권한이 없음에도 불구하고 乙의 대리인이라 칭하면서 이를 모르는 丙과 매매계약을 체결하였다. 다음 설명 중 옳은 것을 모두 고른 것은? 상**중**하

> ㉠ 甲이 대리권을 증명하지 못하고 또 乙의 추인을 받지 못한 때에는 甲은 자신의 선택에 따라 丙에게 계약의 이행 또는 손해배상의 책임을 진다.
> ㉡ 丙이 계약을 철회한 경우에도 乙은 매매계약을 추인하여 그 효력을 주장할 수 있다.
> ㉢ 丙이 乙에게 추인 여부의 확답을 최고한 경우 乙이 최고기간 내에 확답을 발하지 않으면 추인한 것으로 본다.
> ㉣ 乙이 甲의 무권대리행위를 알고 丙으로부터 중도금을 직접 수령하였다면 위 매매계약은 乙에게 효력이 생긴다.
> ㉤ 판례에 따르면, 甲이 乙을 상속한 경우 甲이 乙의 지위에서 무권대리에 의한 무효를 주장하면 신의칙에 반한다.
> ㉥ 丙이 甲에게 대리권이 없다는 것을 알고 있다고 하더라도 무권대리행위를 철회할 수 있다.

① ㉠, ㉡

② ㉡, ㉢

③ ㉢, ㉣

④ ㉣, ㉤

⑤ ㉤, ㉥

21 甲으로부터 커피자동판매기 1대의 임차에 관한 대리권을 수여받은 乙은 그 대리권의 범위를 넘어, 甲의 대리인으로서 丙과 커피자동판매기 1대를 매수하는 계약을 체결하였다. 이 사례에 관한 설명으로 **틀린** 것은?

① 丙이 乙에게 매매계약체결의 대리권이 없음을 안 경우, 甲이 매매계약의 추인을 거절하면 丙은 甲·乙 누구에 대해서도 매매대금의 지급을 청구할 수 없다.

② 乙이 미성년자인 경우 丙이 그 사실을 알았는가의 여부를 불문하고 丙은 乙에게 계약의 이행 또는 손해배상을 청구할 수 없다.

③ 丙이 乙에게 매매계약체결의 대리권이 없음을 알았을 때에는 丙은 대리권이 없음을 이유로 매매계약을 철회할 수 없다.

④ 丙이 乙에게 매매계약체결의 대리권이 있다고 믿는 데 정당한 이유가 있다면, 甲은 丙의 매매대금지급청구를 거부할 수 없다.

⑤ 丙이 乙에게 매매계약체결의 대리권이 없는 것을 알았을 경우, 丙은 甲에게 매매계약을 추인할 것인가의 여부를 최고할 수 없다.

22 표현대리에 관한 설명으로 옳은 것은? (다툼이 있으면 판례에 따름)

① 대리행위가 강행법규에 위반되어 무효인 경우에도 표현대리의 법리가 준용될 수 있다.

② 유권대리에 관한 주장 속에 무권대리에 속하는 표현대리의 주장이 포함되어 있다고 볼 수 있다.

③ 등기신청권을 기본대리권으로 하여 사법상의 법률행위를 한 경우에도 권한을 넘은 표현대리가 성립할 수 있다.

④ 복대리인의 법률행위에 대해서는 표현대리의 법리가 적용되지 않는다.

⑤ 표현대리가 성립한 경우, 상대방에게 과실이 있으면 이를 이유로 본인의 책임을 감경할 수 있다.

23 甲은 자신의 토지를 담보로 은행대출을 받기 위해 乙에게 대리권을 수여하고, 위임장·인감 및 저당권설정에 필요한 서류 일체를 교부하였다. 그러나 乙은 이를 악용하여 甲의 대리인으로서 그 토지를 丙에게 매도하였다. 다음 중 **틀린** 것은? (다툼이 있으면 판례에 따름) **상**중하

① 乙에게는 기본대리권이 인정된다.

② 표현대리가 성립하지 않는 경우에는 丙은 甲에게 소유권이전등기를 청구할 수 없다.

③ 매매계약이 토지거래허가규정을 위반하여 확정적으로 무효이더라도 표현대리의 법리가 적용될 수 있다.

④ 丙이 매수 당시 乙에게 대리권이 있다고 믿은 데에 정당한 이유가 있었다면, 매매계약성립 후에 대리권 없음을 알았더라도 권한을 넘은 표현대리는 성립한다.

⑤ 만약 乙이 자기 앞으로 소유권이전등기를 마친 후 자신을 매도인으로 하여 丙에게 토지를 매도하였다면, 丙은 甲에게 표현대리의 성립을 주장할 수 없다.

24 甲은 乙에게 자기 소유의 건물을 매각해 달라는 부탁을 하고 건물매각에 관한 대리권을 乙에게 수여하였으나 곧 수권행위를 철회하였다. 그러나 乙은 수권행위가 철회되었음에도 불구하고 복대리인 丙을 임의로 선임하였고, 丙은 상대방 丁과 甲의 건물에 대한 매매계약을 대리하였다. 이에 관한 설명으로 옳은 것은? (다툼이 있으면 판례에 따름) **상**중하

① 丙이 甲을 위한 것임을 표시한 경우 매매계약의 효력은 당연히 甲에게 귀속된다.

② 乙의 대리권이 수권행위에 대한 甲의 철회에 의하여 소멸하였고, 따라서 乙의 복임행위는 무효이므로 丙과 丁 사이의 대리행위는 무효이다.

③ 복대리인의 행위에는 표현대리규정을 적용할 수 없으므로 甲은 위 매매계약에 대한 책임을 지지 않는다.

④ 丙과 丁 사이의 대리행위에 대해서 甲이 추인하더라도 그 효력에는 영향이 없으므로 그 대리행위는 언제나 무효이다.

⑤ 乙의 대리권이 소멸하였음을 丁이 알지 못함으로써 丙에게 적법한 대리권이 있는 것으로 믿었고, 그렇게 믿는 데 과실이 없다면 甲은 丙의 대리행위에 대해 책임을 진다.

빠른 정답 CHECK! p.2 / 정답 및 해설 p.26

PART 1

대표문제 무효와 취소

무효와 취소에 관한 설명으로 틀린 것은? (다툼이 있으면 판례에 따름) 기출응용 28회

① 무효인 가등기를 유효한 등기로 전용하기로 약정하면 그 가등기는 소급하여 유효한 등기가 된다.

② 무효인 법률행위에 따른 법률효과를 침해하는 것처럼 보이는 위법행위나 채무불이행이 있더라도 이를 이유로 손해배상을 청구할 수 없다.

③ 무효인 법률행위를 사후에 적법하게 추인한 때에는 다른 정함이 없으면 새로운 법률행위를 한 것으로 보아야 한다.

④ 반사회적 법률행위에 대해서는 무효행위의 추인이 인정되지 않는다.

⑤ 취소권은 추인할 수 있는 날로부터 3년 내에, 법률행위를 한 날로부터 10년 내에 행사하여야 한다.

POINT

무효와 취소에서는 무효의 재생제도와 취소권에 관한 사례를 잘 정리해 두어야 합니다.

해설

① 무효인 가등기를 유효한 등기로 전용하기로 한 약정은 그때부터 유효하고 이로써 위 가등기가 소급하여 유효한 등기로 전환될 수 없다(대판 1992.5.12, 91다26546).

② 무효인 법률행위에 따른 법률효과를 침해하는 것처럼 보이는 위법행위나 채무불이행이 있더라도 법률효과의 침해에 따른 손해는 없는 것이므로 그 손해배상을 청구할 수는 없다(대판 2003.3. 28, 2002다72125).

③ 제139조

④ 반사회적 법률행위와 불공정한 법률행위는 무효행위의 추인이 인정되지 않는다(대판 1997.12. 12, 95다38240).

⑤ 제146조

정답 ①

다음 중 무효인 법률행위에 해당하는 것을 모두 고른 것은?

> ㉠ 착오로 체결한 매매계약
> ㉡ 사회질서에 위반한 조건이 붙은 법률행위
> ㉢ 대리인의 사기에 의한 법률행위
> ㉣ 원시적·객관적·전부불능을 목적으로 한 법률행위

① ㉠, ㉡
② ㉠, ㉢
③ ㉡, ㉢
④ ㉡, ㉣
⑤ ㉢, ㉣

무효에 관한 설명으로 틀린 것은?

① 법률행위의 일부분이 무효인 경우 그 무효부분이 없더라도 법률행위를 하였을 것이라고 인정될 때에는 나머지 부분은 무효가 되지 아니한다.

② 무효인 법률행위가 다른 법률행위의 요건을 구비하고 당사자가 그 무효를 알았더라면 다른 법률행위를 하는 것을 의욕하였으리라고 인정될 때에는 다른 법률행위로서 효력을 가진다.

③ 무효행위에 있어 당사자가 이를 알고 추인한 경우에는 새로운 법률행위로 본다.

④ 무효행위의 추인은 장래효가 원칙이지만, 당사자의 약정에 의하여 소급효를 인정하는 것은 허용된다.

⑤ 판례는 「부동산 거래신고 등에 관한 법률」상 토지거래허가구역 내의 토지를 관할관청의 허가를 받지 않고 이를 배제할 목적으로 매매계약을 체결한 경우에도 그 매매계약은 유동적 무효로 보고 있다.

03 무효와 취소에 관한 다음 설명 중 <u>틀린</u> 것을 모두 고른 것은? 상중하

> ㉠ 무효의 경우에는 특정인의 주장이 없더라도 당연히 효력이 없는 것이다.
> ㉡ 취소권은 일정한 기간이 경과하면 소멸하고, 취소하면 이때부터 효력이 없었던 것으로 된다.
> ㉢ 의사무능력자의 행위와 반사회적 법률행위는 절대적 무효이고, 통정허위표시에 기한 법률행위는 상대적 무효이다.
> ㉣ 甲이 乙로부터 사기를 당하여 자신의 노트북을 乙에게 매매하고 乙이 이를 다시 丙에게 전매한 경우 甲은 현재 노트북을 소지하고 있는 丙을 상대로 취소의 의사표시를 하여야 한다.

① ㉠, ㉡
② ㉠, ㉣
③ ㉡, ㉢
④ ㉡, ㉣
⑤ ㉢, ㉣

04 일부무효의 법리(제137조)에 관한 설명 중 <u>틀린</u> 것은? (다툼이 있으면 판례에 따름)

① 법률행위의 일부분이 무효인 때에는 전부 무효를 원칙으로 한다.
② 무효부분이 없더라도 법률행위를 하였을 것이라고 인정될 때에는 나머지 부분은 무효가 되지 아니한다.
③ 법률행위의 일부분만이라도 유효가 되기 위해서는 당사자의 가상적 의사가 인정되어야 한다.
④ 매매계약체결 시 토지의 일정부분을 매매대상에서 제외시키는 특약을 한 경우 그 특약만을 기망에 의한 법률행위로서 취소할 수는 없다.
⑤ 법률행위의 일부분에 취소사유가 있는 경우 그 법률행위가 가분적이거나 목적물의 일부가 특정될 수 있고 나머지 부분만이라도 이를 유지하려는 당사자의 가상적 의사가 인정되더라도 그 일부만의 취소는 인정되지 않는다.

05 무효행위의 전환에 관한 다음의 설명 중 틀린 것은?

① 법률행위가 성립조차 하지 않은 때에는 무효행위의 전환문제가 생길 여지가 없다.

② 불요식행위를 요식행위로 전환하는 것은 인정되지 않는다.

③ 요식행위를 불요식행위로 전환하는 것은 인정된다.

④ 입양, 인지 등 가족법상의 행위에 대해서도 무효행위의 전환이 인정된다.

⑤ 일부무효의 법리와 달리 무효행위의 전환의 경우 당사자의 의사는 실재적인 의사이어야 한다.

06 무효인 법률행위의 추인에 관한 다음 설명 중 틀린 것은?

① 무효인 가등기를 유효한 것으로 전용하기로 약정하였다면 그 가등기는 소급하여 유효한 등기로 된다.

② 상환이 완료되지 않은 농지의 매매는 추인하여도 유효로 되지 않지만, 상환완료 후에 매도인이 추인하면 그때부터 유효로 된다.

③ 허위표시는 당사자간의 합의에 의하여 추인의 효과를 당사자 사이에서만 소급하여 행위 시부터 유효한 것으로 할 수도 있다.

④ 무효인 법률행위를 추인에 의하여 새로운 법률행위로 보기 위해서는 당사자가 이전의 법률행위가 무효임을 알고 그 행위에 대하여 추인하여야 한다.

⑤ 처분권 없는 자의 처분행위에 대하여 처분권자가 이를 추인하여 유효한 것으로 할 수 있다.

07 토지거래허가구역 내의 토지에 대한 거래계약이 확정적으로 무효로 되는 것을 모두 고른 것은? (다툼이 있으면 판례에 따름)

> ㉠ 관할관청의 불허가처분이 있는 경우
> ㉡ 처음부터 토지거래허가를 배제하거나 잠탈하는 내용의 계약인 경우
> ㉢ 당사자 쌍방이 허가신청협력의무의 이행거절의사를 명백히 표시한 경우
> ㉣ 정지조건부 토지거래계약이 허가 전에 그 조건이 불성취로 확정된 경우
> ㉤ 토지거래계약이 유동적 무효인 상태에서 그 토지에 대한 토지거래허가구역 지정이 해제된 경우

① ㉠, ㉡
② ㉢, ㉣
③ ㉠, ㉢, ㉤
④ ㉡, ㉣, ㉤
⑤ ㉠, ㉡, ㉢, ㉣

기출응용 34회

08 甲은 허가받을 것을 전제로 토지거래허가구역 내 자신의 토지에 대해 乙과 매매계약을 체결하였다. 다음 설명 중 옳은 것을 모두 고른 것은? (다툼이 있으면 판례에 따름)

> ㉠ 甲은 특별한 사정이 없는 한 乙의 매매대금 이행제공이 있을 때까지 허가신청절차 협력의무의 이행을 거절할 수 있다.
> ㉡ 乙이 계약금 전액을 지급한 후, 당사자의 일방이 이행에 착수하기 전이라면 특별한 사정이 없는 한 甲은 계약금의 배액을 상환하고 계약을 해제할 수 있다.
> ㉢ 토지거래허가구역 지정기간이 만료되었으나 재지정이 없는 경우, 위 계약은 확정적 으로 유효로 된다.

① ㉠
② ㉡
③ ㉠, ㉢
④ ㉡, ㉢
⑤ ㉠, ㉡, ㉢

09 甲은 乙 소유의 X토지를 1억원에 매수하기로 하고 매매계약을 체결하였다. 그런데 X토지는 「부동산 거래신고 등에 관한 법률」상의 토지거래허가 대상이었다. 이때 甲과 乙의 법률관계에 관한 설명으로 옳은 것은? (다툼이 있으면 판례에 따름) (상)(중)(하)

① 이후 X토지에 대한 허가를 받으면 그때부터 甲과 乙의 매매계약은 유효한 것으로 되고, 그 계약성립 시에 소급하여 유효한 계약이 되는 것은 아니다.

② 허가를 받기 전의 상태라도 乙은 계약금의 배액을 상환하고 적법하게 계약을 해제할 수 있다.

③ 허가가 있기 전에는 이른바 유동적 무효의 상태로서 甲과 乙은 아무런 의무도 부담하지 않으므로 甲은 X토지 거래에 대한 허가신청에 乙이 협력할 것을 소로써 구할 수도 없다.

④ X토지 거래에 대하여 허가 여부가 불확정한 상태라도 甲이 이미 계약금과 중도금을 乙에게 지급한 이상 이에 대한 甲의 부당이득반환청구는 가능하다.

⑤ 乙은 甲의 대금지급채무의 변제 시까지 협력의무의 이행을 거절할 수 있다.

10 법률행위의 취소에 관한 설명으로 **틀린** 것은? (다툼이 있으면 판례에 따름) (상)(중)(하)

① 취소권은 취소할 수 있는 날로부터 3년 내에, 법률행위를 한 날로부터 10년 내에 행사하여야 한다.

② 제한능력자가 제한능력을 이유로 자신의 법률행위를 취소하기 위해서 법정대리인의 동의를 받을 필요는 없다.

③ 취소된 법률행위는 특별한 사정이 없는 한 처음부터 무효인 것으로 본다.

④ 제한능력을 이유로 법률행위가 취소된 경우, 제한능력자는 그 법률행위에 의해 받은 급부를 이익이 현존하는 한도에서 상환할 책임이 있다.

⑤ 취소할 수 있는 법률행위에 대해 취소권자가 적법하게 추인하면 그의 취소권은 소멸한다.

11 취소할 수 있는 법률행위에 관한 설명으로 <u>틀린</u> 것은?

① 매도인이 매매계약을 적법하게 해제한 후라도 매수인은 착오를 이유로 매매계약을 취소할 수 있다.

② 제146조 전단에서 취소권의 제척기간의 기산점으로 삼고 있는 '추인할 수 있는 날'이란 취소의 원인이 소멸된 날을 의미한다.

③ 어떤 법률행위를 한 당사자 쌍방이 각기 그 법률행위를 취소하는 의사표시를 하였으나 그 취소사유가 없는 경우 그 법률행위의 효력은 상실되지 않는다.

④ 제한능력자가 취소의 원인이 소멸된 후에 이의를 보류하지 않고 채무의 일부를 이행하면 추인한 것으로 본다.

⑤ 제한능력자의 법률행위에 대한 법정대리인의 추인은 취소의 원인이 소멸된 후에 하여야 그 효력이 있다.

PART 1

12 미성년자 甲은 법정대리인 丙의 동의 없이 자신의 토지를 乙에게 매도하고 대금수령과 동시에 소유권이전등기를 해 주었는데, 丙이 甲의 미성년을 이유로 계약을 적법하게 취소하였다. 다음 설명 중 <u>틀린</u> 것을 모두 고른 것은? (다툼이 있으면 판례에 따름)

> ㉠ 甲과 乙의 반환의무는 서로 동시이행관계에 있다.
> ㉡ 甲이 대금을 모두 생활비로 사용한 경우 대금 전액을 반환하여야 한다.
> ㉢ 만약 乙이 선의의 丁에게 매도하고 이전등기하였다면, 丙이 취소하였더라도 丁은 소유권을 취득한다.

① ㉠　　　　　　　　　　　　② ㉢

③ ㉠, ㉡　　　　　　　　　　④ ㉡, ㉢

⑤ ㉠, ㉡, ㉢

13 취소할 수 있는 법률행위에 관한 설명으로 옳은 것을 모두 고른 것은? (다툼이 있으면 판례에 따름)

> ㉠ 제한능력자는 법정대리인의 동의 없이 취소할 수 없다.
> ㉡ 임의대리인은 본인의 특별수권이 있어야 취소할 수 있다.
> ㉢ 취소권만의 승계는 인정되지 않는다.
> ㉣ 법정대리인은 취소의 원인이 소멸되기 전에는 추인할 수 없다.
> ㉤ 제한능력자는 그 행위로 인하여 받은 이익이 현존하는 한도에서 상환할 책임이 있으며, 이는 의사무능력자도 같다.

① ㉠, ㉡, ㉢
② ㉠, ㉡, ㉤
③ ㉠, ㉣, ㉤
④ ㉡, ㉢, ㉣
⑤ ㉡, ㉢, ㉤

14 취소할 수 있는 법률행위의 추인에 관한 설명으로 옳은 것은?

① 취소할 수 있는 법률행위를 추인한 경우 새로운 법률행위를 한 것으로 본다.
② 미성년자도 미성년인 상태에서 단독으로 추인할 수 있다.
③ 취소할 수 있는 법률행위의 추인은 원칙적으로 취소의 원인이 소멸된 후에 하여야 한다.
④ 취소할 수 있는 법률행위의 추인은 취소권의 포기의 효과가 생기므로 명시적으로 하여야 한다.
⑤ 추인권자는 취소권자에 한정되지 않는다.

15 甲은 乙로부터 사기를 당하여 자신의 건물에 대해 乙과 매매계약을 체결하였다. 甲이 乙의 사기사실을 안 후 매매계약을 취소할 수 있는 경우를 모두 고른 것은? 상⬤하

> ㉠ 甲이 매매계약으로부터 생긴 채무를 이행한 경우
> ㉡ 甲이 乙로부터 이행청구를 받은 경우
> ㉢ 甲이 채무자로서 담보제공을 한 경우
> ㉣ 乙이 매매계약으로부터 취득한 권리를 양도한 경우
> ㉤ 甲과 乙이 채권자를 丙으로 하는 경개계약을 체결한 경우

① ㉠, ㉢   ② ㉠, ㉣
③ ㉡, ㉢   ④ ㉡, ㉣
⑤ ㉢, ㉣

CHAPTER 06 조건과 기한

빠른 정답 CHECK! p.2 / 정답 및 해설 p.30

대표문제 조건과 기한

법률행위의 조건과 기한에 관한 설명으로 틀린 것은? (다툼이 있으면 판례에 따름)

기출응용 31회

① 상가분양계약에서 중도금지급기일을 '1층 골조공사 완료 시'로 정한 것은 불확정기한에 해당한다.

② 조건부 법률행위에서 기성조건이 해제조건이면 그 법률행위는 무효이다.

③ 임대차계약을 체결함에 있어서 임대기한을 '임차인에게 매도할 때까지'로 정한 것은 기간의 약정이 없는 임대차에 해당한다.

④ 기한이익 상실특약은 특별한 사정이 없으면 정지조건부 기한이익 상실특약으로 추정된다.

⑤ 종기(終期) 있는 법률행위는 기한이 도래한 때로부터 그 효력을 잃는다.

POINT
조건과 기한에 관한 문제로 가장조건의 개념이 주로 출제되니 잘 정리해 두어야 합니다.

해설
① 상가분양계약에서 중도금지급기일을 '1층 골조공사 완료 시'로 정한 것은 정지조건이 아니라 불확정기한에 해당한다(대판 2005.10.7, 2005다38546).
② 제151조 제2항 후단
③ 임대차계약을 체결함에 있어서 임대기한을 '임차인에게 매도할 때까지'로 정하였다면 별다른 사정이 없는 한 기한을 정한 것이라고 볼 수 없으므로 위 임대차계약은 기간의 약정이 없는 것이라고 해석함이 상당하다(대판 1974.5.14, 73다631).
④ 기한이익 상실특약은 정지조건부 기한이익 상실특약으로 볼 만한 특별한 사정이 없는 한 형성권적 기한이익 상실특약으로 추정된다(대판 2002.9.4, 2002다28340).
⑤ 제152조 제2항

정답 ④

01 **법률행위의 부관에 관한 설명으로 틀린 것은?** (다툼이 있으면 판례에 따름) 〔상〕〔중〕〔하〕

① 조건은 법률행위의 성립 여부를 장래의 불확실한 사실에 의존하게 하는 법률행위의 부관이다.

② 법률행위에 조건이 붙어 있는지 여부는 조건의 존재를 주장하는 자에게 증명책임이 있다.

③ 조건부 법률행위에서 기성조건이 해제조건이면 그 법률행위는 무효이다.

④ 기한은 특별한 사정이 없는 한 채무자의 이익을 위한 것으로 추정한다.

⑤ 종기(終期) 있는 법률행위는 기한이 도래한 때로부터 그 효력을 잃는다.

02 **법률행위의 조건과 기한에 관한 설명으로 틀린 것을 모두 고른 것은?** (다툼이 있으면 판례에 따름) 〔상〕〔중〕〔하〕

> ㉠ 조건부 법률행위에서 불능조건이 정지조건이면 그 법률행위는 무효이다.
> ㉡ 조건부 법률행위에서 기성조건이 해제조건이면 그 법률행위는 무효이다.
> ㉢ 기한이익 상실특약은 특별한 사정이 없으면 정지조건부 기한이익 상실특약으로 추정된다.

① ㉠   ② ㉢

③ ㉠, ㉡   ④ ㉡, ㉢

⑤ ㉠, ㉡, ㉢

03 조건부 법률행위에 관한 설명으로 <u>틀린</u> 것은? (다툼이 있으면 판례에 따름)

① 어음보증에 조건을 붙이는 것은 어음거래의 안정성을 해치므로 허용되지 않는다.

② 추인·취소·철회에 대하여는 원칙적으로 조건을 붙일 수 없다.

③ 상대방의 동의가 있는 경우에는 단독행위에도 조건을 붙일 수 있다.

④ 조건과 친하지 않은 법률행위에 조건을 붙인 경우에는 그 법률행위는 원칙적으로 전부무효가 된다.

⑤ 계약 당사자 일방이 이행지체에 빠진 상대방에 대하여 일정한 기간을 정하여 채무이행을 최고함과 동시에 그 기간 내에 이행이 없을 시에는 계약을 해제하겠다는 정지조건부 계약해제의 의사표시는 유효하다.

04 조건과 기한에 관한 설명으로 옳은 것은? (다툼이 있으면 판례에 따름)

① 해제조건 있는 법률행위는 조건이 성취한 때로부터 그 효력이 발생한다.

② 기한이익 상실특약은 특별한 사정이 없는 한 정지조건부 기한이익 상실특약으로 추정한다.

③ 조건이 법률행위 당시에 이미 성취할 수 없는 것인 경우, 그 조건이 정지조건이면 그 법률행위는 무효로 한다.

④ 불확정한 사실의 발생시기를 이행기한으로 정한 경우, 그 사실의 발생이 불가능하게 되었다고 하여 이행기가 도래한 것으로 볼 수는 없다.

⑤ 상계의 의사표시에는 시기(始期)를 붙일 수 있다.

05 조건부 법률행위에 관한 설명으로 **틀린** 것을 모두 고른 것은? (다툼이 있으면 판례에 따름)

> ㉠ 불능조건이 정지조건으로 되어 있는 법률행위는 무효이고, 불능조건이 해제조건인 때에는 조건 없는 법률행위가 된다.
> ㉡ 기성조건이 정지조건이면 그 법률행위는 무효가 되고, 해제조건이면 조건 없는 법률행위가 된다.
> ㉢ 채무면제나 유증과 같은 단독행위에는 조건을 붙이더라도 유효하다.
> ㉣ 약혼예물의 수수는 혼인불성립을 해제조건으로 하는 증여와 유사한 성질을 가진다.
> ㉤ 조건은 법률행위의 성립 여부를 장래의 불확실한 사실의 성부에 의존하게 하는 법률행위의 부관이다.

① ㉠, ㉢   ② ㉠, ㉣
③ ㉡, ㉣   ④ ㉡, ㉤
⑤ ㉠, ㉢, ㉣

06 조건과 기한에 관한 설명으로 **틀린** 것은? (다툼이 있으면 판례에 따름)

① 상대방에게 이익만 주는 채무면제나 유증의 경우에는 조건을 붙일 수 있다.
② 조건을 붙이는 것이 허용되지 않는 법률행위에 조건을 붙인 경우, 다른 정함이 없으면 그 조건만 분리하여 무효로 할 수 있다.
③ 정지조건부 법률행위에 있어서 조건이 성취되었다는 사실은 이에 의하여 권리를 취득하고자 하는 측에서 그 입증책임이 있다.
④ 임대차계약을 체결함에 있어서 임대기한을 '임차인에게 매도할 때까지'로 정하였다면 이는 기간의 약정이 없는 임대차로 보아야 한다.
⑤ 상가분양계약에서 중도금지급기일을 '1층 골조공사 완료 시'로 정한 것은 정지조건이 아니라 불확정기한에 해당한다.

07 조건 및 기한에 관한 설명으로 틀린 것은? (다툼이 있으면 판례에 따름)

① 정지조건과 불확정기한은 의사표시의 해석을 통해 구별할 수 있다.

② 기한은 채무자의 이익을 위한 것으로 추정한다.

③ 채무자가 담보제공의 의무를 이행하지 않는 때에는 기한의 이익을 주장하지 못한다.

④ 취소나 해제에는 일반적으로 조건을 붙일 수 없다.

⑤ 기한도래의 효과는 원칙적으로 소급효가 있다.

패배한 것이 아니라 포기한 것이고
승리한 것이 아니라 견뎌낸 것입니다.

승패는 내게 달렸습니다.

– 조정민, 『고난이 선물이다』, 두란노

PART

2

물권법

최근 5개년 출제경향 분석

최근 5개년 PART2 출제비중

35.5%

CHAPTER	문항 수					비중	☆ 빈출 키워드
	30회	31회	32회	33회	34회		
CH.01	1	1	2	3	2	12.7%	물권적 청구권
CH.02	2	3	2	0	2	12.7%	부동산물권변동, 등기의 추정력, 물권변동의 원인
CH.03	1	1	1	2	1	8.4%	점유자와 회복자의 관계
CH.04	4	2	3	3	2	19.7%	상린관계, 공유의 법률관계
CH.05	3	3	3	2	3	19.7%	지상권, 지역권, 전세권
CH.06	4	4	3	4	4	26.8%	유치권의 성립요건, 유치권의 효력, 저당권의 효력

* 복합문제이거나, 법률이 개정 및 제정된 경우 분류 기준에 따라 위 수치와 달라질 수 있습니다.

대표문제 물권의 의의와 종류

물권에 관한 설명으로 틀린 것은? (다툼이 있으면 판례에 따름)

기출응용 32회

① 민법 제185조에서의 '법률'은 국회가 제정한 형식적 의미의 법률을 의미한다.

② 사용·수익 권능을 대세적·영구적으로 포기한 소유권도 존재한다.

③ 처분권능이 없는 소유권은 인정되지 않는다.

④ 근린공원을 자유롭게 이용한 사정만으로 공원이용권이라는 배타적 권리를 취득하였다고 볼 수는 없다.

⑤ 온천에 관한 권리를 관습법상의 물권이라고 볼 수는 없다.

POINT

물권법의 지배원리는 물권법정주의입니다. 따라서 제185조의 해석론을 잘 정리해 두어야 하고, 판례가 관습법상의 물권에 해당하지 않는다고 본 경우를 암기해 두시기 바랍니다.

해설

① 제185조에서의 '법률'은 국회가 법률이라는 이름으로 제정한 형식적 의미의 법률을 의미한다. 따라서 명령이나 규칙에 의한 물권창설은 원칙적으로 허용되지 않는다(대판 2002.2.26, 2001다64165 참조).

② 물건에 대한 배타적인 사용·수익권은 소유권의 핵심적 권능이므로, 소유권의 사용·수익 권능을 대세적·영구적으로 포기하는 것은 허용되지 않는다(대판 2013.8.22, 2012다54133).

③ 소유권의 핵심적 권능인 처분권능이 없는 소유권은 인정되지 않는다(대판 2014.3.13, 2009다105215).

④ 근린공원이용권은 관습법상의 물권으로 볼 수 없다(대결 1995.5.23, 94마2218).

⑤ 온천권은 관습법상의 물권으로 볼 수 없다(대판 1970.5.26, 69다1239).

정답 ②

01 다음 중 관습법상의 물권이 <u>아닌</u> 것을 모두 고른 것은? (다툼이 있으면 판례에 따름)

상중**하**

> ㉠ 온천권 ㉡ 사도통행권
> ㉢ 근린공원이용권 ㉣ 미등기매수인의 법적 지위

① ㉠, ㉡, ㉢ ② ㉠, ㉡, ㉣ ③ ㉠, ㉢, ㉣
④ ㉡, ㉢, ㉣ ⑤ ㉠, ㉡, ㉢, ㉣

02 물권법정주의에 관한 설명으로 <u>틀린</u> 것은?

상**중**하

① 물권은 법률 또는 관습법에 의하는 외에는 임의로 창설하지 못한다.
② 물권법의 강행법규성은 물권법정주의에서 연유된다.
③ 관습법은 법률의 규정이 없는 경우에 한해 물권창설의 근거가 될 수 있다.
④ 물권법정주의는 당사자가 물권을 임의로 창설하지 못한다는 의미이고, 법률 또는 관습법에서 정하는 물권의 내용과 다른 내용으로 당사자가 정하는 것을 부정하는 것은 아니다.
⑤ 종류강제를 위반한 경우에는 전부무효로 다루어지고, 내용강제를 위반한 경우에는 일부무효의 법리(제137조)에 의한다.

03 물권의 객체에 관한 설명으로 <u>틀린</u> 것은? (다툼이 있으면 판례에 따름)

상**중**하

① 명인방법을 갖춘 수목의 집단에 대해 저당권이 성립할 수 없다.
② 장래에 생길 물건에 대해서는 물권이 절대로 성립할 수 없다.
③ 구분건물이 되기 위해서는 구분된 각 부분이 구조상 및 이용상의 독립성이 있어야 하고 소유자의 구분행위가 있어야 한다.
④ 甲이 임차한 乙의 토지에서 경작한 쪽파를 수확하지 않은 채 丙에게 매도한 경우, 丙이 명인방법을 갖추지 않더라도 그 쪽파의 소유권을 취득한다.
⑤ 지상권과 전세권을 목적으로 저당권이 성립할 수 있다.

04 물권에 관한 설명으로 <u>틀린</u> 것은? (상)**중**(하)

① 지상권·전세권을 목적으로 저당권을 설정할 수 있으나, 지역권을 목적으로 저당권을 설정할 수 없다.
② 부동산을 목적으로 질권을 설정할 수 없다.
③ 1필 토지의 일부나 1동 건물의 일부를 목적으로 전세권을 설정할 수 있다.
④ 등기된 임차권은 저당권의 객체가 될 수 없다.
⑤ 소유권에 있어서 사용·수익권능이 소유자에게 존재하지 않는 경우도 허용될 수 있다.

05 물권적 청구권에 관한 설명으로 옳은 것은? (다툼이 있으면 판례에 따름) **상**(중)(하)

① 소유자는 물권적 청구권에 의하여 방해제거비용 또는 방해예방비용을 청구할 수 없다.
② 불법원인으로 물건을 급여한 사람은 원칙적으로 소유권에 기하여 반환청구를 할 수 있다.
③ 소유자는 소유물을 불법점유한 사람의 특별승계인에 대하여는 그 반환을 청구하지 못한다.
④ 소유권에 기한 방해제거청구권은 현재 계속되고 있는 방해의 원인과 함께 방해결과의 제거를 내용으로 한다.
⑤ 물권적 청구권은 물권과 독립한 권리이므로 물권적 청구권만의 양도도 허용된다.

06 甲 소유 X토지에 대한 사용권한 없이 그 위에 乙이 Y건물을 신축한 후 아직 등기하지 않은 채 丙에게 일부를 임대하여 현재 乙과 丙이 Y건물을 일부분씩 점유하고 있다. 다음 설명 중 옳은 것을 모두 고른 것은? (다툼이 있으면 판례에 따름)

> ㉠ 甲은 乙을 상대로 Y건물에서의 퇴거를 청구할 수 있다.
> ㉡ 甲은 丙을 상대로 Y건물에서의 퇴거를 청구할 수 있다.
> ㉢ 乙이 Y건물을 丁에게 미등기로 매도하고 인도해 준 경우 甲은 丁을 상대로 Y건물의 철거를 청구할 수 있다.

① ㉠

② ㉢

③ ㉠, ㉡

④ ㉡, ㉢

⑤ ㉠, ㉡, ㉢

07 물권적 청구권에 관한 설명으로 옳은 것을 모두 고른 것은? (다툼이 있으면 판례에 따름)

> ㉠ 상대방의 귀책사유는 물권적 청구권의 행사요건이 아니다.
> ㉡ 토지의 소유권을 양도하여 소유권을 상실한 전(前) 소유자도 그 토지 일부의 불법점유자에 대하여 소유권에 기한 방해배제를 청구할 수 있다.
> ㉢ 소유자는 자신의 소유권을 방해할 염려 있는 행위를 하는 자에 대하여 그 예방과 함께 손해배상의 담보를 청구할 수 있다.

① ㉠

② ㉢

③ ㉠, ㉡

④ ㉠, ㉢

⑤ ㉡, ㉢

대표문제 | **등기청구권**

등기청구권에 관한 설명으로 옳은 것을 모두 고른 것은? (다툼이 있으면 판례에 따름)

기출응용 32회

> ㉠ 등기신청권이란 등기권리자와 등기의무자가 함께 국가에 등기를 신청하는 공법상의 권리이다.
> ㉡ 부동산 매수인이 그 목적물을 인도받아 이를 사용·수익하고 있는 이상 그 매수인의 등기청구권은 시효로 소멸하지 않는다.
> ㉢ 취득시효완성으로 인한 소유권이전등기청구권은 시효완성 당시의 등기명의인이 동의해야만 양도할 수 있다.

① ㉠

② ㉡

③ ㉢

④ ㉠, ㉡

⑤ ㉡, ㉢

POINT
우선 등기청구권, 등기신청권, 등기인수청구권의 개념을 잘 구별하여야 합니다. 그리고 부동산 매수인의 소유권이전등기청구권이 소멸시효에 걸리는지에 관한 판례의 결론을 잘 정리해 두어야 합니다.

해설
㉠ 등기청구권이란 등기권리자가 등기의무자에 대하여 등기신청에 협력할 것을 청구할 수 있는 사법상의 권리이고, 등기신청권은 개인이 국가기관인 등기관에게 등기를 해 줄 것을 요청하는 공법상의 권리이다.
㉡ 부동산의 매수인이 부동산을 인도받아 사용·수익하고 있는 한 매수인의 등기청구권은 소멸시효에 걸리지 않는다(대판 전합체 1976.11.6, 76다148).
㉢ 점유취득시효의 완성으로 점유자가 소유자에 대해 갖는 소유권이전등기청구권은 통상의 채권양도 법리에 따라 양도될 수 있다. 따라서 소유자의 동의가 없어도 등기청구권 양도사실에 대한 시효완성자의 소유자에 대한 통지만으로 소유자에 대한 대항력이 생긴다(대판 2018.7.12, 2015다36167).

정답 ④

01 등기에 관한 설명으로 <u>틀린</u> 것은? (다툼이 있으면 판례에 따름)

① 중간생략등기의 합의는 적법한 등기원인이 될 수 있다.

② 당사자 사이에 적법한 원인행위가 성립되어 중간생략등기가 이루어진 이상, 중간생략등기에 관한 합의가 없었다는 사유만으로는 그 소유권이전등기를 무효라고 할 수 없다.

③ 전세권 존속기간이 시작되기 전에 마친 전세권설정등기도 특별한 사정이 없는 한 유효한 것으로 추정된다.

④ 등기는 물권의 효력발생요건이므로 물권에 관한 등기가 원인 없이 말소된 경우에도 그 물권의 효력에는 아무런 변동이 없는 것이 원칙이다.

⑤ 중간생략등기를 합의한 최초매도인은 그와 거래한 매수인의 대금미지급을 들어 최종매수인 명의로의 소유권이전등기의무의 이행을 거절할 수 있다.

기출응용 34회

02 부동산 소유권이전등기청구권에 관한 설명으로 옳은 것은? (다툼이 있으면 판례에 따름)

① 매매로 인한 이전등기청구권은 물권적 청구권이다.

② 점유취득시효 완성으로 인한 이전등기청구권의 양도는 특별한 사정이 없는 한 양도인의 채무자에 대한 통지만으로 대항력이 생긴다.

③ 매수인이 부동산을 인도받아 사용·수익하더라도 매수인의 이전등기청구권은 시효로 소멸한다.

④ 점유취득시효 완성으로 인한 이전등기청구권은 점유가 계속되더라도 시효로 소멸한다.

⑤ 매매로 인한 이전등기청구권의 양도는 특별한 사정이 없는 한 양도인의 채무자에 대한 통지만으로 대항력이 생긴다.

03 乙은 甲 소유의 X토지를 매수하여 대금 전액을 지불하고 이를 인도받아 사용하고 있지만, 자기명의로 등기를 하지 않고 있다. 다음 설명 중 **틀린** 것은? (다툼이 있으면 판례에 따름) (상)(중)(하)

① 乙의 甲에 대한 소유권이전등기청구권은 소멸시효에 걸리지 않는다.

② 丙이 乙로부터 임차하여 점유하고 있는 경우, 甲은 丙에 대하여 소유물반환을 청구할 수 없다.

③ 착오로 X토지가 아니라 甲 소유의 Y토지가 乙 명의로 등기된 경우, 원칙적으로 그 등기는 무효이다.

④ 乙이 X토지를 丙에게 전매·인도하였고 甲·乙·丙 간에 중간생략등기를 하기로 합의한 경우, 乙의 甲에 대한 등기청구권의 소멸시효는 진행한다.

⑤ 乙이 X토지를 丙에게 전매하였고 甲·乙·丙 간에 중간생략등기의 합의가 있은 후, 甲과 乙 간에 매매대금을 인상하는 약정이 체결된 경우, 甲은 인상분의 미지급을 이유로 丙의 소유권이전등기청구를 거절할 수 있다.

04 청구권보전의 가등기에 관한 설명으로 **틀린** 것은? (다툼이 있으면 판례에 따름) (상)(중)(하)

① 가등기는 본등기 시에 본등기의 순위를 가등기의 순위에 의하도록 하는 순위보전적 효력만이 있을 뿐이다.

② 소유권이전청구권 보전을 위한 가등기가 있다 하여, 소유권이전등기를 청구할 어떤 법률관계가 있다고 추정되지 않는다.

③ 가등기권리자는 가등기의무자인 전소유자를 상대로 본등기청구권을 행사할 것이고 제3자를 상대로 할 것이 아니다.

④ 가등기에 기한 본등기가 경료된 경우 가등기 후 본등기 전에 이루어진 중간처분은 본등기보다 후순위로 되어 실효된다.

⑤ 가등기 이후에 부동산을 취득한 제3자는 가등기에 기한 소유권이전등기청구권이 시효완성으로 소멸되었더라도 가등기권리자에 대하여 본등기청구권의 소멸시효를 주장하여 그 가등기의 말소를 청구할 수 없다.

05 청구권보전을 위한 가등기에 관한 설명으로 **틀린** 것은? (다툼이 있으면 판례에 따름)

⊕⊜⊖

① 가등기된 소유권이전청구권은 가등기에 대한 부기등기의 방법으로 타인에게 양도될 수 있다.

② 정지조건부 청구권을 보전하기 위한 가등기도 허용된다.

③ 가등기에 기하여 본등기가 이루어진 경우 물권변동의 효력과 본등기의 순위는 가등기를 한 때로 소급한다.

④ 가등기는 물권적 청구권을 보전하기 위해서는 할 수 없다.

⑤ 소유권이전청구권을 보전하기 위한 가등기에 기한 본등기를 청구하는 경우, 가등기 후 소유자가 변경되더라도 가등기 당시의 등기명의인을 상대로 하여야 한다.

06 등기의 추정력에 관한 판례의 태도와 일치하지 <u>않는</u> 것을 모두 고른 것은? ⊕⊜⊖

> ㉠ 미등기부동산 양수인이 소유권보존등기를 한 경우 전소유자가 그에게 소유권을 양도한 사실을 부인하여도 보존등기명의자의 소유권이 추정된다.
>
> ㉡ 부동산에 관하여 소유권이전등기가 마쳐져 있는 경우 그 등기명의자는 제3자에 대하여서뿐만 아니라, 그 전소유자에 대하여서도 적법한 등기원인에 의하여 소유권을 취득한 것으로 추정된다.
>
> ㉢ 소유권이전등기가 전등기명의인의 직접적인 처분행위에 의한 것이 아니라 제3자가 그 처분행위에 개입된 경우에도 현등기명의인의 등기는 적법하게 이루어진 것으로 추정된다.
>
> ㉣ 근저당권설정등기가 되어 있으면 그에 상응하는 피담보채권의 존재도 추정된다.
>
> ㉤ 부동산에 관한 소유권이전등기가 있는 이상 그 절차는 적법한 것으로 추정된다.

① ㉠

② ㉠, ㉡

③ ㉡, ㉢

④ ㉡, ㉢, ㉣

⑤ ㉢, ㉣, ㉤

07 등기의 추정력에 관한 설명으로 **틀린** 것은? (다툼이 있으면 판례에 따름)

① 등기의무자의 사망 전에 등기원인이 이미 존재한 상태에서 등기의무자의 사망 후 그로부터 경료된 등기는 추정력이 있다.

② 등기명의자가 등기원인 행위의 태양이나 과정을 다소 다르게 주장하더라도 등기의 추정력이 깨어진다고 할 수 없다.

③ 등기의 추정력은 등기부에 기록된 등기원인에도 미친다.

④ 말소회복등기를 마치기 전이라면 원인 없이 말소된 소유권이전등기의 최종명의인은 적법한 권리자로 추정될 수 없다.

⑤ 등기부상의 명의인과 매도인이 동일인인 경우 그를 소유자로 믿고 그 부동산을 매수하여 점유하는 자는 특별한 사정이 없는 한 과실 없는 점유자에 해당한다.

08 등기의 추정력에 관한 설명으로 **옳은** 것을 모두 고른 것은? (다툼이 있으면 판례에 따름)

> ㉠ 부동산에 관하여 소유권이전등기가 마쳐진 경우 그 등기명의자는 전소유자에 대하여서도 적법한 등기원인에 의하여 소유권을 취득한 것으로 추정된다.
>
> ㉡ 대리에 의한 매매계약을 원인으로 소유권이전등기가 이루어진 경우, 대리권의 존재는 추정된다.
>
> ㉢ 근저당권등기가 행해지면 피담보채권뿐만 아니라 그 피담보채권을 성립시키는 기본계약의 존재도 추정된다.
>
> ㉣ 건물 소유권보존등기 명의자가 전(前) 소유자로부터 그 건물을 양수하였다고 주장하는 경우, 전(前) 소유자가 양도사실을 부인하더라도 그 보존등기의 추정력은 깨어지지 않는다.

① ㉠, ㉡   ② ㉠, ㉢

③ ㉡, ㉢   ④ ㉡, ㉣

⑤ ㉢, ㉣

09 중간생략등기에 관한 판례의 태도와 <u>다른</u> 것은? ⊗❸⊛

① 최종양수인이 최초양도인에게 직접 소유권이전등기청구권을 행사하기 위해서는 관계당사자 전원의 의사의 합치가 있어야 한다.

② 「부동산등기 특별조치법」에 위반한 중간생략등기의 합의는 유효하다.

③ 중간생략등기의 합의가 없다면 부동산의 전전매수인은 매도인을 대위하여 그 전매도인인 등기명의자에게 매도인 앞으로의 소유권이전등기를 구할 수 있을지언정 직접 자기 앞으로의 소유권이전등기를 구할 수 없다.

④ 당사자들 사이의 중간생략등기의 합의는 결국 최초매도인과 최종매수인 사이에 매매계약이 체결되었다는 것을 의미한다.

⑤ 당사자 사이에 적법한 원인행위가 성립되어 중간생략등기가 이루어진 이상 중간생략등기에 관한 합의가 없었다는 사유만으로 그 소유권이전등기를 무효라고 할 수 없다.

10 중간생략등기에 관한 설명 중 판례의 태도와 <u>다른</u> 것은? ⊗❸⊛

① 중간생략등기의 합의가 있으면 최초의 매도인이 자신이 당사자가 된 매매계약상의 매수인인 중간자에 대하여 갖고 있는 매매대금청구권의 행사가 제한된다.

② 토지거래허가구역 내의 토지를 토지거래허가 없이 순차로 매매한 후, 최종매수인이 중간생략등기의 합의하에 자신과 최초매도인을 매매당사자로 하는 토지거래허가를 받아 경료한 소유권이전등기는 무효이다.

③ 부동산이 전전양도된 경우에 최종양수인이 중간자로부터 소유권이전등기청구권을 양도받았다 하더라도 최초양도인이 그 양도에 대하여 동의하지 않고 있다면 최종양수인은 최초양도인에 대하여 채권양도를 원인으로 하여 소유권이전등기절차 이행을 청구할 수 없다.

④ 중간생략등기의 합의가 있었다 하더라도 중간매수인의 첫 매도인에 대한 소유권이전등기청구권이 소멸되는 것은 아니다.

⑤ 중간생략등기의 합의가 없다면 부동산의 전전매수인은 매도인을 대위하여 그 전매도인인 등기명의자에게 매도인 앞으로의 소유권이전등기를 청구할 수 있다.

11 X토지는 甲 ⇨ 乙 ⇨ 丙으로 순차 매도되고, 3자 간에 중간생략등기의 합의를 하였다. 이에 대한 설명으로 **틀린** 것은? (다툼이 있으면 판례에 따름) ⑤⑤⑤

① 丙은 甲에게 직접 소유권이전등기를 청구할 수 있다.

② 乙의 甲에 대한 소유권이전등기청구권은 소멸하지 않는다.

③ 甲의 乙에 대한 매매대금채권의 행사는 제한받지 않는다.

④ 중간생략등기의 합의가 있더라도 甲과 丙 사이에 매매계약이 체결되었다는 것을 의미하는 것은 아니다.

⑤ 만약 중간생략등기의 합의가 없다면, 丙은 甲의 동의나 승낙 없이 乙의 소유권이전등기청구권을 양도받아 甲에게 소유권이전등기를 청구할 수 있다.

12 등기가 있어야 물권이 변동되는 경우는? (다툼이 있으면 판례에 따름) ⑤⑤⑤

① 공유물분할청구소송에서 현물분할의 협의가 성립하여 조정이 된 때 공유자들의 소유권 취득

② 건물소유자의 법정지상권 취득

③ 분묘기지권의 시효취득

④ 저당권 실행에 의한 경매에서의 소유권 취득

⑤ 공용징수로 인한 소유권의 취득

13 법률행위에 의하지 않은 부동산물권의 변동에 관한 설명으로 **틀린** 것은? (다툼이 있으면 판례에 따름) ⑤⑤⑤

① 관습법상 법정지상권은 설정등기 없이 취득한다.

② 판결에 기한 부동산물권의 변동시기는 모두 확정판결 시이다.

③ 상속인은 등기 없이 상속받은 부동산의 소유권을 취득한다.

④ 경매로 인한 부동산소유권의 취득시기는 매각대금을 완납한 때이다.

⑤ 건물의 신축에 의한 소유권취득은 소유권보존등기를 필요로 하지 않는다.

14 부동산물권변동에 관한 설명으로 <u>틀린</u> 것은? (다툼이 있으면 판례에 따름) 〔상〕❸〔하〕

① 공유토지분할판결이 확정된 때에는 분할등기를 하여야 물권변동이 일어난다.

② 부동산유치권의 취득에는 등기를 필요로 하지 아니한다.

③ 소유권이전등기청구소송을 제기하여 승소판결을 얻은 자도 소유권을 취득하기 위해서는 등기하여야 한다.

④ 회사합병으로 인하여 존속회사 또는 신설회사가 소멸회사의 부동산물권을 취득하기 위해서는 존속회사의 변경등기 또는 신설회사의 설립등기를 하는 외에 따로 부동산 소유권이전등기를 할 필요는 없다.

⑤ 토지수용에 의한 부동산물권변동은 등기를 필요로 하지 아니한다.

15 물권의 소멸에 관한 다음 설명 중 <u>틀린</u> 것은? (다툼이 있으면 다수설에 따름) 〔상〕〔중〕❸

① 목적물이 멸실한 경우 모든 물권은 절대적으로 소멸한다.

② 부동산물권의 포기의 경우에는 말소등기를 하여야 물권이 소멸한다.

③ 포락된 토지가 다시 성토되어도 종전의 소유자가 다시 소유권을 취득할 수는 없다.

④ 점유권과 광업권은 혼동으로 소멸하지 않는다.

⑤ 혼동을 생기게 한 원인이 부존재하거나 원인행위가 무효로 된 경우 소멸하였던 물권은 부활한다.

16 혼동에 의한 물권소멸에 관한 설명으로 옳은 것을 모두 고른 것은? (다툼이 있으면 판례에 따름) **상**중하

> ⊙ 甲의 토지 위에 乙이 1번 저당권, 丙이 2번 저당권을 가지고 있다가 乙이 증여를 받아 토지소유권을 취득하면 1번 저당권은 소멸한다.
>
> ⓛ 乙이 甲의 토지 위에 지상권을 설정받고, 丙이 그 지상권 위에 저당권을 취득한 후 乙이 甲으로부터 그 토지를 매수한 경우, 乙의 지상권은 소멸한다.
>
> ⓒ 甲의 토지를 乙이 점유하다가 乙이 이 토지의 소유권을 취득하더라도 乙의 점유권은 소멸하지 않는다.
>
> ⓔ 甲의 주택에 乙이 대항력 및 우선변제권이 있는 임차권을 취득한 다음에 그 주택에 丙의 저당권이 설정된 후 乙이 이를 매수하여 소유권을 취득한 경우 乙의 임차권은 혼동으로 소멸하지 않는다.

① ⊙, ⓛ   ② ⓛ, ⓒ

③ ⓒ, ⓔ   ④ ⊙, ⓔ

⑤ ⊙, ⓒ

빠른 정답 CHECK! p.2 / 정답 및 해설 p.41

PART 2

대표문제 **점유자와 회복자의 관계**

점유권에 관한 설명으로 틀린 것은? (다툼이 있으면 판례에 따름)   기출응용 32회

① 특별한 사정이 없는 한, 건물의 부지가 된 토지는 그 건물의 소유자가 점유하는 것으로 보아야 한다.

② 악의의 무단점유임이 입증된 경우에는 자주점유의 추정이 번복된다.

③ 적법하게 과실을 취득한 선의의 점유자는 회복자에게 통상의 필요비의 상환을 청구하지 못한다.

④ 점유자가 상대방의 사기에 의해 물건을 인도한 경우 점유침탈을 이유로 한 점유물반환청구권은 발생하지 않는다.

⑤ 자주점유자가 본권에 관한 소에서 패소하면 그 소제기 시부터 타주점유자로 본다.

POINT

법률행위가 무효·취소가 되었을 때 당사자 상호간의 이해관계를 세밀하게 조정하기 위해서 만든 규정이 제201조 내지 제203조의 규정입니다. 우선 법조문 정리가 필수적이며, 관련 판례 내용까지 잘 정리해 두어야 합니다.

해설

① 건물소유자가 현실적으로 건물이나 그 부지를 점거하지 않더라도 특별한 사정이 없는 한 건물의 부지에 대한 점유가 인정된다(대판 2003.11.13, 2002다57935).

② 점유자가 점유개시 당시에 소유권취득의 원인이 될 수 있는 법률행위 기타 법률요건이 없이 그와 같은 법률요건이 없다는 사실을 잘 알면서 타인 소유의 부동산을 무단점유한 것임이 입증된 경우에는 자주점유의 추정이 번복된다(대판 전합체 1997.8.21, 95다28625).

③ 적법하게 과실을 취득한 선의의 점유자는 회복자에게 통상의 필요비의 상환을 청구하지 못한다(제203조 제1항 단서).

④ 사기의 의사표시에 의해 건물을 명도해 준 것은 건물의 점유를 침탈당한 것이 아니므로 피해자는 점유물반환청구권이 없다(대판 1992.2.28, 91다17443).

⑤ 선의의 점유자라도 본권에 관한 소에 패소한 때에는 그 소가 제기된 때로부터 악의의 점유자로 본다(제197조 제2항). 또한 자주점유자가 본권에 관한 소에서 패소하면 패소판결 확정 시부터 타주점유자로 본다.

정답 ⑤

01 점유에 관한 설명으로 **틀린** 것은? (다툼이 있으면 판례에 따름)

① 지상권, 전세권, 질권, 사용대차, 임대차, 임치 기타의 관계로 타인으로 하여금 물건을 점유하게 한 자는 간접으로 점유권이 있다.

② 가사상, 영업상 기타 유사한 관계에 의하여 타인의 지시를 받아 물건에 대한 사실상의 지배를 하는 때에는 그 타인만을 점유자로 한다.

③ 甲이 乙로부터 임차한 건물을 乙의 동의 없이 丙에게 전대한 경우, 乙만이 간접점유자이다.

④ 실제 면적이 등기된 면적을 상당히 초과하는 토지를 매수하여 인도받은 때에는 특별한 사정이 없으면 초과부분의 점유는 타주점유이다.

⑤ 처분권한이 없는 자로부터 그 사실을 알면서 부동산을 취득한 경우 그 점유는 타주점유이다.

기출응용 33회

02 점유에 관한 설명으로 **틀린** 것은? (다툼이 있으면 판례에 따름)

① 일반공중의 통행에 제공되고 있는 공로에 연결되는 골목길을 甲이 일상통로로 사용하고 있는 것만으로는 그 골목길이 甲의 점유하에 있다고 볼 수 없다.

② 10세에 불과한 상속인에게는 상속토지에 대한 점유가 인정되지 않는다.

③ 점유권에 기인한 소와 본권에 기인한 소는 서로 영향을 미치지 아니한다.

④ 점유매개관계에 있어 직접점유자가 점유를 침탈당한 경우에는 직접점유자뿐만 아니라 간접점유자에게도 점유보호청구권이 인정된다.

⑤ 점유자가 점유의 방해를 받을 염려가 있을 때에는 그 방해의 예방 또는 손해배상의 담보를 청구할 수 있는데, 이 경우 상대방에게 반드시 고의나 과실이 있어야 하는 것은 아니다.

03 민법의 규정상 선의점유와 악의점유를 구별할 실익이 <u>없는</u> 경우는?

① 소유권의 등기부취득시효
② 점유물의 멸실·훼손에 대한 점유자의 책임
③ 점유자의 과실취득권
④ 동산의 선의취득
⑤ 점유자의 비용상환청구권

04 점유에 관한 대법원 판례와 <u>다른</u> 것은?

① 점유자의 점유가 소유의 의사가 없는 점유임을 이유로 하여 점유자의 취득시효의 성립을 부정하고자 하는 경우 타주점유의 입증책임은 취득시효의 성립을 부정하고자 하는 자에게 있다.
② 점유자의 점유가 자주점유인지 아니면 타주점유인지의 여부는 점유취득의 원인이 된 권원의 성질에 의하여 객관적으로 결정하여야 한다.
③ 소유자라면 당연히 취했을 것으로 보이는 행동을 취하지 아니한 사정이 증명된 경우 소유의 의사의 추정은 깨어진다.
④ 점유자가 점유개시 당시에 소유권취득의 원인이 될 수 있는 법률행위 기타 법률요건이 없이 그와 같은 법률요건이 없다는 사실을 잘 알면서 타인 소유의 부동산을 무단 점유한 것임이 입증된 경우에는 특별한 사정이 없는 한 소유의 의사의 추정은 깨어진다.
⑤ 점유계속추정은 동일인이 전후 양 시점에 점유한 것이 증명된 때에만 적용되는 것이고, 전후 양 시점의 점유자가 다른 경우에는 인정되지 아니한다.

05 자주점유에 관한 설명으로 <u>틀린</u> 것은? (다툼이 있으면 판례에 따름)

① 악의의 무단점유가 입증된 경우에는 자주점유의 추정은 깨어진다.

② 부동산을 다른 사람에게 매도하여 그 인도의무를 지고 있는 매도인의 점유는 특별한 사정이 없는 한 타주점유로 변경된다.

③ 명의신탁에 의하여 부동산의 소유자로 등기된 자는 그의 점유가 인정된다고 하더라도 그 점유권원의 성질상 자주점유라 할 수 없는 것이다.

④ 점유의 승계가 있는 경우 전점유자의 점유가 타주점유라면 점유자의 승계인이 자기의 점유만을 주장하는 경우라 하여도 현점유자의 점유는 자주점유로 추정된다고 볼 수 없다.

⑤ 점유자가 스스로 매매 또는 증여와 같이 자주점유의 권원을 주장하였으나 이것이 인정되지 않는 경우에도, 그 주장의 점유권원이 인정되지 않는다는 사유만으로 자주점유의 추정이 번복된다거나 또는 점유권원의 성질상 타주점유라고 볼 수 없다.

기출응용 34회

06 점유자와 회복자의 관계에 관한 설명으로 옳은 것을 모두 고른 것은? (다툼이 있으면 판례에 따름)

> ㉠ 점유물이 점유자의 책임 있는 사유로 멸실된 경우, 선의의 타주점유자는 이익이 현존하는 한도에서 배상해야 한다.
> ㉡ 악의의 점유자는 특별한 사정이 없는 한 통상의 필요비를 청구할 수 있다.
> ㉢ 점유자의 필요비상환청구에 대해 법원은 회복자의 청구에 의해 상당한 상환기간을 허여할 수 있다.

① ㉠

② ㉡

③ ㉠, ㉢

④ ㉡, ㉢

⑤ ㉠, ㉡, ㉢

07 선의점유자의 과실취득권에 관한 판례의 내용으로 <u>틀린</u> 것은? ⓈⓂ(하)

① 선의의 점유자는 타인에게 손해를 입혔다 할지라도 귀책사유가 없는 이상 그 과실취득으로 인한 이득을 그 타인에게 반환할 의무는 없다.

② 민법 제201조 제1항에 의하여 과실취득권이 있는 선의의 점유자란 과실취득권을 포함하는 권원인 소유권, 지상권, 임차권 등이 있다고 오신한 점유자를 말한다.

③ 악의점유자는 점유물의 과실뿐만 아니라 이에 대한 이자까지 붙여 반환하여야 한다.

④ 과실취득권이 없는 본권을 오신한 자는 점유물의 과실을 취득할 수 없다.

⑤ 선의점유자는 과실취득권이 있으므로 선의점유자는 불법행위로 인한 손해배상책임이 배제된다.

08 점유자와 회복자의 관계에 관한 설명으로 옳은 것은? (다툼이 있으면 판례에 따름)

(상)Ⓜ(하)

① 선의의 점유자는 과실을 취득하더라도 통상의 필요비의 상환을 청구할 수 있다.

② 이행지체로 인해 매매계약이 해제된 경우, 선의의 점유자인 매수인에게 과실취득권이 인정되지 않는다.

③ 악의의 점유자가 책임 있는 사유로 점유물을 훼손한 경우, 이익이 현존하는 한도에서 배상해야 한다.

④ 점유자가 유익비를 지출한 경우, 점유자의 선택에 좇아 그 지출금액이나 증가액의 상환을 청구할 수 있다.

⑤ 무효인 매매계약의 매수인이 점유목적물에 필요비 등을 지출한 후 매도인이 그 목적물을 제3자에게 양도한 경우, 점유자인 매수인은 양수인에게 비용상환을 청구할 수 없다.

09 점유자와 회복자의 관계에 관한 설명으로 **틀린** 것은? (다툼이 있으면 판례에 따름)

① 점유물의 과실을 취득한 점유자는 필요비에 대해서는 일체 상환을 청구할 수 없고, 유익비에 대해서만 상환을 청구할 수 있다.

② 점유물이 점유자의 책임 있는 사유로 인하여 멸실 또는 훼손한 때에는 악의의 점유자는 그 손해의 전부를 배상하여야 한다.

③ 악의의 점유자는 받은 이익에 이자를 붙여 반환하고 그 이자의 이행지체로 인한 지연손해금까지 지급하여야 한다.

④ 선의점유자의 과실취득권과 불법행위로 인한 손해배상책임은 병존할 수 있다.

⑤ 점유자가 유익비를 지출할 당시 계약관계 등 적법한 점유권원을 가진 경우에는 계약관계 등의 상대방이 아닌 점유회복 당시의 상대방에 대하여 점유자의 비용상환청구권에 관한 제203조 제2항에 따른 지출비용의 상환을 청구할 수 없다.

10 점유보호청구권에 관한 설명으로 옳은 것을 모두 고른 것은? (다툼이 있으면 판례에 따름)

ㄱ 점유의 방해를 받은 점유자는 방해의 제거 및 손해의 배상을 청구할 수 있으나, 손해배상을 청구하려면 방해자의 고의나 과실이 있어야 한다.
ㄴ 점유의 방해를 받을 염려가 있을 때 점유자는 방해의 예방과 손해배상의 담보를 함께 청구할 수 있다.
ㄷ 점유자가 사기에 의해 점유를 이전한 경우 점유물반환청구권을 행사할 수 없다.
ㄹ 점유자가 점유의 침탈을 당한 경우, 침탈자의 선의의 매수인으로부터 악의로 이를 전득한 자에 대해 점유물반환청구권을 행사할 수 있다.

① ㄱ, ㄴ
② ㄱ, ㄷ
③ ㄴ, ㄷ
④ ㄱ, ㄴ, ㄹ
⑤ ㄴ, ㄷ, ㄹ

04 소유권

빠른 정답 CHECK! p.2 / 정답 및 해설 p.44

대표문제　**공유의 법률관계**

甲, 乙, 丙은 X토지를 각 1/2, 1/4, 1/4의 지분으로 공유하고 있다. 이에 관한 설명으로 옳은 것은? (단, 구분소유적 공유관계는 아니며, 다툼이 있으면 판례에 따름)　　32회

① 乙이 X토지에 대한 자신의 지분을 포기한 경우, 乙의 지분은 甲, 丙에게 균등한 비율로 귀속된다.

② 당사자간의 특약이 없는 경우, 甲은 단독으로 X토지를 제3자에게 임대할 수 있다.

③ 甲, 乙은 X토지에 대한 관리방법으로 X토지에 건물을 신축할 수 있다.

④ 甲, 乙, 丙이 X토지의 관리에 관한 특약을 한 경우, 그 특약은 특별한 사정이 없는 한 그들의 특정승계인에게도 효력이 미친다.

⑤ 丙이 甲, 乙과의 협의 없이 X토지를 배타적·독점적으로 점유하고 있는 경우, 乙은 공유물에 대한 보존행위로 X토지의 인도를 청구할 수 있다.

POINT

하나의 물건을 공동목적 없이 수인이 소유하는 형태가 공유입니다. 공유 문제는 거의 대부분 판례의 결론을 물어보는 문제가 주로 출제되니 공유의 주장 이론 부분을 꼼꼼히 정리해 두시길 바랍니다.

해설

① 공유자가 그 지분을 포기하거나 상속인 없이 사망한 때에는 그 지분은 다른 공유자에게 '각 지분의 비율'로 귀속한다(제267조).

② 임대차계약을 체결하는 것은 공유물의 관리행위에 해당하고, 공유물의 관리행위는 공유자 지분의 과반수로써 결정한다(제265조 본문). 따라서 소수지분권자인 甲은 단독으로 X토지를 제3자에게 임대할 수 없다.

③ 공유물의 관리에 관한 사항은 공유자 지분의 과반수로써 결정하므로, 과반수지분을 가진 공유자는 공유물의 관리방법으로서 공유물의 특정부분을 배타적으로 사용할 수 있다. 그러나 관리란 공유물의 이용·개량을 말하므로, 나대지에 건물을 건축하는 것은 관리의 범위를 넘는 것이므로 허용되지 않는다(대판 2001.11.27, 2000다33638).

④ 공유자 간의 공유물에 대한 사용·수익·관리에 관한 특약은 원칙적으로 공유자의 특정승계인에 대하여도 당연히 승계된다(대판 2009.12.10, 2009다54294).

⑤ 공유물의 소수지분권자가 다른 공유자와의 협의 없이 공유물을 배타적으로 점유하는 경우 다른 소수지분권자는 공유물의 인도를 청구할 수는 없다(대판 전합체 2020.5.21, 2018다287522).

정답 ④

부동산소유권에 관한 설명으로 틀린 것은? (다툼이 있으면 판례에 따름)

① 특별한 사정이 없는 한 토지소유권의 범위는 원칙적으로 현실의 경계와 관계없이 지적공부상의 경계에 의해 확정된다.

② 지적공부를 작성함에 있어 기점을 잘못 선택한 경우에는 그 토지의 경계는 지적공부에 의하지 않고 실제의 경계에 의하여 확정하여야 한다.

③ 경계표와 담의 설치비용은 쌍방이 절반하여 부담하나, 토지의 측량비용은 토지의 면적에 비례하여 부담한다.

④ 토지소유권의 상실원인이 되는 포락이란 토지가 바닷물이나 적용하천의 물에 개먹어 무너져 바다나 적용하천에 떨어져 그 원상복구가 불가능한 상태에 이르렀을 때를 말한다.

⑤ 토지의 소유권은 토지의 상하에 미치며 그 한계가 없다.

상린관계에 관한 설명으로 틀린 것은?

① 경계선 부근의 건축 시 경계로부터 반미터 이상의 거리를 두어야 하는데 이를 위반한 경우, 건물이 완성된 후에도 건물의 철거를 청구할 수 있다.

② 경계로부터 2미터 이내의 거리에서 이웃 주택의 내부를 관망할 수 있는 창이나 마루를 설치하는 경우에는 적당한 차면시설을 하여야 한다.

③ 우물을 팔 때에는 경계로부터 2미터 이상의 거리를 두어야 한다.

④ 경계표와 담의 설치비용은 쌍방이 절반하여 부담하나, 측량비용은 토지의 면적에 비례하여 부담한다.

⑤ 인접지의 수목뿌리가 경계를 넘은 때에는 임의로 제거할 수 있다.

03 경계에 관한 민법상의 규정 중 <u>틀린</u> 것은?

① 인접지소유자들은 공동비용으로 통상의 경계표나 담을 설치할 수 있는데, 이때 소요되는 측량비용 등을 포함한 모든 비용은 쌍방이 절반씩 부담한다.

② 인접지소유자가 자기의 비용으로 담을 설치할 경우 그 높이는 통상보다 높게 할 수 있다.

③ 인접지의 수목가지가 경계를 넘은 때에는 그 소유자에게 제거를 청구할 수 있고, 제거청구에 응하지 아니할 경우 청구자가 제거할 수 있다.

④ 인접지의 수목뿌리가 경계를 넘은 경우에는 임의로 제거할 수 있다.

⑤ 경계선 부근에서 건물을 축조할 경우 경계로부터 반미터 이상의 거리를 두어야 하나, 건축에 착수한 후 1년을 경과하거나 건물이 완성된 후에는 손해배상만을 청구할 수 있다.

04 주위토지통행권에 관한 설명으로 <u>틀린</u> 것은? (다툼이 있으면 판례에 따름)

① 통행지소유자는 통행권자의 허락을 얻어 사실상 통행하는 자에게 손해보상을 청구할 수 있다.

② 통행권은 이미 기존통로가 있더라도 그것이 통행권자의 토지이용에 부적합하여 그 기능을 상실한 경우에도 인정된다.

③ 토지분할로 인하여 공로에 통하지 못하는 토지가 생긴 경우, 포위된 토지의 특별승계인에게는 무상의 주위토지통행권이 인정되지 않는다.

④ 대외적으로 소유권을 주장할 수 없는 명의신탁자에게는 통행권이 인정되지 않는다.

⑤ 통행권자는 통행지소유자의 점유를 배제할 권능이 없고, 그 소유자도 통행권자가 통행지를 배타적으로 점유하지 않는 이상 통행지의 인도를 청구할 수 없다.

05 주위토지통행권에 관한 설명으로 <u>틀린</u> 것은? (다툼이 있으면 판례에 따름)

① 토지의 분할 또는 일부양도로 인한 타인의 토지에 대한 무상통행권은 공유토지의 직접 분할자 사이 또는 토지의 일부양도의 당사자 사이는 물론 피통행지의 특정승계인에 대해서도 적용된다.

② 「건축법」상 도로의 폭 등에 관하여 제한규정이 있더라도 그 반사적 이익으로서 포위된 토지소유자에게 이와 일치하는 통행권이 인정된다고 볼 수 없다.

③ 그 소유 토지의 용도에 필요한 통로가 있는 경우에는 그 통로를 사용하는 것보다 더 편리하다는 이유만으로 다른 장소로 통행할 권리를 인정할 수 없다.

④ 주위토지통행권은 지상권자와 인지(隣地)소유자 사이, 전세권자와 인지(隣地)소유자 사이에도 준용된다.

⑤ 주위토지통행권이 발생한 후 당해 토지에 접하는 공로가 개설된 때에는 주위토지통행권은 소멸한다.

06 취득시효에 의하여 취득할 수 있는 권리는?

① 채권

② 유치권

③ 부양청구권

④ 인격권

⑤ 지상권

07 부동산의 점유취득시효에 관한 설명으로 <u>틀린</u> 것은? (다툼이 있으면 판례에 따름)

① 성명불상자(姓名不詳者)의 소유물에 대하여 시효취득을 인정할 수 있다.

② 국유재산도 취득시효기간 동안 계속하여 일반재산인 경우 취득시효의 대상이 된다.

③ 점유취득시효 완성을 원인으로 한 소유권이전등기청구권은 소유자의 동의가 없는 한 채권양도의 법리에 따라 제3자에게 양도될 수 없다.

④ 점유의 승계가 있는 경우 시효이익을 받으려는 자는 자기 또는 전(前) 점유자의 점유개시일 중 임의로 점유기산점을 선택할 수 있다.

⑤ 취득시효완성 후 소유권이전등기를 마치지 않은 시효완성자는 소유자에 대하여 취득시효기간 중의 점유로 발생한 부당이득의 반환의무가 없다.

08 취득시효에 관한 설명으로 <u>틀린</u> 것은? (다툼이 있으면 판례에 따름)

① 토지에 대한 취득시효완성으로 인한 소유권이전등기청구권은 그 토지에 대한 점유가 계속되는 한 시효로 소멸하지 아니하고, 여기서 말하는 점유에는 직접점유뿐만 아니라 간접점유도 포함된다.

② 취득시효가 완성된 점유자가 점유를 상실한 경우, 시효완성으로 인한 소유권이전등기청구권이 바로 소멸하는 것은 아니나 점유를 상실한 때로부터 소멸시효가 진행한다.

③ 전점유자의 점유를 승계한 자는 그 점유 자체와 하자만을 승계하는 것이지 그 점유로 인한 법률효과까지 승계하는 것은 아니다.

④ 부동산을 취득시효기간 만료 당시의 점유자로부터 양수하여 점유를 승계한 현점유자는 전점유자의 취득시효완성의 효과를 주장하여 직접 자기에게 소유권이전등기를 청구할 수 있다.

⑤ 취득시효가 완성된 점유자는 점유권에 기하여 등기부상의 명의인을 상대로 점유방해의 배제를 청구할 수 있다.

09 부동산 점유취득시효에 관한 설명으로 옳은 것을 모두 고른 것은? (다툼이 있으면 판례에 따름) 상**중**하

> ㉠ 국유재산 중 일반재산이 시효완성 후 행정재산으로 되더라도 시효완성을 원인으로 한 소유권이전등기를 청구할 수 있다.
> ㉡ 시효완성 당시의 소유권보존등기가 무효라면 그 등기명의인은 원칙적으로 시효완성을 원인으로 한 소유권이전등기청구의 상대방이 될 수 없다.
> ㉢ 시효완성 후 점유자 명의로 소유권이전등기가 경료되기 전에 부동산 소유명의자는 점유자에 대해 점유로 인한 부당이득반환청구를 할 수 있다.

① ㉠   ② ㉡

③ ㉠, ㉢   ④ ㉡, ㉢

⑤ ㉠, ㉡, ㉢

10 점유취득시효에 관한 설명으로 틀린 것은? (다툼이 있으면 판례에 따름)

① 자연인이나 법인은 물론 종중 등 권리능력 없는 사단도 시효취득의 주체가 될 수 있다.

② 점유에 의한 취득시효는 점유라는 객관적 징표를 요하는 것이므로 분할되지 아니한 1필의 토지의 일부나 공유지분에 대하여는 시효취득이 인정되지 아니한다.

③ 국유재산에 대한 시효취득은 원칙적으로 배제되나, 일반재산(잡종재산)에 대한 시효취득은 인정된다.

④ 경락인이 경락허가결정에 의하여 소유권을 취득하고 이전등기를 경료한 경우 종전 소유자의 점유는 자주점유에서 타주점유로 전환된다.

⑤ 시효기간 중 계속해서 등기명의인이 동일한 경우에는 개시시점을 확정할 필요가 없어 완성시점으로부터 역산하여 20년간 점유하면 된다.

11 취득시효에 관한 설명으로 <u>틀린</u> 것은? (다툼이 있으면 판례에 따름)

① 국유재산 중 일반재산은 취득시효의 대상이 된다.

② 중복등기로 인해 무효인 소유권보존등기에 기한 등기부취득시효는 부정된다.

③ 취득시효완성으로 인한 소유권이전등기청구권은 원소유자의 동의가 없어도 제3자에 게 양도할 수 있다.

④ 취득시효완성 후 등기 전에 원소유자가 시효완성된 토지에 저당권을 설정하였고, 등 기를 마친 시효취득자가 피담보채무를 변제한 경우, 원소유자에게 부당이득반환을 청구할 수 있다.

⑤ 취득시효완성 후 명의신탁 해지를 원인으로 명의수탁자에서 명의신탁자로 소유권이 전등기가 된 경우, 시효완성자는 특별한 사정이 없는 한 명의신탁자에게 시효완성을 주장할 수 없다.

12 乙은 甲 명의의 토지를 20년간 소유의 의사로 평온·공연하게 점유함으로써 취득시효의 완성을 이유로 甲에 대하여 소유권이전등기를 청구할 수 있게 되었다. 이에 관한 설명으 로 <u>틀린</u> 것은? (다툼이 있으면 판례에 따름)

① 乙이 취득시효완성으로 인한 등기를 경료하지 아니하고 있는 사이에 甲이 제3자 丙 에게 위 토지를 처분하여 이전등기까지 마쳤다면, 乙은 원칙적으로 취득시효완성을 가지고 丙에게 대항할 수 없다.

② 乙이 甲에 대한 등기청구권을 취득하였지만 자신 명의로 등기를 하지 않은 상태에서, 乙로부터 위 토지를 매수한 丁은 乙의 취득시효완성의 효과를 주장하여 직접 자기에 게 소유권이전등기를 청구할 수는 없다.

③ 乙이 취득시효기간의 만료로 소유권이전등기청구권을 취득하였다고 하더라도 그 후 점유를 상실하였다면 소유권이전등기청구권은 소멸한다.

④ 甲이 취득시효가 완성된 사실을 알고 제3자 丙에게 위 토지를 처분하여 소유권이전 등기를 넘겨줌으로써 취득시효완성을 원인으로 한 소유권이전등기의무가 이행불능 에 빠지게 되어 乙이 손해를 입었다면 불법행위를 구성한다.

⑤ 乙이 취득시효완성으로 인한 등기를 경료하지 아니하고 있는 사이에 甲이 제3자 丙 에게 위 토지를 처분하여 이전등기가 경료되었다가 그 후 어떠한 사유로 甲에게로 소 유권이 회복되었다면, 乙은 甲에게 시효취득의 효과를 주장할 수 있다.

13 등기부취득시효에 관한 설명으로 **틀린** 것을 모두 고른 것은? (다툼이 있으면 판례에 따름)

> ㉠ 등기부취득시효가 완성된 후에 그 부동산에 관한 점유자 명의의 등기가 말소되거나 적법한 원인 없이 다른 사람 앞으로 소유권이전등기가 경료되는 경우에는, 그 점유자는 등기부취득시효의 완성에 의하여 취득한 소유권을 상실한다.
> ㉡ 등기부취득시효에 있어서 선의·무과실은 등기에 관한 것이 아니고 점유의 취득에 관한 것이다.
> ㉢ 등기부취득시효의 등기는 소유권을 취득하는 자가 10년간 반드시 그의 명의로 등기될 필요는 없고 앞사람의 등기까지 아울러 그 기간 동안 부동산의 소유자로 등기되어 있으면 족하다.
> ㉣ 등기부취득시효에 있어서 무과실의 입증책임은 시효취득을 주장하는 자에게 있다.

① ㉠
② ㉠, ㉡
③ ㉠, ㉢
④ ㉢, ㉣
⑤ ㉡, ㉢, ㉣

14 민법상의 첨부제도에 관한 설명으로 **틀린** 것은? (다툼이 있으면 판례에 따름)

① 동산과 동산이 부합하여 훼손하지 아니하면 분리할 수 없거나 그 분리에 과다한 비용을 요할 경우에는 그 합성물의 소유권은 주된 동산의 소유자에게 속한다.
② 부합한 동산의 주종을 구별할 수 없는 때에는 동산의 소유자는 부합 당시의 가액의 비율로 합성물을 공유한다.
③ 임차인이 임차한 건물에 그 권원에 의하여 증축한 부분이 구조상·이용상으로 기존 건물과 구분되는 독립성이 있는 경우 그 증축부분은 독립한 소유권의 객체가 될 수 있다.
④ 타인의 동산에 가공한 경우 가공으로 인한 가액의 증가가 원재료의 가액보다 다액인 때에는 가공자의 소유로 한다.
⑤ 토지소유자와 사용대차계약을 맺은 사용차주가 자신 소유의 수목을 그 토지에 식재한 경우, 그 수목의 소유권자는 여전히 사용차주이다.

15 부동산에의 부합(제256조)에 관한 설명으로 <u>틀린</u> 것은? (다툼이 있으면 판례에 따름)

상**중**하

① 타인의 토지상에 권원 없이 식재한 수목의 소유권은 토지소유자에게 귀속한다.
② 부합물은 동산에 한하지 않고 부동산도 포함된다.
③ 토지의 사용대차권에 기하여 식재된 수목은 그 토지가 경매에 의하여 경락되더라도 경매절차의 매수인에게 귀속되지 않는다.
④ 건물의 증축부분이 기존건물에 부합된 경우에는 기존건물에 대한 경매절차에서 경매목적물로 평가되지 아니하였다고 할지라도 경락인은 부합된 증축부분의 소유권을 취득한다.
⑤ 임차인이 임차한 건물에 그 권원에 의하여 증축을 한 경우에는 증축된 부분이 구조상으로나 이용상으로 기존건물과 구분되는 독립성이 있더라도 증축된 부분이 독립한 소유권의 객체가 될 수 없다.

16 부합에 관한 설명으로 <u>틀린</u> 것은? (다툼이 있으면 판례에 따름)

상**중**하

① 건물은 토지에 부합하지 않는다.
② 정당한 권원에 의하여 타인의 토지에 식재한 수목은 토지에 부합하지 않는다.
③ 건물에 부합된 증축부분이 경매절차에서 경매목적물로 평가되지 않아도 매수인은 그 소유권을 취득한다.
④ 토지임차인의 승낙만을 받아 임차 토지에 나무를 심은 사람은 다른 약정이 없으면 토지소유자에 대하여 그 나무의 소유권을 주장할 수 없다.
⑤ 매수인이 제3자와의 도급계약에 따라 매도인에게 소유권이 유보된 자재를 제3자의 건물에 부합한 경우, 매도인은 선의·무과실의 제3자에게 보상을 청구할 수 있다.

17 소유권의 취득에 관한 설명으로 <u>틀린</u> 것은?

① 무주의 동산을 소유의 의사로 점유한 자는 즉시 그 소유권을 취득한다.

② 야생하는 동물은 무주물로 하고 사양하는 야생동물도 다시 야생상태로 돌아가면 무주물로 한다.

③ 유실물은 법률에 정한 바에 의하여 공고한 후 1년 내에 그 소유자가 권리를 주장하지 아니하면 습득자가 그 소유권을 취득한다.

④ 매장물은 법률에 정한 바에 의하여 공고한 후 1년 내에 소유자가 권리를 주장하지 않으면 발견자가 그 소유권을 취득한다.

⑤ 타인의 토지 기타 물건으로부터 발견한 매장물은 그 토지 기타 물건의 소유자와 발견자가 절반하여 취득한다.

18 공유에 관한 설명으로 옳은 것은? (다툼이 있으면 판례에 따름)

① 공유자의 지분은 균등한 것으로 본다.

② 부동산 공유자 중 1인이 포기한 지분은 국가에 귀속한다.

③ 각 공유자는 단독으로 공유물의 분할을 청구할 수 있고, 이때 공유물의 분할은 공유자의 지분의 과반수로써 정한다.

④ 공유자 전원이 분할절차에 참가하지 않은 공유물분할은 무효이다.

⑤ 공유자 중 1인이 다른 공유자의 지분권을 대외적으로 주장하는 행위는 공유물의 보존행위로 볼 수 있다.

19 공유관계에 관한 설명으로 <u>틀린</u> 것은?

① 공유자는 지분을 자유롭게 처분할 수 있고, 공유물 전부를 지분의 비율로 사용·수익할 수 있다.

② 공유자는 다른 공유자의 동의 없이 공유물을 처분하거나 변경하지 못한다.

③ 공유물의 관리에 관한 사항은 공유자 수의 과반수로써 결정하나, 보존행위는 각자 할 수 있다.

④ 공유자는 그 지분의 비율로 공유물의 관리비용 기타 의무를 부담한다.

⑤ 공유자가 그 지분을 포기하거나 상속인 없이 사망한 때에는 그 지분은 다른 공유자에게 각 지분의 비율로 귀속한다.

20 공유에 관한 설명으로 <u>틀린</u> 것은? (다툼이 있으면 판례에 따름)

① 과반수지분의 공유자는 단독으로 공유물에 대한 임대차계약을 해지할 수 있다.

② 과반수지분의 공유자로부터 사용·수익을 허락받은 점유자에 대하여 소수지분의 공유자는 그 점유자가 사용·수익하는 건물의 철거나 퇴거 등 점유배제를 구할 수 없다.

③ 공유자 중의 일부가 특정부분을 배타적으로 점유·사용하고 있더라도 그 특정부분의 면적이 자신들의 지분 비율에 상당하는 면적범위 내라면, 공유토지를 전혀 사용·수익하지 않고 있는 다른 공유자에 대하여 그 지분에 상응하는 부당이득을 반환할 의무가 없다.

④ 부동산 공유자의 공유지분 포기는 등기를 하여야 공유지분 포기에 따른 물권변동의 효력이 발생한다.

⑤ 공유물의 소수지분권자가 다른 공유자와의 협의 없이 공유물을 배타적으로 점유하는 경우 다른 소수지분권자는 공유물의 인도를 청구할 수는 없다.

21 공유의 법률관계에 관한 판례의 태도와 <u>다른</u> 것은?

① 공유자의 1인은 공유물에 관한 보존행위로서 제3자에 대하여 무효등기 전부의 말소를 청구할 수 있다.

② 공유자 중의 1인이 부정한 방법으로 공유물 전부에 관해 단독명의로 소유권이전등기를 경료한 경우, 다른 공유자는 그 자를 상대로 이전등기 전부에 관하여 말소등기를 청구할 수 있다.

③ 공유물의 소수지분권자가 다른 공유자와의 협의 없이 자신의 지분범위를 초과하여 공유물의 전부 또는 일부를 배타적으로 점유하고 있더라도 다른 소수지분권자는 공유물의 보존행위로서 공유물의 인도나 명도를 청구할 수 없다.

④ 과반수지분의 공유자로부터 공유물의 특정부분의 사용·수익을 허락받은 점유자는 소수지분권자에 대하여 부당이득을 얻었다고 할 수 없다.

⑤ 공유자의 1인이 그 지분에 저당권을 설정한 후 공유물이 현물분할되더라도 특별한 사정이 없는 한, 저당권은 저당권설정자가 소유권을 취득한 부분에 집중되지 않는다.

22 **甲과 乙이 X토지를 공유하고 있다**(지분은 각 2분의 1씩). **다음 설명 중 <u>틀린</u> 것을 모두 고른 것은?** (다툼이 있으면 판례에 따름) 상중하

> ㉠ 제3자 丙이 X토지를 불법으로 점거한 때에는 특별한 사정이 없는 한 甲은 丙에 대하여 X토지 전부에 해당하는 손해배상을 청구할 수 있다.
> ㉡ 甲이 乙의 동의를 얻지 아니하고 X토지의 일부를 특정하여 제3자에게 매도하였더라도 매매계약의 효력은 유효하다.
> ㉢ 甲과 乙이 공동으로 X토지를 제3자 丙에게 임대한 경우, 丙의 차임연체액이 2기의 차임액에 달하는 때에 甲이 단독으로는 임대차계약을 해지할 수 없다.
> ㉣ 甲이 X토지의 특정부분을 배타적으로 점유·사용한 경우, 만일 그 특정부분의 면적이 甲의 지분비율에 상당하는 면적범위 내에 해당하는 때에는 乙이 전혀 X토지를 사용·수익하지 않고 있다고 하더라도 甲은 乙에 대하여 그 지분에 상응하는 부당이득반환의무는 없다.
> ㉤ 甲만이 X토지를 전부 점유하고 있는 경우에는 달리 특별한 사정이 없는 한 乙의 지분비율의 범위에서의 X토지에 대한 점유는 타주점유로 된다.

① ㉠, ㉡
② ㉠, ㉣
③ ㉡, ㉢
④ ㉢, ㉤
⑤ ㉣, ㉤

23 **합유에 관한 설명으로 <u>틀린</u> 것은?** 상중하

① 합유자의 권리는 합유물 전부에 미친다.
② 합유물을 처분 또는 변경함에는 합유자 전원의 동의가 있어야 하지만, 보존행위는 각자가 할 수 있다.
③ 합유자는 전원의 동의 없이 합유물에 대한 지분을 처분하지 못하고 또 합유물의 분할을 청구하지 못한다.
④ 합유는 조합체의 해산 또는 합유물의 양도로 인하여 종료한다.
⑤ 합유자가 합유지분을 포기한 경우 이를 등기하지 않더라도 포기에 따른 물권변동의 효력이 생긴다.

24 합유에 관한 설명으로 <u>틀린</u> 것은? (다툼이 있으면 판례에 따름)

① 합유는 수인이 조합체를 이루어 물건을 소유하는 공동소유의 한 형태이다.

② 합유자의 권리는 합유물 전부에 미친다.

③ 합유물을 처분·변경 또는 보존하려면 합유자 전원의 동의가 있어야 한다.

④ 합유자는 조합이 존속하는 한 합유물의 분할을 청구할 수 없다.

⑤ 합유자 중 일부가 사망한 경우 합유자 사이에 특별한 약정이 없는 한 사망한 합유자의 상속인은 합유자로서의 지위를 승계하지 못한다.

25 합유와 총유에 관한 설명으로 <u>틀린</u> 것은?

① 합유재산을 합유자 1인 명의로 소유권보존등기를 하면 그 등기는 원인 없는 무효의 등기가 된다.

② 합유자는 합유물의 분할을 청구하지 못하는 것이 원칙이다.

③ 합유지분을 처분하려면 합유자 전원의 동의가 필요하다.

④ 총유물의 관리·처분은 사원총회의 결의를 요한다.

⑤ 총유에 있어서 보존행위도 각자 단독으로 할 수 있다.

빠른 정답 CHECK! p.2 / 정답 및 해설 p.51

PART 2

대표문제 | **지상권**

지상권에 관한 설명으로 <u>틀린</u> 것을 모두 고른 것은? (다툼이 있으면 판례에 따름) 기출응용 32회

> ㉠ 담보목적의 지상권이 설정된 경우 피담보채권이 변제로 소멸하더라도 그 지상권은 소멸하지 않는다.
>
> ㉡ 지상권자의 지료지급 연체가 토지소유권의 양도 전후에 걸쳐 이루어진 경우, 토지 양수인은 자신에 대한 연체기간이 2년 미만인 경우에는 지상권의 소멸을 청구할 수 없다.
>
> ㉢ 분묘기지권을 시효취득한 자는 토지소유자가 지료를 청구한 날부터의 지료를 지급할 의무가 있다.

① ㉠
② ㉡
③ ㉢
④ ㉠, ㉡
⑤ ㉡, ㉢

POINT

지상권은 지상물을 소유하기 위하여 타인의 토지를 직접 사용하는 권리이므로 지상권의 효력이 중요합니다. 특히 지료체납에 관한 판례를 잘 정리해 두어야 하며, 최근 특수지상권과 담보지상권도 자주 출제되므로 각각의 특징을 파악해 두셔야 합니다.

해설

㉠ 저당권이 피담보채권의 변제나 소멸시효의 완성으로 소멸한 경우 담보지상권도 피담보채권에 부종하여 함께 소멸한다(대판 2011.4.14, 2011다6342).

㉡ 지상권자의 지료지급 연체가 토지소유권의 양도 전후에 걸쳐 이루어진 경우, 토지양수인에 대한 연체기간이 2년이 되지 않는다면 양수인은 지상권소멸청구를 할 수 없다(대판 2001.3.13, 99다17142).

㉢ 분묘기지권을 시효로 취득한 자는 토지소유자가 지료지급청구를 한 날부터 지료를 지급하여야 한다(대판 전합체 2021.4.29, 2017다228007).

정답 ①

01 乙은 甲과의 지상권설정계약으로 甲 소유의 X토지에 지상권을 취득한 후, 그 지상에 Y 건물을 완성하여 소유권을 취득하였다. 다음 설명 중 옳은 것을 모두 고른 것은? (다툼이 있으면 판례에 따름) 상⑧하

> ㉠ 지료지급약정이 없는 경우에는 乙은 지상권을 취득할 수 없다.
> ㉡ 乙은 Y건물 소유권을 유보한 채 지상권만을 제3자에게 양도할 수 있다.
> ㉢ 지료지급약정이 있음에도 乙이 3년분의 지료를 미지급한 경우, 甲은 지상권 소멸을 청구할 수 있다.

① ㉠
② ㉢
③ ㉠, ㉡
④ ㉡, ㉢
⑤ ㉠, ㉡, ㉢

02 지상권에 관한 설명으로 옳은 것을 모두 고른 것은? (다툼이 있으면 판례에 따름) 상⑧하

> ㉠ 지료의 지급은 지상권의 성립요소이다.
> ㉡ 기간만료로 지상권이 소멸하면 지상권자는 갱신청구권을 행사할 수 있다.
> ㉢ 지료체납 중 토지소유권이 양도된 경우, 양도 전·후를 통산하여 2년에 이르면 지상권소멸청구를 할 수 있다.
> ㉣ 지상권이 저당권의 목적인 경우 지료연체를 이유로 한 지상권소멸청구는 저당권자에게 통지한 후 상당한 기간이 경과한 후에 효력이 발생한다.

① ㉡
② ㉠, ㉢
③ ㉡, ㉣
④ ㉢, ㉣
⑤ ㉠, ㉢, ㉣

03 지상권에 관한 설명으로 <u>틀린</u> 것은? (다툼이 있으면 판례에 따름) (상)**(중)**(하)

① 기존의 철근콘크리트 건물을 사용하기 위하여 지상권설정계약을 체결하는 경우 그 존속기간은 30년보다 짧게 정할 수 없다.

② 지료에 관하여 등기되지 않은 경우에는 제3자에 대한 관계에서 무상의 지상권으로서 지료증액청구권도 발생할 수 없다.

③ 지료의 지급은 지상권의 성립요건이 아니며, 지상권에는 부종성이 없다.

④ 토지소유자가 지상권자의 지료연체를 이유로 지상권소멸청구를 하여 지상권이 소멸된 경우 지상물매수청구권이 인정되지 않는다.

⑤ 지상권의 소멸 시 지상권설정자가 상당한 가액을 제공하여 지상물의 매수를 청구한 때에는 지상권자는 정당한 이유 없이 이를 거절하지 못한다.

04 甲이 그가 소유하는 X토지에 대해 乙에게 지상권을 설정해 주었다. 다음 설명 중 옳은 것은? (다툼이 있으면 판례에 따름) **(상)**(중)(하)

① 甲의 토지 위에 존재하던 乙의 공작물이나 수목이 멸실되면 지상권도 소멸한다.

② 지상권의 존속기간이 만료한 경우 乙은 X토지에 설치한 공작물을 수거할 수 있는 권리가 있으므로, 甲이 乙에게 시가로 매수의 의사표시를 하였더라도 乙은 어떤 경우에나 이를 거절할 수 있다.

③ 乙이 甲의 동의 없이 제3자 丙을 위해 지상권을 목적으로 한 저당권을 설정해 주고 등기를 경료해 주었다면, 甲은 원칙적으로 丙에 대해 말소등기를 청구할 수 있다.

④ 甲·乙 간에 乙은 X토지를 타인에게 임대하지 않는다는 특약이 있는 경우, 乙이 甲의 승낙 없이 제3자 丙에게 임대하고 인도했다면 甲은 丙에게 X토지의 명도를 청구할 수 있다.

⑤ 甲은 乙의 사용을 방해하지 않는 범위라도 乙의 승낙이 없으면 X토지의 지하부분에 대해 제3자를 위해 구분지상권을 설정할 수 없다.

05 지상권에 관한 설명으로 <u>틀린</u> 것은? (다툼이 있으면 판례에 따름) 상**중**하

① 1필 토지의 일부에 대해서도 지상권이 성립할 수 있다.

② 법정지상권의 경우, 지료에 관한 협의나 법원의 지료결정이 없으면 지료체납을 이유로 지상권의 소멸을 청구할 수 없다.

③ 지상권이 존속기간의 만료로 소멸하고 지상물이 현존한 때에는 지상권자는 계약의 갱신을 청구할 수 있으나, 지상권자의 갱신청구로 곧바로 갱신의 효과가 발생하는 것은 아니다.

④ 토지양수인은 지상권자의 지료지급이 2년 이상 연체되었음을 이유로 지상권소멸청구를 함에 있어서 종전 소유자에 대한 연체기간의 합산을 주장할 수 있다.

⑤ 지상권설정 당시에 공작물의 종류와 구조를 정하지 아니한 때에는 지상권의 존속기간은 15년으로 본다.

06 지상권에 관한 설명으로 옳은 것을 모두 고른 것은? (다툼이 있으면 판례에 따름)

> ㉠ 지상권자와 그 지상물의 소유권자는 반드시 일치하여야 한다.
> ㉡ 건물에 대한 저당권의 효력은 그 건물의 소유를 목적으로 한 지상권에도 미친다.
> ㉢ 지상권에 있어 지료의 등기를 하지 않더라도 토지소유자는 구(舊)지상권자의 지료연체 사실을 들어 지상권을 이전받은 자에게 대항할 수 있다.
> ㉣ 기존건물의 사용을 목적으로 지상권이 설정된 경우, 지상권의 최단존속기간에 관한 규정은 적용되지 않는다.
> ㉤ 관습법상의 법정지상권이 붙은 건물의 소유자가 건물을 제3자에게 처분한 경우 제3자가 건물의 소유권을 취득하면 그로써 지상권도 취득하게 된다.

① ㉠, ㉤   ② ㉡, ㉢

③ ㉡, ㉣   ④ ㉢, ㉣

⑤ ㉣, ㉤

07 구분지상권에 관한 설명으로 <u>틀린</u> 것은?

① 구분지상권의 행사를 위하여 토지소유자의 사용권을 제한하는 특약을 구분지상권설정행위에서 할 수 있다.

② 구분지상권에 지상권의 정의규정을 제외한 모든 규정이 준용되므로 구분지상권자에게도 갱신청구권이 인정된다.

③ 구분지상권은 건물 기타의 공작물 및 수목을 소유하기 위해서 설정할 수 있다.

④ 제3자가 토지를 사용·수익할 권리를 가진 경우 그 권리자 및 그 권리를 목적으로 하는 권리를 가진 자 전원의 승낙이 있어야 구분지상권을 설정할 수 있다.

⑤ 1필의 토지의 일부의 특정 구분층에 대하여 구분지상권을 설정할 수 있다.

08 분묘기지권에 관한 설명으로 <u>틀린</u> 것은? (다툼이 있으면 판례에 따름)

① 분묘가 평장(平葬) 또는 암장(暗葬)된 경우에는 분묘기지권을 취득할 수 없다.

② 분묘기지권은 분묘의 기지 자체뿐만 아니라 그 분묘의 설치목적인 분묘의 수호 및 제사에 필요한 범위 내에서 분묘의 기지 주위의 빈 땅에도 효력이 미친다.

③ 분묘기지권은 당사자 사이에 약정이 있는 등 특별한 사정이 없으면 권리자가 분묘의 수호와 봉사를 계속하며 그 분묘가 존속하고 있는 동안은 분묘기지권은 존속한다.

④ 분묘기지권을 시효취득하였더라도 분묘기지권자는 토지소유자가 지료지급청구를 한 날로부터 지료를 지급하여야 한다.

⑤ 부부 중 일방이 먼저 사망하여 이미 그 분묘가 설치되어 분묘기지권이 발생한 경우, 그 분묘기지권이 미치는 범위 내에서 그 후에 사망한 다른 일방을 단분(單墳) 형태로 합장하여 분묘를 설치할 수 있다.

09 대지와 건물을 동일인이 소유하고 있었으나 적법한 원인에 의하여 그 소유자를 달리한 경우, 관습법상의 법정지상권이 성립한다. 다음 중 그 적법한 원인이라고 볼 수 있는 것을 모두 고른 것은? ⓢⓩⓗ

㉠ 증여	㉡ 매매
㉢ 「국세징수법」상의 공매	㉣ 환지처분
㉤ 담보권실행경매	

① ㉠, ㉡, ㉢
② ㉠, ㉡, ㉢, ㉤
③ ㉠, ㉢, ㉣, ㉤
④ ㉡, ㉢, ㉣
⑤ ㉣, ㉤

10 甲은 자신의 토지와 그 지상건물 중 건물만을 乙에게 매도하고 건물철거 등의 약정 없이 건물의 소유권이전등기를 해 주었다. 乙은 이 건물을 다시 丙에게 매도하고 소유권이전등기를 마쳐주었다. 다음 설명 중 옳은 것은? (다툼이 있으면 판례에 따름) ⓢⓩⓗ

① 乙은 등기하여야 관습법상의 법정지상권을 취득한다.
② 甲은 丙에게 건물의 철거 및 토지의 인도를 청구할 수 있다.
③ 甲은 丙에게 토지의 사용에 대한 부당이득반환청구를 할 수 있다.
④ 甲이 丁에게 토지를 양도한 경우, 乙은 丁에게는 관습법상의 법정지상권을 주장할 수 없다.
⑤ 만약 丙이 경매에 의하여 건물의 소유권을 취득하였더라도 丙은 등기하여야 관습법상의 법정지상권을 취득한다.

11 지역권에 관한 설명으로 <u>틀린</u> 것을 모두 고른 것은? (다툼이 있으면 판례에 따름)

(상)**(중)**(하)

> ㉠ 지역권은 요역지와 분리하여 양도할 수 있다.
> ㉡ 공유자 중 1인이 지역권을 취득한 때에는 다른 공유자도 이를 취득한다.
> ㉢ 요역지의 불법점유자도 통행지역권을 시효취득할 수 있다.

① ㉠

② ㉡

③ ㉠, ㉢

④ ㉡, ㉢

⑤ ㉠, ㉡, ㉢

12 지역권에 관한 설명으로 <u>틀린</u> 것은?

(상)(중)**(하)**

① 1필 토지의 일부를 위한 지역권은 인정되지 않는다.

② 요역지의 불법점유자는 지역권을 시효취득할 수 없다.

③ 지역권은 요역지와 분리하여 양도할 수 있다.

④ 지역권의 이전을 위해서 지역권의 이전등기가 필요한 것은 아니다.

⑤ 요역지의 공유자 1인은 자신의 지분에 관하여 지역권을 소멸시킬 수 없다.

13 지역권에 관한 설명으로 <u>틀린</u> 것은? 32회

(상)(중)**(하)**

① 지역권은 요역지와 분리하여 따로 양도하거나 다른 권리의 목적으로 하지 못한다.

② 1필의 토지의 일부에는 지역권을 설정할 수 없다.

③ 요역지의 공유자 중 1인이 지역권을 취득한 경우, 요역지의 다른 공유자도 지역권을 취득한다.

④ 지역권에 기한 승역지반환청구권은 인정되지 않는다.

⑤ 계속되고 표현된 지역권은 시효취득의 대상이 될 수 있다.

14 지역권에 관한 설명으로 **틀린** 것은? (다툼이 있으면 판례에 따름)

① 통행지역권을 시효로 취득하기 위해서는 요역지의 사용권자가 승역지 위에 통로를 개설하여 승역지를 사용하고 있는 상태가 겉으로 드러나야 한다.

② 통행지역권을 시효로 취득하기 위해서는 승역지를 사용하는 객관적 상태가 제245조에 규정된 기간 동안 계속되어야 한다.

③ 토지의 분할이나 토지의 일부양도의 경우에는 지역권은 요역지의 각 부분을 위하여 또는 그 승역지의 각 부분에 존속한다.

④ 요역지가 수인의 공유인 경우에 그 1인에 의한 지역권소멸시효의 중단 또는 정지는 다른 공유자를 위하여 효력이 없다.

⑤ 공유자의 1인이 지역권을 취득한 때에는 다른 공유자도 이를 취득한다.

기출응용 34회

15 전세권에 관한 설명으로 옳은 것을 모두 고른 것은? (다툼이 있으면 판례에 따름)

> ㉠ 전세권설정자의 목적물 인도는 전세권의 성립요건이다.
> ㉡ 타인의 토지에 있는 건물에 전세권을 설정한 경우, 전세권의 효력은 그 건물의 소유를 목적으로 한 지상권에 미친다.
> ㉢ 전세권의 사용·수익 권능을 배제하고 채권담보만을 위해 전세권을 설정하는 것은 허용된다.

① ㉠

② ㉡

③ ㉠, ㉢

④ ㉡, ㉢

⑤ ㉠, ㉡, ㉢

16 전세권에 관한 설명으로 <u>틀린</u> 것을 모두 고른 것은? (다툼이 있으면 판례에 따름)

> ㉠ 전세권자에게는 부속물매수청구권이 인정된다.
> ㉡ 목적물의 과실을 수취하지 못한 전세권자는 필요비의 상환을 청구할 수 있다.
> ㉢ 기존의 채권으로 전세금의 지급에 갈음할 수 있다.
> ㉣ 건물의 일부에 전세권을 설정받은 전세권자는 나머지 부분에 대한 우선변제권은 별론으로 하고 경매신청권은 없다.
> ㉤ 전세권의 법정갱신의 경우 전세권자는 이에 관한 등기를 하여야 전세권설정자나 그 목적물을 취득한 제3자에 대하여 그 권리를 주장할 수 있다.

① ㉠, ㉤   ② ㉡, ㉤
③ ㉢, ㉣   ④ ㉠, ㉢, ㉣
⑤ ㉡, ㉢, ㉤

17 전세권에 관한 설명으로 <u>틀린</u> 것은? (다툼이 있으면 판례에 따름)

① 전세금의 지급은 전세권의 성립요건이다.
② 농경지는 전세권의 목적으로 하지 못한다.
③ 건물전세권이 법정갱신된 경우 전세권자는 전세권갱신에 관한 등기 없이도 제3자에게 전세권을 주장할 수 있다.
④ 전세권자에게는 필요비상환청구권은 인정되지 않고, 유익비상환청구권만 인정된다.
⑤ 건물의 일부에 대한 전세에서 전세권설정자가 전세금의 반환을 지체하는 경우, 전세권자는 전세권에 기하여 건물 전부에 대해서 경매청구할 수 있다.

18 전세권에 관한 설명으로 **틀린** 것은? (다툼이 있으면 판례에 따름)

① 기존의 채권으로 전세금의 지급에 갈음할 수 있다.

② 건물전세권의 법정갱신의 경우 전세권자는 등기 없이도 전세권설정자나 그 목적물을 취득한 제3자에 대하여 그 권리를 주장할 수 있다.

③ 전세권의 존속기간을 약정하지 않은 경우에는 각 당사자는 언제든지 상대방에게 전세권의 소멸을 통고할 수 있고, 상대방이 통고를 받은 날부터 6개월이 지나면 전세권은 소멸된다.

④ 전세권을 전세금반환청구권과 분리하여 양도하는 것은 허용되지 않는다.

⑤ 전세권설정자가 전세금의 반환을 지체하는 경우 전세권자는 전세목적물의 인도를 하지 아니하고 곧바로 전세목적물에 대하여 경매를 청구할 수 있다.

19 甲은 자기 소유의 X건물에 대하여 乙에게 전세권을 설정해 주었다. 다음 중 옳은 설명을 모두 고른 것은? (다툼이 있으면 판례에 따름)

㉠ 乙이 甲의 동의 없이 丙에게 전세권을 양도한 경우, 甲은 丙에게 전세금을 반환해야 한다.

㉡ 乙은 전세권존속 중에도 장래 전세권이 소멸하는 경우에 전세금반환청구권이 발생하는 것을 조건으로 그 장래의 조건부 채권을 丙에게 양도할 수 있다.

㉢ 전세권의 존속기간 중 乙의 동의 없이 甲이 X건물을 丙에게 양도한 경우, 乙에 대한 전세금반환의무는 丙이 부담한다.

㉣ 丙의 저당권의 목적인 乙의 전세권이 기간만료로 소멸하면, 丙은 그 전세권 자체에 대하여 저당권을 실행할 수 없다.

① ㉠

② ㉠, ㉣

③ ㉡, ㉢

④ ㉡, ㉢, ㉣

⑤ ㉠, ㉡, ㉢, ㉣

20 甲은 乙 소유의 건물에 전세권을 설정받았으나, 乙의 동의 없이 다시 丙에게 전세권을 설정하였다. 이에 관한 설명으로 **틀린** 것은? (다툼이 있으면 판례에 따름)

① 甲의 위 행위는 유효하다.

② 乙은 甲과의 계약으로 甲의 위 행위를 금지할 수 있다.

③ 丙은 경매권과 우선변제권을 가진다.

④ 丙은 乙에 대해서는 아무런 권리·의무를 가지지 않는다.

⑤ 甲은 불가항력으로 인한 손해에 대해서는 乙에게 책임을 부담하지 않는다.

21 전세권에 관한 설명으로 **틀린** 것은?

① 타인의 토지에 있는 건물에 전세권을 설정한 때에는 전세권의 효력은 그 건물의 소유를 목적으로 한 지상권 또는 임차권에 미친다.

② 전세권자가 목적물을 개량하기 위하여 지출한 금액 기타 유익비에 관하여는 그 가액의 증가가 현존한 경우에 한하여 소유자의 선택에 좇아 그 지출액이나 증가액의 상환을 청구할 수 있다.

③ 전세권의 존속기간을 약정하지 아니한 때에는 각 당사자는 언제든지 상대방에 대하여 전세권의 소멸을 통고할 수 있고, 상대방이 이 통고를 받은 날로부터 6개월이 경과하면 전세권은 소멸한다.

④ 전세권자는 전세권을 타인에게 양도 또는 담보로 제공하거나, 그 존속기간 내에서 그 목적물을 타인에게 전전세 또는 임대할 권리가 있으며, 이러한 전세권자의 권리는 설정행위로도 제한할 수 없다.

⑤ 전세권이 소멸한 때에는 전세권설정자는 전세권자로부터 그 목적물의 인도 및 전세권설정등기의 말소등기에 필요한 서류의 교부를 받는 동시에 전세금을 반환하여야 한다.

CHAPTER 06 담보물권

빠른 정답 CHECK! p.2 / 정답 및 해설 p.58

대표문제 **저당권의 효력**

저당권의 효력이 미치는 목적물의 범위에 관한 설명으로 <u>틀린</u> 것은? (다툼이 있으면 판례
에 따름)

기출응용 32회

① 채무자나 저당권설정자는 저당권자에 대하여 지연배상은 원본의 이행기일을 경과한
후의 1년분에 한한다는 주장을 할 수 없다.

② 저당권의 목적토지가 「공익사업을 위한 토지 등의 취득 및 보상에 관한 법률」에 따라
협의취득된 경우, 저당권자는 그 보상금청구권에 대해 물상대위권을 행사할 수 있다.

③ 건물 소유를 목적으로 토지를 임차한 자가 그 토지 위에 소유하는 건물에 저당권을
설정한 경우 건물 소유를 목적으로 한 토지 임차권에도 저당권의 효력이 미친다.

④ 저당목적물의 변형물인 금전에 대해 이미 제3자가 압류하였다면 저당권자는 물상대
위권을 행사할 수 있다.

⑤ 저당부동산에 대한 압류 이후의 저당권설정자의 저당부동산에 관한 차임채권에도 저
당권의 효력이 미친다.

POINT

저당권의 효력범위는 목적물의 범위와 피담보채권의 범위 모두 중요합니다. 제358조·제359조·제
360조 법조문을 먼저 잘 정리해 두시고, 종된 권리에도 저당권의 효력이 미친다는 점과 제360조
단서의 취지에 대한 판례의 결론을 꼭 정리해 두시기 바랍니다.

해설

① 채무자나 저당권설정자는 저당권자에 대하여 지연배상은 원본의 이행기일을 경과한 후의 1년분
에 한한다(제360조 단서)는 주장을 할 수 없다(대판 1992.5.12, 90다8855).

② 저당권이 설정된 토지가 「공익사업을 위한 토지 등의 취득 및 보상에 관한 법률」에 따라 협의취득된
경우, 저당권자는 그 보상금에 대하여 물상대위권을 행사할 수 없다(대판 1981.5.26, 80다2109).

③ 건물에 대한 저당권의 효력은 그 건물의 소유를 목적으로 하는 지상권, 전세권, 임차권에도 미친
다(대판 1996.4.26, 95다52864).

④ 저당권자는 물상대위권을 행사하려면, 저당권설정자가 받을 금전 기타 물건을 지급 또는 인도
전에 압류하여야 한다. 압류는 특정성(特定性)을 보존하기 위한 것이므로 제3자가 압류하여도
저당권자는 물상대위권을 행사할 수 있다(대판 2002.10.11, 2002다33137).

⑤ 저당권의 효력은 저당부동산에 대한 압류가 있은 후에 저당권설정자가 그 부동산으로부터 수취
한 과실 또는 수취할 수 있는 과실에 미친다(제359조 본문).

정답 ②

01 甲은 시계수리업자 乙에게 자기가 소유하고 있는 시계의 수리를 부탁하고 수리가 끝나는 대로 수리대금조로 5만원을 지급하기로 약속하였다. 그러나 甲은 이를 지급하지 않았으므로 乙은 유치권을 행사하여 시계를 반환하지 않았다. 이에 관한 설명으로 옳은 것은? (다툼이 있으면 판례에 따름) 상중하

① 제3자 丙이 甲으로부터 시계를 양수하고, 乙에 대하여 시계를 인도할 것을 청구한 경우 乙은 丙에 대하여 시계를 인도하여야 한다.
② 甲이 3만원을 지급한 경우 乙은 시계를 반환하여야 한다.
③ 乙은 자기의 물건에 있어서와 같은 주의를 가지고 시계를 점유하여야 한다.
④ 乙이 시계를 유치하고 있는 동안 수리대금채권의 소멸시효는 진행되지 않는다.
⑤ 乙은 甲의 승낙을 얻어 그 시계를 타인에게 임대하고 그로 인하여 얻은 임대료를 자기채권의 변제에 충당할 수 있다.

02 유치권 성립을 위한 견련관계가 인정되는 경우를 모두 고른 것은? (다툼이 있으면 판례에 따름) 32회 상중하

⊙ 임대인과 임차인 사이에 건물명도 시 권리금을 반환하기로 약정을 한 때, 권리금반환청구권을 가지고 건물에 대한 유치권을 주장하는 경우
ⓒ 건물의 임대차에서 임차인의 임차보증금반환청구권으로써 임차인이 그 건물에 유치권을 주장하는 경우
ⓒ 가축이 타인의 농작물을 먹어 발생한 손해에 관한 배상청구권에 기해 그 타인이 그 가축에 대한 유치권을 주장하는 경우

① ⊙
② ⓒ
③ ⓒ
④ ⊙, ⓒ
⑤ ⓒ, ⓒ

03 甲은 자기 소유 X건물의 전면적 수리를 乙에게 의뢰하였고, 수리대금지급기일이 경과했음에도 그 대금을 지급함이 없이 수리를 완료한 乙에게 건물의 반환을 요구하고 있다. 다음 중 **틀린** 것은? (다툼이 있으면 판례에 따름) 상⑧하

① 甲과 乙이 유치권배제의 특약을 한 경우 이는 유효하다.

② 乙은 X건물을 경매할 수 있다.

③ 乙은 X건물을 선량한 관리자의 주의로 점유하여야 한다.

④ 乙이 보존행위로서 X건물을 사용한 경우, 乙은 甲에 대하여 불법행위에 기한 손해배상책임을 지지 않는다.

⑤ 乙의 과실 없이 X건물이 소실된 경우, 乙의 권리는 甲의 화재보험금청구권 위에 미친다.

04 유치권자에게 인정되지 <u>않는</u> 권리를 모두 고른 것은? 상중⓵

㉠ 경매권	㉡ 간이변제충당권
㉢ 우선변제권	㉣ 비용상환청구권
㉤ 유치물반환청구권	㉥ 유치물의 보존에 필요한 사용권

① ㉢, ㉤

② ㉠, ㉡, ㉣

③ ㉡, ㉣, ㉥

④ ㉢, ㉤, ㉥

⑤ ㉠, ㉡, ㉣, ㉤

05 임차인이 임차물에 관한 유치권을 행사하기 위하여 주장할 수 있는 피담보채권을 모두 고른 것은? (다툼이 있으면 판례에 따름)　상**중**하

> ㉠ 보증금반환청구권
> ㉡ 권리금반환청구권
> ㉢ 부속물매수청구권의 행사로 취득한 매매대금채권
> ㉣ 원상회복약정이 있는 경우 유익비상환청구권

① 없음　　　　　　　　　　② ㉠

③ ㉠, ㉢　　　　　　　　　④ ㉡, ㉣

⑤ ㉠, ㉡, ㉣

06 민법상 유치권에 관한 설명으로 <u>틀린</u> 것을 모두 고른 것은?　**상**중하

> ㉠ 임대인과 임차인 사이에 건물명도 시 권리금을 반환하기로 하는 약정이 있는 경우 그 권리금반환청구권을 가지고 건물에 대한 유치권을 행사할 수 있다.
> ㉡ 채무자 이외의 제3자 소유의 물건에 대해서도 유치권이 성립할 수 있다.
> ㉢ 채권과 목적물 사이의 견련성은 채권이 목적물 자체로부터 발생한 경우에 인정되고, 채권이 목적물반환청구권과 동일한 법률관계나 사실관계로부터 발생한 경우에는 인정되지 않는다.
> ㉣ 다세대주택의 창호공사를 완성한 수급인이 공사대금채권을 변제받기 위하여 다세대주택 중 한 세대를 점유하여 유치권을 행사하는 경우, 그 유치권은 그 한 세대에 대하여 시행한 공사대금만이 아니라 다세대주택 전체에 대하여 시행한 공사대금채권 전부를 피담보채권으로 하여 성립한다.

① ㉠　　　　　　　　　　② ㉠, ㉡

③ ㉠, ㉢　　　　　　　　④ ㉡, ㉢

⑤ ㉡, ㉣

유치권에 관한 설명으로 **틀린** 것을 모두 고른 것은? (다툼이 있으면 판례에 따름)

> ㉠ 어떤 물건을 점유하기 전에 그에 관하여 발생한 채권에 대해서는 후에 채권자가 그 물건의 점유를 취득하더라도 유치권이 성립하지 않는다.
> ㉡ 물건의 인도청구소송에서 피고의 유치권 항변이 인용되는 경우, 법원은 그 물건에 관하여 생긴 채권의 변제와 상환으로 물건을 인도할 것을 명하여야 한다.
> ㉢ 유치권자는 경락인에 대하여 피담보채무의 변제를 청구할 수 있다.
> ㉣ 甲의 말 2필이 乙의 밭에 들어가 농작물을 먹어치운 경우, 乙은 손해배상청구권을 담보하기 위하여 말을 유치할 수 있다.

① ㉣
② ㉠, ㉢
③ ㉡, ㉢
④ ㉠, ㉡, ㉢
⑤ ㉠, ㉡, ㉢, ㉣

기출응용 34회

08 민법상 유치권에 관한 설명으로 옳은 것을 모두 고른 것은? (다툼이 있으면 판례에 따름)

> ㉠ 유치권자는 유치물에 대한 경매권이 있다.
> ㉡ 건물신축공사를 도급받은 수급인이 사회통념상 독립한 건물이 되지 못한 정착물을 토지에 설치한 상태에서 공사가 중단된 경우, 그 토지에 대해 유치권을 행사할 수 없다.
> ㉢ 유치권은 피담보채권의 변제기가 도래하지 않으면 성립할 수 없다.

① ㉠
② ㉡
③ ㉠, ㉢
④ ㉡, ㉢
⑤ ㉠, ㉡, ㉢

09 甲은 乙에게 1억원을 대여하면서 乙 소유의 Y건물에 저당권을 취득하였다. 다음 설명 중 옳은 것을 모두 고른 것은? (다툼이 있으면 판례에 따름)

> ㉠ 乙이 甲에게 피담보채권 전부를 변제한 경우, 甲의 저당권은 말소등기를 하지 않아
>   도 소멸한다.
> ㉡ 甲은 Y건물의 소실로 인하여 乙이 취득한 화재보험금청구권에 대하여 물상대위권을
>   행사할 수 없다.
> ㉢ 甲은 저당권을 피담보채권과 분리하여 제3자에게 양도할 수 있다.

① ㉠

② ㉡

③ ㉠, ㉢

④ ㉡, ㉢

⑤ ㉠, ㉡, ㉢

10 저당권에 관한 설명으로 옳은 것은? (다툼이 있으면 판례에 따름)

① 채권자가 아닌 제3자 명의의 저당권등기는 전혀 허용되지 않는다.

② 저당권의 효력은 저당부동산에 대한 압류가 없더라도 저당권설정자가 그 부동산으로
   부터 수취한 과실 또는 수취할 수 있는 과실에 미친다.

③ 저당권이 설정된 토지가 「공익사업을 위한 토지 등의 취득 및 보상에 관한 법률」에 따라
   협의취득된 경우, 저당권자는 그 보상금에 대하여 물상대위를 할 수 없다.

④ 토지를 목적으로 저당권을 설정한 후 그 설정자가 그 토지에 건물을 축조한 때에는
   저당권자는 토지와 함께 그 건물에 대하여도 경매를 청구하여야 한다.

⑤ 저당부동산의 제3취득자는 부동산의 보존·개량을 위해 지출한 비용을 그 부동산의
   경매대가에서 우선변제를 받을 수 없다.

11 저당권에 관한 설명으로 옳은 것을 모두 고른 것은? (다툼이 있으면 판례에 따름)

⟨상⟩**중**⟨하⟩

> ㉠ 전세권은 저당권의 객체가 될 수 없다.
> ㉡ 민법 제365조에 따라 토지와 건물의 일괄경매를 청구한 토지 저당권자는 그 건물의 경매대가에서 우선변제를 받을 수 있다.
> ㉢ 건물 건축 개시 전의 나대지에 저당권이 설정될 당시 저당권자가 그 토지소유자의 건물 건축에 동의한 경우, 저당토지의 임의경매로 인한 법정지상권은 성립하지 않는다.

① ㉠   ② ㉡
③ ㉢   ④ ㉡, ㉢
⑤ ㉠, ㉡, ㉢

12 건물저당권의 효력이 원칙적으로 미치지 <u>않는</u> 것은?

⟨상⟩⟨중⟩**하**

① 지상권   ② 종물
③ 법정과실   ④ 부합물
⑤ 화재보험금

13 저당권의 피담보채권의 범위에 속하지 <u>않는</u> 것을 모두 고른 것은?

> ㉠ 위약금
> ㉡ 이자
> ㉢ 저당물의 보존비용
> ㉣ 저당목적물의 하자로 인한 손해배상금
> ㉤ 원본의 이행기일을 경과한 후의 1년분의 지연배상금

① ㉠, ㉡
② ㉢, ㉣
③ ㉠, ㉡, ㉤
④ ㉡, ㉣, ㉤
⑤ ㉢, ㉣, ㉤

14 저당권에 관한 설명으로 <u>틀린</u> 것을 모두 고른 것은? (다툼이 있으면 판례에 따름)

> ㉠ 원본의 반환이 2년간 지체된 경우 채무자는 원본 및 지연배상금 1년분만 변제하고 저당권설정등기의 말소를 청구할 수 있다.
> ㉡ 저당토지의 매각대금으로부터 충분히 피담보채권을 변제받을 수 있는 경우에는 일괄경매청구권이 인정되지 않는다.
> ㉢ 저당권의 효력은 저당부동산에 부합된 물건과 종물에 미치지만, 당사자가 저당권설정계약에 의하여 저당권의 효력이 부합물이나 종물에 미치지 않는 것으로 할 수도 있다.
> ㉣ 피담보채무가 변제되어 무효로 된 저당권설정등기의 유용은 그 등기를 유용하기로 하는 합의가 이루어지기 전에 등기부상 새로운 이해관계를 맺은 제3자가 없는 경우에 한하여 허용된다.

① ㉠, ㉡
② ㉠, ㉢
③ ㉠, ㉣
④ ㉡, ㉢
⑤ ㉡, ㉣

15 법정지상권에 관한 설명으로 <u>틀린</u> 것은? (다툼이 있으면 판례에 따름)

① 건물이 없는 토지에 대하여 저당권이 설정된 후 저당권설정자가 그 위에 건물을 건축한 경우에는 법정지상권이 성립하지 않는다.

② 법정지상권자가 지상건물을 제3자에게 양도한 경우, 제3자는 그 건물소유권과 함께 법정지상권을 당연히 취득한다.

③ 토지에 관한 저당권설정 당시에 존재하는 건물이 미등기이더라도 법정지상권이 성립한다.

④ 동일인 소유에 속하는 토지와 건물에 대하여 공동저당권이 설정된 후 그 건물이 철거되고 신축된 경우에는 특별한 사정이 없는 한 저당물의 경매로 인하여 토지소유자와 그 신축건물의 소유자가 다르게 되더라도 그 신축건물을 위한 법정지상권이 성립하지 않는다.

⑤ 건물을 위한 법정지상권이 성립한 경우, 그 건물에 대한 저당권이 실행되면 경락인은 등기 없이도 법정지상권을 취득한다.

16 다음 중 甲이 지상권, 법정지상권 또는 관습법상의 법정지상권을 취득하지 <u>못하는</u> 경우는? (다툼이 있으면 판례에 따름) (상)(중)(하)

> ㉠ 甲의 아버지인 乙은 X토지에 관하여 등기된 지상권을 보유하고 있었는데, 유일한 상속인인 甲을 남겨두고 사망하였다.
>
> ㉡ 甲은 자신의 소유인 X토지 위에 Y건물을 소유하고 있었는데, 그 Y건물에 관하여 乙에게 전세권을 설정해 준 후 X토지만을 丙에게 매도하였다.
>
> ㉢ 甲은 자신의 소유인 X토지 위에 Y건물을 소유하고 있었는데, X토지에 관하여 설정한 근저당권에 기한 담보권실행경매(임의경매)가 실시되어 X토지의 소유권이 乙에게 이전되었다.
>
> ㉣ 甲은 미등기인 Y건물을 그 대지인 X토지와 함께 양수하였는데, 그 대지에 관하여서만 소유권이선등기를 넘겨받은 상태에서 X토지가 경매되어 X토지의 소유권이 乙에게 이전되었다.

① ㉠
② ㉢
③ ㉣
④ ㉡, ㉢
⑤ ㉢, ㉣

17 제366조의 법정지상권에 관련된 판례의 내용 중 틀린 것은?

① 저당권설정 당시에 건물이 존재하지 않는 경우에는 법정지상권이 성립하지 않는다.

② 건물양수인은 건물양도인을 순차 대위하여 토지소유자에 대하여 건물소유자였던 법정지상권자의 법정지상권설정등기절차의 이행을 청구할 수 있다.

③ 토지와 건물이 동일한 소유자에게 속하였다가 건물 또는 토지가 매매 기타의 원인으로 인하여 양자의 소유자가 다르게 된 때에 건물소유자는 토지소유자에 대하여 그 건물을 위한 관습법상의 법정지상권을 취득한다.

④ 법원은 지료를 결정함에 있어 법정지상권 성립 당시의 제반사정을 참작하여야 하므로 법정지상권으로 토지소유권이 제한을 받는 사정도 참작하여야 한다.

⑤ 저당권설정 당시에 존재하던 건물이 멸실되거나 철거된 후 신축 또는 재축된 경우 법정지상권의 존속기간은 구건물을 기준으로 정하여야 한다.

18 제366조의 법정지상권에 관한 판례의 설명 중 옳은 것은?

① 저당권설정 당사자간의 특약으로 저당목적물인 토지에 대하여 법정지상권을 배제하는 약정을 한 경우 그 특약은 유효하다.

② 토지에 대한 저당권설정 당시 토지와 그 지상건물의 소유자가 각기 달리하고 있던 중 토지만이 경매로 다시 다른 사람에게 소유권이 이전된 경우에는 법정지상권이 인정된다.

③ 건물 없는 토지에 저당권이 설정된 후 저당권설정자가 그 위에 건물을 건축하였다가 담보권의 실행을 위한 경매절차에서 경매로 인하여 그 토지와 지상건물이 소유자를 달리하였을 경우에는, 민법 제366조의 법정지상권은 인정되지 아니하나 관습법상의 법정지상권은 인정된다.

④ 대지에 대하여 저당권을 설정할 당시 저당권자를 위하여 동시에 지상권을 설정해 주었다고 하더라도, 저당권 설정 당시 이미 그 대지상에 건물을 소유하고 있고 그 건물을 철거하기로 하는 특별한 사유가 없으면, 저당권의 실행으로 지상권도 소멸한 경우에 법정지상권이 인정된다.

⑤ 저당권설정 당시의 건물과 재건축 또는 신축된 건물 사이에 동일성이 없는 경우에는 법정지상권이 성립하지 않는다.

19 甲은 乙 소유의 X토지에 저당권을 취득하였다. X토지에 Y건물이 존재할 때, 甲이 X토지와 Y건물에 대해 일괄경매를 청구할 수 있는 경우를 모두 고른 것은? (다툼이 있으면 판례에 따름) 31회 (상)(중)(하)

> ㉠ 甲이 저당권을 취득하기 전, 이미 X토지 위에 乙의 Y건물이 존재한 경우
> ㉡ 甲이 저당권을 취득한 후, 乙이 X토지 위에 Y건물을 축조하여 소유하고 있는 경우
> ㉢ 甲이 저당권을 취득한 후, 丙이 X토지에 지상권을 취득하여 Y건물을 축조하고 乙이 그 건물의 소유권을 취득한 경우

① ㉠

② ㉡

③ ㉠, ㉢

④ ㉡, ㉢

⑤ ㉠, ㉡, ㉢

기출응용 32회

20 저당부동산의 제3취득자에 관한 설명으로 옳은 것을 모두 고른 것은? (다툼이 있으면 판례에 따름) (상)(중)(하)

> ㉠ 저당부동산에 대한 후순위저당권자는 저당부동산의 피담보채권을 변제하고 그 저당권의 소멸을 청구할 수 있는 제3취득자에 해당하지 않는다.
> ㉡ 저당부동산의 제3취득자는 부동산의 보존·개량을 위해 지출한 비용을 그 부동산의 경매대가에서 우선상환을 받을 수 있다.
> ㉢ 저당부동산의 제3취득자는 저당권을 실행하는 경매에 참가하여 매수인이 될 수 있다.
> ㉣ 피담보채권을 변제하고 저당권의 소멸을 청구할 수 있는 제3취득자에는 경매신청 후에 소유권, 지상권 또는 전세권을 취득한 자도 포함된다.

① ㉠, ㉡

② ㉠, ㉣

③ ㉠, ㉢, ㉣

④ ㉡, ㉢, ㉣

⑤ ㉠, ㉡, ㉢, ㉣

21 저당권에 관한 다음 설명 중 **틀린** 것은?

① 토지를 목적으로 저당권을 설정한 후 그 설정자가 그 토지에 건물을 축조한 때에는 저당권자는 토지와 함께 그 건물에 대하여도 경매를 청구할 수 있지만, 건물의 매각대금에 대해서는 우선변제를 받을 수 없다.

② 저당물의 가액이 현저히 감소된 때에 저당권자는 저당권설정자에 대하여 원상회복 또는 상당한 담보제공을 청구할 수 있는데, 저당권자의 이 권리는 저당물의 가액감소가 저당권설정자의 책임 있는 사유로 인한 경우에만 인정된다.

③ 금전 이외의 급부를 목적으로 하는 채권도 그 채권액을 기재할 수 있으므로 이를 담보하기 위한 저당권설정도 가능하다.

④ 저당권이 설정된 후에 저당부동산의 소유권이 제3자에게 이전된 경우, 현재의 소유자는 자신의 소유권에 기하여 피담보채무의 소멸을 원인으로 저당권설정등기의 말소를 청구할 수 있다.

⑤ 위 ④의 경우 저당권설정자인 종전소유자는 이미 저당부동산의 소유권을 상실하였으므로 더 이상 저당권설정등기의 말소를 청구할 수 없다.

22 공동저당에 관한 설명으로 **틀린** 것은? (다툼이 있으면 판례에 따름)

① 동시배당에 관한 민법 규정은 후순위저당권자가 없는 경우에도 적용된다.

② 공동저당의 목적인 채무자 소유의 부동산과 물상보증인 소유의 부동산 중 채무자 소유의 부동산에 대하여 먼저 경매가 이루어진 경우, 채무자 소유의 부동산에 대한 후순위저당권자는 1번 공동저당권자를 대위하여 물상보증인 소유의 부동산에 대하여 저당권을 행사할 수 없다.

③ 동일한 채권의 담보로 부동산과 선박에 대하여 저당권이 설정된 경우에는 차순위자의 대위에 관한 민법 제368조 제2항 후문의 규정이 적용 또는 유추적용된다.

④ 대지와 건물이 동시에 매각되어 주택임차인에게 그 경매대가를 동시에 배당하는 때에는 공동저당에 관한 민법 제368조 제1항을 유추적용하여 대지와 건물의 경매대가에 비례하여 그 채권의 분담을 정하여야 한다.

⑤ 채무자 소유의 수개의 부동산에 저당권이 설정된 때에 이시배당의 경우 공동저당권자가 채권의 일부를 변제받은 경우에도 후순위저당권자의 대위권(제368조 제2항 제2문)은 인정된다.

23 甲은 乙로부터 1억 5천만원을 차용하면서 자신의 A, B, C부동산에 저당권을 설정하였다. 그 후 乙은 甲이 채무를 변제하지 않자 위 각 부동산을 동시경매하였다. 위 부동산에 관한 경락대금이 각 9천만원(A), 6천만원(B) 및 3천만원(C)이었다면, 乙이 C부동산에서 변제받게 되는 금액은 얼마인가? (각 부동산에 대한 乙의 저당권 순위는 모두 제1순위임)

(상)(중)(하)

① 7천5백만원 ② 5천5백만원
③ 5천만원 ④ 3천만원
⑤ 2천5백만원

24 근저당에 관한 설명으로 **틀린** 것은?

(상)(중)(하)

① 근저당권이 유효하기 위해서는 근저당권설정행위와 별도로 근저당권의 피담보채권을 성립시키는 법률행위가 필요하다.
② 근저당권 실행비용(경매비용)은 채권최고액에 포함되지 않는다.
③ 근저당권자가 피담보채무의 불이행을 이유로 경매신청을 한 경우, 근저당권의 피담보채무액은 경매신청 시에 확정된다.
④ 후순위근저당권자가 경매를 신청한 경우 선순위근저당권의 피담보채권은 매수인이 매각대금을 다 낸 때(경락인이 경락대금을 완납한 때)에 확정된다.
⑤ 확정된 피담보채권액이 채권최고액을 초과하는 경우 물상보증인은 확정된 피담보채권액 전부를 변제하여야 근저당권의 소멸을 청구할 수 있다.

25 근저당에 관한 설명으로 **틀린** 것은? (다툼이 있으면 판례에 따름)

① 근저당권 실행비용은 채권최고액에 포함되지 않는다.

② 피담보채권의 이자는 채권최고액에 포함된 것으로 본다.

③ 확정된 피담보채권액이 채권최고액을 초과하는 경우 제3취득자는 채권최고액까지만 변제하면 근저당권등기의 말소를 청구할 수 있다.

④ 근저당권자가 피담보채무의 불이행을 이유로 경매신청한 후에 새로운 거래관계에서 발생한 원본채권은 그 근저당권에 의해 담보되지 않는다.

⑤ 근저당권자가 피담보채무의 불이행을 이유로 경매신청을 하여 경매개시결정이 있은 후에 경매신청이 취하된 경우에는 채무확정의 효과가 번복된다.

기출응용 34회
26 근저당권에 관한 설명으로 **틀린** 것을 모두 고른 것은? (다툼이 있으면 판례에 따름)

> ㉠ 채권최고액에는 피담보채무의 이자가 산입된다.
> ㉡ 피담보채무 확정 전에는 채무자를 변경할 수 있다.
> ㉢ 물상보증인은 채권최고액을 초과하는 부분의 채권액까지 변제할 의무를 부담한다.

① ㉠

② ㉡

③ ㉢

④ ㉡, ㉢

⑤ ㉠, ㉡, ㉢

27 근저당권의 피담보채권 확정시기에 관한 설명으로 **틀린** 것은?

① 결산기의 도래, 존속기간의 만료로 피담보채권은 확정된다.

② 기본계약 또는 근저당권설정계약의 해제·해지로 피담보채권은 확정된다.

③ 채무자 또는 물상보증인의 파산선고로 피담보채권은 확정된다.

④ 근저당권자가 경매를 신청하는 경우 경매신청 시에 피담보채권이 확정된다.

⑤ 후순위근저당권자가 경매를 신청하는 경우 경매를 신청하지 않은 선순위근저당권자의 피담보채권도 경매신청 시에 함께 확정된다.

절대 어제를 후회하지 마라.
인생은 오늘의 나 안에 있고
내일은 스스로 만드는 것이다.

– L. 론 허바드(L. Ron Hubbard)

PART

3

계약법

최근 5개년 PART3 출제비중

25%

최근 5개년 출제경향 분석

CHAPTER	문항 수					비중	⭐ 빈출 키워드
	30회	31회	32회	33회	34회		
CH.01	4	7	5	5	3	48%	청약과 승낙, 제3자를 위한 계약
CH.02	4	2	2	3	5	32%	해약금에 의한 계약해제
CH.03	0	0	1	0	0	2%	계약의 의의와 성질
CH.04	2	1	2	2	2	18%	임대차의 효력, 임차인의 매수청구권

* 복합문제이거나, 법률이 개정 및 제정된 경우 분류 기준에 따라 위 수치와 달라질 수 있습니다.

대표문제 1 동시이행의 항변권

동시이행관계에 있는 것을 모두 고른 것은? (단, 이에 관한 특약은 없으며, 다툼이 있으면 판례에 따름)

기출응용 32회

> ㉠ 양도소득세를 매수인이 부담하기로 한 특약에 있어서 매도인의 소유권이전등기의무와 매수인의 양도소득세 납부의무
> ㉡ 가압류등기가 있는 부동산매매계약에 있어서 매도인의 가압류등기 말소의무와 매수인의 대금지급의무
> ㉢ 매도인의 토지거래허가 신청절차에 협력할 의무와 매수인의 매매대금지급의무

① ㉠

② ㉡

③ ㉢

④ ㉠, ㉡

⑤ ㉡, ㉢

POINT

동시이행의 항변권은 쌍무계약상의 견련성에서 도출되는 개념으로, 당사자 쌍방의 채무가 동시이행관계인지의 여부가 자주 출제됩니다. 따라서 이에 관한 판례를 꼭 정리해 두시기 바랍니다.

해설

㉠ 매수인이 양도소득세를 부담하기로 하는 특약이 있는 경우, 매도인의 소유권이전등기의무와 매수인의 양도소득세 납부의무는 동시이행의 관계에 있다(대판 1995.3.10, 94다27977).

㉡ 가압류등기가 있는 부동산의 매매계약에 있어서 매도인의 소유권이전등기의무와 아울러 가압류등기의 말소의무도 매수인의 대금지급의무와 동시이행관계에 있다(대판 2000.11.28, 2000다8533).

㉢ 매도인의 토지거래허가 신청절차 협력의무와 매수인의 대금지급의무는 동시이행관계가 아니므로 매도인이 그 대금지급채무의 변제 시까지 협력의무의 이행을 거절할 수 있는 것은 아니다(대판 1993.8.27, 93다15366).

정답 ④

쌍무계약상 위험부담에 관한 설명으로 틀린 것은? (다툼이 있으면 판례에 따름) 31회

① 계약당사자는 위험부담에 관하여 민법 규정과 달리 정할 수 있다.

② 채무자의 책임 있는 사유로 후발적 불능이 발생한 경우, 위험부담의 법리가 적용된다.

③ 매매목적물이 이행기 전에 강제수용된 경우, 매수인이 대상청구권을 행사하면 매도인은 매매대금 지급을 청구할 수 있다.

④ 채권자의 수령지체 중 당사자 모두에게 책임 없는 사유로 불능이 된 경우, 채무자는 상대방의 이행을 청구할 수 있다.

⑤ 당사자 일방의 채무가 채권자의 책임 있는 사유로 불능이 된 경우, 채무자는 상대방의 이행을 청구할 수 있다.

POINT

위험부담은 쌍무계약에 있어서 채무자의 책임 없는 사유로 후발적 불능이 되었을 때 발생하는 문제입니다. 그리고 채무자가 위험을 부담하는 경우 채권자는 대상청구권을 행사할 수 있다는 점을 잘 기억해 두어야 합니다.

해설

① 위험부담에 관한 규정(제537조·제538조)은 임의규정이므로 당사자의 특약으로 달리 정할 수 있다.

② 위험부담은 쌍무계약에 의하여 발생한 일방의 채무가 채무자의 책임 없는 사유로 후발적 불능이 되어 소멸한 경우에 생기는 문제이다. 따라서 채무자의 책임 있는 사유로 후발적 불능이 발생한 경우에는 위험부담의 법리가 적용되지 않는다(제537조·제538조). 다만, 이 경우에는 채무불이행책임이 문제된다(제390조).

③ 대판 1996.6.25, 95다6601

④ 제538조 제1항 제2문

⑤ 제538조 제1항 제1문

정답 ②

01 계약의 유형에 관한 설명으로 옳은 것은? ⟮상⟯⟮중⟯⟮하⟯

① 부동산매매계약은 유상, 요물계약이다.

② 중개계약은 민법상의 전형계약이다.

③ 부동산교환계약은 무상, 계속적 계약이다.

④ 증여계약은 편무, 유상계약이다.

⑤ 임대차계약은 낙성, 불요식계약이다.

02 계약의 종류에 관한 설명으로 <u>틀린</u> 것은? ⟮상⟯⟮중⟯⟮하⟯

① 모든 쌍무계약은 유상계약이다.

② 예약은 언제나 채권계약이다.

③ 사용대차의 경우에도 위험부담의 문제가 발생할 수 있다.

④ 전형계약 중 요식계약에 해당하는 경우는 없다.

⑤ 쌍무계약의 이행상의 견련성으로부터 동시이행의 항변권이 도출된다.

03 다음 중 요물계약인 것은? (다툼이 있으면 다수설 및 판례에 따름) ⟮상⟯⟮중⟯⟮하⟯

① 증여계약　　　　　　　　　② 교환계약

③ 매매계약　　　　　　　　　④ 계약금계약

⑤ 임대차계약

04 계약의 성립에 관한 설명으로 틀린 것은?

① 계약의 청약은 청약자가 사전에 철회의 자유를 유보하였다 하더라도 이를 철회하지 못한다.

② 불특정 다수인에 대한 승낙은 효력이 없다.

③ 승낙기간을 정하지 아니한 계약의 청약은 청약자가 상당한 기간 내에 승낙의 통지를 받지 못한 때에는 그 효력을 잃는다.

④ 당사자간에 동일한 내용의 청약이 상호 교차된 경우에는 양 청약이 상대방에게 도달한 때에 계약이 성립한다.

⑤ 예금자가 입금을 하고 금융기관도 이를 받아 확인을 하였으나 금융기관의 직원이 이를 입금하지 않고 횡령하였더라도 예금계약은 성립한다.

기출응용 32회

05 계약의 성립에 관한 설명으로 틀린 것은?

① 청약은 불특정다수인에 대해서도 할 수 있지만, 승낙은 특정의 청약자에 대하여 하여야 한다.

② 청약에 "승낙기간 내에 회답하지 않으면 계약이 체결된 것으로 본다."라는 내용의 조건이 붙어 있는 경우에 상대방이 승낙기간 내에 회답을 발하지 않아도 계약은 체결되지 않는다.

③ 10만원에 팔겠다는 甲의 청약에 대해 乙이 8만원이면 사겠다고 하였는데 이에 대해 甲이 응하지 않자 乙이 처음대로 10만원에 사겠다고 한 경우 10만원에 매매계약이 성립한다.

④ 서점에서 신간서적을 보내오면 그중에서 필요한 책을 사기로 하고서 보내온 책에 이름을 적는 경우 그 때에 매매계약이 성립한 것으로 된다.

⑤ 연착된 승낙은 새로운 청약으로 보아, 청약자는 이에 대하여 승낙함으로써 계약을 성립시킬 수 있다.

06 계약의 성립에 관한 설명으로 틀린 것은? 상중하

① 청약은 특정인에 의하여 행해져야 한다.

② 격지자간의 청약은 도달주의에 의한다.

③ 승낙자가 청약에 대하여 조건을 붙이거나 변경을 가하여 승낙한 때에는 그 청약의 거절과 동시에 새로 청약한 것으로 본다.

④ 승낙의 통지를 하였으나 그것이 청약자에게 도달하지 않은 때에는 그 불이익은 승낙자가 진다.

⑤ 물품구입의 청약자가 청약과 함께 물품을 송부하면서 "만약 구입하지 않으면 반송하라. 반송하지 않으면 구입한 것으로 보겠다."라고 한 경우에 만약 상대방이 이를 반송하지 않은 때에는 승낙한 것으로 된다.

07 계약의 성립에 관한 민법의 규정과 다른 것을 모두 고른 것은? 상중하

㉠ 계약의 청약은 이를 철회할 수 있다.

㉡ 청약의 의사표시를 발신한 후 도달 전에 청약자의 상대방이 사망하거나 제한능력자가 되어도 청약의 효력에는 영향을 미치지 않는다.

㉢ 승낙기간을 정한 계약의 청약은 청약자가 그 기간 내에 승낙의 통지를 받지 못한 때에는 그 효력을 잃는다.

㉣ 연착된 승낙은 청약자가 이를 새 청약으로 볼 수 있다.

㉤ 승낙의 통지가 승낙기간 후에 도달한 경우에 보통 그 기간 내에 도달할 수 있는 발송인 때에는 승낙자는 지체 없이 상대방에게 그 연착의 통지를 하여야 한다.

① ㉠, ㉢

② ㉡, ㉣

③ ㉢, ㉣

④ ㉠, ㉡, ㉤

⑤ ㉡, ㉣, ㉤

08 서울에 사는 甲은 부산에 사는 乙에게 동양화 1점을 1천만원에 팔겠다는 내용의 편지를 2024년 1월 1일에 발신하면서 2024년 1월 20일까지 승낙하여 줄 것을 乙에게 요구하였다. 이 편지는 乙에게 2024년 1월 3일에 도달되었다. 乙은 이 제의를 받아들이겠다는 편지를 2024년 1월 10일에 제대로 발신하였는데 甲에게 1월 22일에 도달되고 말았다. 다음 중 틀린 것을 모두 고르면?　(상)(중)(하)

> ㉠ 甲이 乙에게 연착의 통지를 한 경우에는 계약이 성립하지 않는다.
> ㉡ 甲이 연착의 통지를 하지 않은 경우 乙은 이를 소로써 강제이행할 수 있다.
> ㉢ 甲이 1월 21일에 지연의 통지를 발송한 경우에는 별도로 연착의 통지를 할 필요가 없다.
> ㉣ 甲이 연착의 통지를 하지 않은 경우 계약은 1월 22일에 성립하게 된다.

① ㉠, ㉡
② ㉠, ㉢
③ ㉡, ㉢
④ ㉡, ㉣
⑤ ㉢, ㉣

09 계약체결상의 과실책임에 대한 설명으로 틀린 것은?　(상)(중)(하)
① 체결된 계약내용이 원시적 불능으로 계약이 무효이어야 한다.
② 손해배상의 범위는 계약이 유효함으로 인하여 생길 이익액을 넘지 못한다.
③ 불능을 알았거나 알 수 있었을 자는 상대방이 그 계약의 유효를 믿었음으로 인하여 받은 손해를 배상하여야 한다.
④ 신뢰이익의 손해가 예외적으로 이행이익의 손해를 초과한 경우에도 신뢰이익의 손해 전액을 배상하여야 한다.
⑤ 상대방은 불능사실에 대해 선의·무과실이어야 한다.

10 甲대학은 사무직원 채용공고를 내고 필기시험 등을 통해 乙을 최종합격자로 결정하고 乙에게 합격통지를 하였으나, 발령을 차일피일 미루다가 학교재정을 이유로 채용거절통지를 보냈다. 이에 관한 판례의 태도로서 옳은 것은? (상)(중)(하)

① 위의 경우는 원시적 불능인 급부를 목적으로 하는 계약에 해당한다.

② 합격통지로 곧바로 근로계약이 성립한다.

③ 乙은 계약상의 채무불이행을 이유로 손해배상을 청구할 수 있다.

④ 위의 경우는 계약체결상의 과실책임에 관한 제535조의 요건을 충족하므로 乙은 甲에게 신뢰이익의 손해를 배상할 것을 청구할 수 있다.

⑤ 위의 경우는 乙은 甲에게 불법행위를 이유로 다른 취직의 기회를 포기함으로써 입은 손해를 배상할 것을 청구할 수 있다.

11 동시이행의 항변권에 관한 설명으로 옳은 것을 모두 고른 것은? (상)(중)(하)

> ㉠ 동시이행의 항변권은 원칙적으로 쌍무계약을 체결한 당사자에 한하여 인정된다.
> ㉡ 동시이행의 항변권은 상대방의 청구권의 존재를 부인하기 위한 권리이다.
> ㉢ 선이행의무자는 항상 동시이행의 항변권을 행사할 수 없다.
> ㉣ 채무자가 자기채무에 대한 이행지체책임을 면하기 위해서는 동시이행의 항변권을 행사하여야 한다.
> ㉤ 동시이행의 항변권이 붙은 채권을 수동채권으로 하여 상계할 수 없다.

① ㉠

② ㉠, ㉡

③ ㉠, ㉡, ㉢

④ ㉠, ㉡, ㉢, ㉣

⑤ ㉠, ㉡, ㉢, ㉣, ㉤

12 동시이행의 항변권에 관한 판례의 태도와 <u>다른</u> 것은?

① 당사자 일방의 책임 있는 사유로 채무이행이 불능으로 되어 그 채무가 손해배상채무로 변경되어도 동시이행관계는 소멸하지 않는다.

② 매수인이 양도소득세를 부담하기로 하는 특약이 있는 경우, 매도인의 소유권이전등기의무와 매수인의 양도소득세 납부의무는 동시이행의 관계에 있다.

③ 채무의 담보를 위하여 소유권이전등기를 경료한 채무자는 그 채무를 완제하지 않고는 그 소유권이전등기의 말소청구는 물론 자기 앞으로의 이전등기를 청구할 수도 없다.

④ 부동산의 매매계약이 체결된 경우에는 매도인의 소유권이전등기의무 및 인도의무와 매수인의 잔금지급의무는 동시이행의 관계에 있다.

⑤ 임대차계약 해제에 따른 임차인의 목적물반환의무와 임대인의 목적물을 사용·수익하게 할 의무불이행에 대하여 손해배상하기로 한 약정에 따른 의무는 동시이행관계이다.

기출응용 33회

13 동시이행의 관계에 있는 것을 모두 고른 것은? (다툼이 있으면 판례에 따름)

> ㉠ 가등기담보에 있어서 채권자의 청산금지급채무와 채무자의 목적물인도 및 등기의무
> ㉡ 피담보채권을 변제할 의무와 근저당권설정등기 말소의무
> ㉢ 매도인의 토지거래허가신청절차에 협력할 의무와 매수인의 매매대금지급의무
> ㉣ 토지임차인이 건물매수청구권을 행사한 경우, 토지임차인의 건물인도 및 소유권이전등기의무와 토지임대인의 건물대금지급의무

① ㉣

② ㉠, ㉡

③ ㉠, ㉣

④ ㉡, ㉢

⑤ ㉠, ㉢, ㉣

14 동시이행의 항변권에 관한 설명으로 <u>틀린</u> 것은? (다툼이 있으면 판례에 따름) (상)(중)(하)

① 가압류등기가 있는 부동산의 매매계약에 있어서 매도인의 소유권이전등기의무와 아울러 가압류등기의 말소의무도 매수인의 대금지급의무와 동시이행관계에 있다.

② 부동산매매계약 해제 시 매매대금반환의무와 소유권이전등기말소의무가 동시이행관계에 있는지 여부에 관계없이 매도인은 매매대금을 받은 날로부터 법정이자를 부가하여 지급하여야 한다.

③ 임대차종료 후 임차인의 목적물반환의무와 임대인의 보증금반환채무는 동시이행의 관계에 있다.

④ 쌍방의 채무가 동시이행관계에 있는 경우, 동시이행의 항변권을 행사하여야만 이행지체책임을 면하는 것이다.

⑤ 토지임차인이 건물매수청구권을 행사한 경우, 토지임차인의 건물명도 및 소유권이전등기의무와 토지임대인의 대금지급의무는 동시이행관계에 있다.

15 동시이행의 관계에 있지 <u>않은</u> 것은? (다툼이 있으면 판례에 따름) (상)(중)(하)

① 전세권이 소멸한 경우에 있어서 전세권설정자의 전세금반환의무와 전세권자의 목적물인도 및 전세권설정등기의 말소에 필요한 서류의 교부의무

② 계약해제에서 각 당사자의 원상회복의무

③ 가등기담보에서 청산금지급채무와 목적물인도 및 등기의무

④ 주택임대차에 있어서 임대인의 보증금반환의무와 임차인의 임차권등기명령에 의해 등기된 임차권등기의 말소의무

⑤ 매매계약에서 매도인의 재산권이전의무와 매수인의 대금지급의무

16 동시이행의 항변권에 관한 설명으로 **틀린** 것은? (다툼이 있으면 판례에 따름) 상**중**하

① 저당권설정등기의 말소와 피담보채무의 변제는 동시이행관계에 있지 않다.

② 동시이행관계에 있는 일방의 채무도 이를 발생시킨 계약과 별개의 약정으로 성립한 상대방의 채무와 특약이 없는 한 동시이행관계에 있다.

③ 계약해제에 있어서 각 당사자의 원상회복의무는 동시이행의 관계에 있다.

④ 임차권등기명령에 의한 임차권등기가 된 경우, 임대인의 보증금반환의무와 임차인의 임차권등기말소의무는 동시이행관계가 아니다.

⑤ 저당권이 설정된 부동산의 매매계약에서 소유권이전등기의무 및 저당권등기말소의무는 특별한 사정이 없는 한 대금지급의무와 동시이행관계에 있다.

17 동시이행의 항변권에 관한 설명으로 **틀린** 것은? (다툼이 있으면 판례에 따름) 상**중**하

① 쌍무계약이 무효가 되어 각 당사자가 서로 취득한 것을 반환하여야 할 경우, 각 당사자의 반환의무는 동시이행관계에 있다.

② 채권양도·채무인수·상속 등으로 당사자가 변경되는 경우에도 동시이행의 항변권이 인정된다.

③ 당사자 일방이 상대방에게 채무를 먼저 이행하여야 할 경우에 상대방에게 이행하기 어려운 현저한 사유가 있는 때에는 자기의 채무이행을 거절할 수 있다.

④ 가압류등기가 있는 부동산매매계약에서 특약이 없는 한 매도인의 소유권이전등기의무 및 가압류등기말소의무와 매수인의 대금지급의무는 동시이행관계이다.

⑤ 경매가 무효가 되어 근저당권자가 근저당채무자를 대위하여 매수인(경락인)에게 소유권이전등기말소를 청구하는 경우, 소유권이전등기말소의무와 근저당권자의 배당금반환의무는 동시이행관계이다.

18 유치권과 동시이행의 항변권에 관한 설명으로 <u>틀린</u> 것은? (다툼이 있으면 판례에 따름)

상중하

① 유치권과 동시이행의 항변권은 모두 공평의 원칙에 그 기초를 두고 있다.

② 유치권은 목적물의 인도거절권을 내용으로 하지만, 동시이행의 항변권은 일체의 채무이행을 거절할 수 있는 권리이다.

③ 유치권에서는 상당한 담보를 제공하여 유치권의 소멸을 청구할 수 있으나, 동시이행의 항변권에서는 상당한 담보의 제공에 의한 소멸청구가 인정되지 않는다.

④ 유치권은 채무를 변제받을 때까지 그 행사가 가능하지만, 동시이행의 항변권은 채무의 이행을 제공받을 때까지 그 행사가 가능하다.

⑤ 상대방의 이행청구에 대하여 유치권을 행사하면 원고패소판결을 하게 되지만, 동시이행의 항변권을 행사하면 상환이행판결을 하게 된다.

기출응용 34회

19 甲과 乙은 甲 소유의 X토지에 대하여 매매계약을 체결하였으나 그 후 甲의 채무인 소유권이전등기의무의 이행이 불가능하게 되었다. 다음 설명 중 옳은 것을 모두 고른 것은? (다툼이 있으면 판례에 따름)

상중하

> ㉠ 甲의 채무가 쌍방의 귀책사유 없이 불능이 된 경우, 이미 대금을 지급한 乙은 그 대금에 대해 부당이득반환청구를 할 수 없다.
>
> ㉡ 甲의 채무가 乙의 귀책사유로 불능이 된 경우, 특별한 사정이 없는 한 甲은 乙에게 대금지급을 청구할 수 있다.
>
> ㉢ 乙의 수령지체 중에 쌍방의 귀책사유 없이 甲의 채무가 불능이 된 경우, 甲은 乙에 대금지급을 청구할 수 있다.

① ㉠

② ㉢

③ ㉠, ㉡

④ ㉡, ㉢

⑤ ㉠, ㉡, ㉢

20 위험부담에 관한 설명으로 **틀린** 것은? (다툼이 있으면 판례에 따름)

① 쌍무계약에 있어서 채무자의 책임 없는 사유로 채무자의 채무가 후발적으로 불능이 되었을 경우에 위험부담의 문제가 생긴다.

② 쌍무계약의 당사자 일방의 채무가 당사자 쌍방의 책임 없는 사유로 이행할 수 없게 된 때에는 채무자가 위험을 부담한다.

③ 당사자 쌍방의 귀책사유 없는 이행불능으로 매매계약이 종료된 경우, 매도인은 이미 지급받은 계약금을 반환할 필요가 없다.

④ 채권자의 수령지체 중에 당사자 쌍방의 책임 없는 사유로 이행할 수 없게 된 경우 채무자는 상대방의 이행을 청구할 수 있다.

⑤ 채권자가 위험을 부담하는 경우 채무자는 자기의 채무를 면함으로써 이익을 얻은 때에는 이를 채권자에게 상환하여야 한다.

21 甲이 乙에게 자신의 건물을 매도하는 계약을 체결한 후 소유권이전 및 인도 전에 화재가 발생하여 건물이 전소되었다. 다음 설명 중 **틀린** 것은?

① 소유권이전은 불가능하게 되었으므로 乙은 더 이상 소유권이전을 청구할 수 없다.

② 당사자 쌍방의 책임 없는 사유로 화재가 발생한 경우라면 甲은 乙에게 매매대금을 청구할 수 없다.

③ 乙의 과실로 인하여 화재가 발생한 경우라면 甲은 乙에게 매매대금을 청구할 수 있다.

④ 乙의 채권자지체 중에 당사자 쌍방의 책임 없는 사유로 화재가 발생한 경우라면 甲은 乙에게 매매대금을 청구할 수 있다.

⑤ 위 ④의 경우 甲은 자기의 채무를 면함으로써 이익을 얻었더라도 이를 乙에게 상환할 필요가 없다.

22 甲은 그 소유의 토지를 乙에게 매도하면서 甲의 丙에 대한 채무변제를 위해 乙이 그 대금 전액을 丙에게 지급하기로 하는 제3자를 위한 계약을 乙과 체결하였고, 丙도 乙에 대해 수익의 의사표시를 하였다. 다음 설명 중 <u>틀린</u> 것을 모두 고른 것은? (다툼이 있으면 판례에 따름) (상)(중)(하)

> ㉠ 乙은 甲과 丙 사이의 채무부존재의 항변으로 丙에게 대항할 수 없다.
> ㉡ 丙은 乙의 채무불이행을 이유로 甲과 乙 사이의 계약을 해제할 수 없다.
> ㉢ 乙이 甲의 채무불이행을 이유로 계약을 해제한 경우, 특별한 사정이 없는 한 乙은 이미 이행한 급부의 반환을 丙에게 청구할 수 있다.

① ㉠
② ㉡
③ ㉢
④ ㉡, ㉢
⑤ ㉠, ㉡, ㉢

23 甲과 乙은 甲 소유의 토지를 乙에게 매도하되, 매매대금은 乙이 丙에게 지급하기로 약정 하였다. 이에 관한 설명으로 <u>틀린</u> 것은? (상)(중)(하)

① 丙이 乙에 대하여 수익의 의사표시를 한 후 乙이 대금채무이행을 지체하는 경우에, 丙은 乙에 대하여 이행지체를 이유로 손해배상을 청구할 수 있으나, 이행지체를 이유로 계약을 해제할 수는 없다.

② 甲과 乙이 합의에 의하여 丙의 권리를 변경 또는 소멸시킬 수 있음을 미리 유보한 경우에는 丙이 수익의 의사표시를 한 후라도 丙의 권리를 변경 또는 소멸시킬 수 있다.

③ 乙이 丙에게 상당한 기간을 두고 이익의 향수 여부에 대한 확답을 최고하였음에도 불구하고 丙이 상당한 기간 내에 확답을 발하지 아니한 때에는 수익을 거절한 것으로 본다.

④ 丙이 수익의 의사표시를 한 후에도 甲은 원칙적으로 乙을 상대로 丙에게 이행할 것을 청구할 수 있다.

⑤ 丙은 매매계약체결 당시 반드시 현존·특정될 필요는 없다.

24 甲은 자기 소유의 토지를 乙에게 매도하면서 자신의 丙에 대한 차용금채무를 변제하기 위하여 매매대금 1억원을 丙에게 지급하도록 乙과 약정하였다. 그 후 丙은 그 수익의 의사표시를 하였다. 다음 설명 중 틀린 것은? 상⟨중⟩하

① 甲·丙 사이의 금전소비대차계약이 무효로 되더라도 甲·乙 사이의 토지매매계약은 유효하다.

② 丙이 수익의 의사표시를 하였으므로 甲과 乙은 합의를 통해 원칙적으로 丙의 권리를 변경할 수 없다.

③ 甲이 乙에게 기망행위를 한 경우 乙은 매매계약의 취소로써 이 사실을 알지 못하는 丙에게 대항할 수 있다.

④ 甲이 乙로부터 사기를 당한 경우 丙은 계약을 취소할 수 없다.

⑤ 甲·丙 사이의 금전소비대차계약이 취소된 경우 乙은 丙의 매매대금지급청구를 거절할 수 있다.

기출응용 32회

25 제3자를 위한 계약에 관한 설명으로 틀린 것은? (다툼이 있으면 판례에 따름) 상⟨중⟩하

① 제3자의 권리는 그 제3자가 채무자에 대해 수익의 의사표시를 하면 계약의 성립 시에 소급하여 발생한다.

② 보상관계가 무효인 경우에는 제3자는 채무불이행을 이유로 손해배상을 청구할 수 없다.

③ 채무자에게 수익의 의사표시를 한 제3자는 그 채무자에게 그 채무의 이행을 직접 청구할 수 있다.

④ 제3자를 위한 계약의 경우 요약자는 낙약자의 채무불이행을 이유로 계약을 해제하기 위해서 제3자의 동의를 얻을 필요가 없다.

⑤ 채무자와 인수인의 계약으로 체결되는 병존적 채무인수는 제3자를 위한 계약으로 볼 수 있다.

26 매매계약의 법정해제에 관한 설명으로 옳은 것을 모두 고른 것은? (다툼이 있으면 판례에 따름)

> ㉠ 매매계약이 해제된 경우 계약은 장래에 대하여 효력을 상실한다.
> ㉡ 계약해제로 인한 원상회복의 대상에는 매매대금은 물론 이와 관련하여 그 계약의 존속을 전제로 수령한 지연손해금도 포함된다.
> ㉢ 과실상계는 계약해제로 인한 원상회복의무의 이행으로서 이미 지급한 급부의 반환을 구하는 경우에는 적용되지 않는다.

① ㉠

② ㉡

③ ㉠, ㉢

④ ㉡, ㉢

⑤ ㉠, ㉡, ㉢

27 다음 중 최고 없이 계약을 해제할 수 있는 경우가 <u>아닌</u> 것은? (다툼이 있으면 판례에 따름)

① 정기행위의 이행지체를 이유로 해제하는 경우
② 이행불능으로 인해 해제하는 경우
③ 보통의 이행지체를 이유로 해제하는 경우
④ 채무자가 미리 이행거절의 의사를 표시하여 해제하는 경우
⑤ 추완이 불가능한 불완전이행을 이유로 해제하는 경우

28 계약해제에 관한 설명으로 <u>틀린</u> 것은? (다툼이 있으면 판례에 따름)

① 당사자 일방이 채무를 이행하지 않겠다는 의사를 명백히 표시하였다가 이를 적법하게 철회했더라도 그 상대방은 최고 없이 계약을 해제할 수 있다.

② 토지거래허가를 요하는 계약의 당사자는 토지거래허가신청절차에 협력할 의무를 부담하지만, 협력의무불이행을 이유로 그 계약을 일방적으로 해제할 수 없다.

③ 채무자의 책임 있는 사유로 채무의 이행이 불능으로 된 경우, 채권자는 최고 없이 계약을 해제할 수 있다.

④ 법정해제권을 배제하는 약정이 없으면, 약정해제권의 유보는 법정해제권의 성립에 영향을 미칠 수 없다.

⑤ 당사자가 수인인 경우에 해제는 그 전원으로부터 또는 전원에 대하여 하여야 한다.

29 계약해제의 효과에 관한 판례의 입장과 <u>다른</u> 것은?

① 상대방에게 이전되었던 소유권은 원소유자에게 당연히 복귀한다.

② 이행지체로 인해 매매계약이 해제된 경우, 선의의 점유자인 매수인에게는 과실취득권이 인정되지 않는다.

③ 계약조항상의 부수적 의무 위반을 이유로 약정해제권을 행사한 경우 손해배상을 청구할 수 없다.

④ 계약해제로 인한 손해배상청구는 채무불이행으로 인한 손해배상과 그 성질이 다르므로 신뢰이익의 손해배상을 청구할 수 있을 뿐이다.

⑤ 계약해제에 관한 민법의 규정은 해제계약에는 적용되지 않는다.

30 계약해제에 관한 판례의 설명으로 <u>틀린</u> 것은?

① 해제의 의사표시는 철회할 수 없으나 제한능력, 착오 등을 이유로 취소할 수는 있다.

② 계약해제를 위한 채권자의 이행최고가 본래 이행하여야 할 채무액을 초과하는 경우에 그 최고는 언제나 부적법하고 이러한 최고에 터잡은 계약의 해제는 그 효력이 없다.

③ 계약의 성질에 의하여 일정한 시일 또는 일정한 기간 내에 이행하지 아니하면 계약의 목적을 달성할 수 없을 경우에 당사자 일방이 그 시기에 이행하지 아니한 때에는 상대방은 최고를 하지 아니하고 계약을 해제할 수 있다.

④ 계약의 해제는 손해배상청구에 영향을 미치지 아니한다.

⑤ 계약의 해제로 인한 원상회복의 경우에 반환할 금전에는 그 받은 날로부터 이자를 가산하여야 한다.

31 계약의 해제에 관한 설명으로 <u>틀린</u> 것은? (다툼이 있으면 판례에 따름)

① 이행지체에 있어서 이행의 최고는 반드시 미리 일정기간을 명시하여 최고하여야 하는 것은 아니다.

② 계약해제 전 그 계약상의 채권을 양수하고 이를 피보전권리로 하여 처분금지가처분 결정을 받은 채권자는 제548조 제1항 단서의 제3자에 해당한다.

③ 계약이 해제되면 그 계약의 이행으로 변동이 생겼던 물권은 당연히 그 계약이 없었던 원상태로 복귀한다.

④ 부동산매매계약에 있어서 매수인이 잔금지급의무를 지체하더라도 특별한 사정이 없는 한 매도인은 소유권이전등기신청에 필요한 서류를 제공하고, 상당한 기간을 정하여 매수인의 잔금채무이행을 최고하여야 해제할 수 있다.

⑤ 쌍무계약에서 당사자의 일방이 이행을 제공하더라도 상대방이 채무를 이행할 수 없음이 명백한지의 여부는 계약해제 시를 기준으로 판단하여야 한다.

32 甲 소유의 X토지와 乙 소유의 Y주택에 대한 교환계약에 따라 각각 소유권이전등기가 마쳐진 후 그 계약이 해제되었다. 계약해제의 소급효로부터 보호되는 제3자에 해당하는 자를 모두 고른 것은? (다툼이 있으면 판례에 따름) 🔵상⦸중⦸하

> ⊙ 계약의 해제 전 乙로부터 X토지를 매수하여 소유권이전등기를 경료한 자
> ⓛ 계약의 해제 전 乙로부터 X토지를 매수하여 그에 기한 소유권이전청구권 보전을 위한 가등기를 마친 자
> ⓒ 계약의 해제 전 甲으로부터 Y주택을 임차하여 「주택임대차보호법」상의 대항력을 갖춘 임차인
> ⓔ 계약의 해제 전 X토지상의 乙의 신축건물을 매수한 자

① ㉠, ㉡

② ㉡, ㉢

③ ㉠, ㉡, ㉢

④ ㉠, ㉡, ㉣

⑤ ㉡, ㉢, ㉣

33 민법 제548조 제1항 단서는 "계약의 해제는 제3자의 권리를 해하지 못한다."라고 규정하고 있다. 다음 중 제3자에 해당하지 <u>않는</u> 자는? (다툼이 있으면 판례에 따름) 🔵상⦸중⦸하

① 소유권을 취득하였다가 계약해제로 인하여 소유권을 상실하게 된 임대인으로부터 그 계약이 해제되기 전에 주택을 임차받아 주택의 인도와 주민등록을 마침으로써 「주택임대차보호법」 소정의 대항요건을 갖춘 임차인

② 매도인의 매매대금수령 이전에 해제조건부로 임대권한을 부여받은 매수인으로부터 그 계약이 해제되기 전에 주택을 임차하여 「주택임대차보호법」상의 대항요건을 갖춘 임차인

③ 해제된 매매계약에 의하여 채무자의 책임재산이 된 부동산을 가압류 집행한 가압류채권자

④ 매수인으로부터 목적부동산에 대한 매매계약을 체결하고 소유권이전등기를 경료한 자

⑤ 매수인에게 금전을 대여하고 목적부동산에 대하여 저당권설정등기를 경료한 자

34 **합의해제에 관한 설명으로 틀린 것은?** (다툼이 있으면 판례에 따름)

① 부동산매매계약이 합의해제된 경우, 다른 약정이 없는 한 매도인은 수령한 대금에 이자를 붙여 반환할 필요가 없다.

② 계약해제는 단독행위에 해당하나, 합의해제는 계약에 해당한다.

③ 합의해제의 소급효는 법정해제의 경우와 같이 제3자의 권리를 해하지 못한다.

④ 계약이 합의해제된 경우 다른 사정이 없는 한, 합의해제 시에 채무불이행으로 인한 손해배상을 청구할 수 있다.

⑤ 매도인이 잔금기일 경과 후 해제를 주장하며 수령한 대금을 공탁하고 매수인이 이의 없이 수령한 경우, 특별한 사정이 없는 한 합의해제된 것으로 본다.

PART 3

대표문제 **매도인의 담보책임**

수량을 지정한 매매의 목적물의 일부가 멸실된 경우 매도인의 담보책임에 관한 설명으로 **틀린** 것은? (단, 이에 관한 특약은 없으며, 다툼이 있으면 판례에 따름) 32회

① 수량을 지정한 매매란 특정물이 일정한 수량을 가지고 있다는 데 주안을 두고 대금도 그 수량을 기준으로 정한 경우를 말한다.

② 악의의 매수인은 대금감액과 손해배상을 청구할 수 있다.

③ 선의의 매수인은 멸실된 부분의 비율로 대금감액을 청구할 수 있다.

④ 잔존한 부분만이면 매수하지 아니하였을 때에는 선의의 매수인은 계약 전부를 해제할 수 있다.

⑤ 선의의 매수인은 일부멸실의 사실을 안 날부터 1년 내에 매도인의 담보책임에 따른 매수인의 권리를 행사해야 한다.

> **POINT**
> 매도인의 담보책임은 해마다 출제되는 문제입니다. 각각의 하자유형을 정확히 파악하고, 이에 적용되는 책임을 많이 연습해 두어야 합니다.

> **해설**
> ① 수량을 지정한 매매란 당사자가 매매의 목적인 특정물이 일정한 수량을 가지고 있다는 데 주안을 두고 대금도 그 수량을 기준으로 하여 정한 경우를 말한다(대판 2003.1.24, 2002다65189).
> ② 수량을 지정한 매매에서 목적물의 일부가 멸실된 경우 악의의 매수인은 대금감액과 손해배상을 청구할 수 없다(제574조).
> ③④ 선의의 매수인은 멸실된 부분의 비율로 대금감액을 청구할 수 있고, 잔존한 부분만이면 매수하지 아니하였을 때에는 계약 전부를 해제할 수 있다(제572조).
> ⑤ 선의의 매수인은 일부멸실의 사실을 안 날부터 1년 내에 매도인의 담보책임에 따른 매수인의 권리를 행사해야 한다(제573조).

정답 ②

01 매매의 일방예약에 관한 설명으로 <u>틀린</u> 것을 모두 고른 것은? (다툼이 있으면 판례에 따름)

> ㉠ 일방예약이 성립하려면 본계약인 매매계약의 요소가 되는 내용이 확정되어 있거나 확정할 수 있어야 한다.
> ㉡ 예약완결권의 행사기간 도과 전에 예약완결권자가 예약목적물인 부동산을 인도받은 경우, 그 기간이 도과되더라도 예약완결권은 소멸되지 않는다.
> ㉢ 상가에 관하여 매매예약이 성립한 이후 법령상의 제한에 의해 일시적으로 분양이 금지되었다가 다시 허용된 경우, 그 예약완결권 행사는 이행불능이라 할 수 없다.

① ㉠

② ㉡

③ ㉠, ㉢

④ ㉡, ㉢

⑤ ㉠, ㉡, ㉢

02 민법상 매매계약에 관한 설명으로 <u>틀린</u> 것을 모두 고른 것은? (다툼이 있으면 판례에 따름)

> ㉠ 매매계약은 낙성·요식계약이다.
> ㉡ 타인의 권리는 매매의 목적이 될 수 없다.
> ㉢ 매매계약에 관한 비용은 특약이 없는 한 매수인이 전부 부담한다.

① ㉠

② ㉡

③ ㉠, ㉢

④ ㉡, ㉢

⑤ ㉠, ㉡, ㉢

03 甲은 2024.5.30. 乙에게 자신 소유의 X부동산을 3억원에 매도하되, 계약금 2천만원은 계약 당일, 중도금 2억원은 2024.6.30., 잔금 8천만원은 2024.7.30.에 지급받기로 하는 매매계약을 체결하고, 乙로부터 계약 당일 계약금 전액을 지급받았다. 다음 설명 중 옳은 것을 모두 고른 것은? (특별한 사정은 없으며, 다툼이 있으면 판례에 따름)

- ㉠ 乙은 2024.6.25. 중도금 2억원을 甲에게 지급할 수 없다.
- ㉡ 乙이 2024.6.25. 중도금 2억원을 甲에게 지급하더라도, 甲은 2024.6.27. 계약금의 배액을 상환하여 계약을 해제할 수 있다.
- ㉢ 乙이 계약 당시 중도금 중 1억원의 지급에 갈음하여 자신의 丙에 대한 대여금채권을 甲에게 양도하기로 약정하고 그 자리에 丙도 참석하였다면, 甲은 2024.6.27. 계약금의 배액을 상환하더라도 계약을 해제할 수 없다.

① ㉠

② ㉢

③ ㉠, ㉡

④ ㉡, ㉢

⑤ ㉠, ㉡, ㉢

04 해약금에 의한 계약해제(제565조)에 관한 설명으로 **틀린** 것은? (다툼이 있으면 판례에 따름)

① 계약금계약은 계약에 부수하여 행해지는 종된 계약이다.
② 매도인이 매수인에게 매매계약의 이행을 최고하고 매매잔금의 지급을 구하는 소송을 제기한 것만으로 이행에 착수하였다고 볼 수 없다.
③ 토지거래허가구역 내 토지에 관하여 매매계약을 체결하고 계약금만 주고받은 상태에서 토지거래허가를 받은 경우, 매도인은 해약금에 의한 계약해제를 할 수 없다.
④ 계약금을 위약금으로 하는 당사자의 특약이 있으면 계약금은 위약금의 성질이 있다.
⑤ 계약금을 포기하고 행사할 수 있는 해제권은 당사자의 합의로 배제할 수 있다.

05 계약금에 관한 설명으로 **틀린** 것은? (다툼이 있으면 판례에 따름) 상**중**하

① 매수인이 매도인에게 현금보관증을 작성·교부한 것은 계약금계약이 체결된 것으로 볼 수 있다.

② 계약금은 해약금으로 추정되므로 당사자의 일방이 위약한 경우 그 계약금을 위약금으로 하기로 하는 특약이 있는 경우에만 손해배상액의 예정으로서의 성질을 갖는다.

③ 민법 제565조 제1항에서 말하는 당사자의 일방이라는 것은 매매 '쌍방 중 어느 일방'을 지칭하는 것이고, 상대방이라 국한하여 해석할 것은 아니다.

④ 이행기의 약정이 있더라도 당사자가 채무의 이행기 전에는 착수하지 아니하기로 하는 특약을 하는 등의 특별한 사정이 없는 한 이행기 전에 이행에 착수할 수 있다.

⑤ 매도인이 계약금의 배액을 상환하고 계약을 해제하려면 계약해제 의사표시 이외에 계약금 배액의 이행의 제공을 요하나, 상대방이 이를 수령하지 않는 경우에는 이를 공탁하여야 한다.

06 甲은 자신의 X부동산에 관하여 매매대금 3억원, 계약금 3천만원으로 하는 계약을 乙과 체결하였다. 다음 설명 중 **틀린** 것은? (다툼이 있으면 판례에 따름) 상**중**하

① 乙이 계약금으로 2천만원만 지급한 경우 계약금계약은 성립하지 않는다.

② 乙이 계약금을 지급하였더라도 정당한 사유 없이 잔금지급을 지체한 때에는 甲은 손해배상을 청구할 수 있다.

③ 甲과 乙 사이의 매매계약이 무효이거나 취소된 경우 계약금계약의 효력도 함께 소멸한다.

④ 乙이 甲에게 중도금을 지급한 경우 甲은 자신의 채무에 관해 이행에 착수하지 않았더라도 계약금의 배액을 乙에게 상환하고 계약을 해제할 수 없다.

⑤ 甲이 계약금의 배액의 제공을 하였음에도 乙이 이를 수령하지 않는 경우 甲은 이를 공탁하여야 해약금에 의한 계약해제의 효과를 발생시킬 수 있다.

07 매매에서 과실의 귀속과 대금의 이자 등에 관한 설명으로 옳은 것을 모두 고른 것은?

(대금지급과 목적물인도는 동시이행관계에 있고, 다툼이 있으면 판례에 따름)   상**중**하

> ㉠ 매매계약 후 목적물이 인도되지 않더라도 매수인이 대금을 완제한 때에는 그 시점
>   이후 목적물로부터 생긴 과실은 매수인에게 귀속된다.
> ㉡ 매수인이 목적물을 미리 인도받은 경우에는 대금지급을 거절할 정당한 사유가 있더
>   라도 대금의 이자를 지급하여야 한다.
> ㉢ 매매계약이 취소된 경우, 선의의 점유자인 매수인의 과실취득권이 인정되는 이상 선
>   의의 매도인도 지급받은 대금의 운용이익 내지 법정이자를 반환할 의무가 없다.

① ㉠   ② ㉡
③ ㉠, ㉢   ④ ㉡, ㉢
⑤ ㉠, ㉡, ㉢

08 매매계약의 효력에 관한 설명으로 틀린 것은?   상**중**하

① 매도인은 매수인에 대하여 재산권이전에 필요한 모든 행위를 하여야 하므로, 종물 또
   는 종된 권리도 함께 이전하여야 한다.
② 매매계약이 있은 후에도 인도하지 아니한 목적물로부터 생긴 과실은 매수인에게 속
   한다.
③ 매수인이 대금을 이미 지급하였음에도 불구하고 매도인이 매매목적물의 인도를 지체
   하고 있다면 매도인은 과실을 취득할 수 없다.
④ 매도인의 재산권이전의무와 매수인의 대금지급의무는 특별한 약정이나 관습이 없으
   면 동시에 이행하여야 한다.
⑤ 특약이 없는 한 매수인은 목적물의 인도를 받은 날로부터 대금의 이자를 지급하여야
   한다.

09 매도인의 담보책임에 관한 판례의 태도와 <u>다른</u> 것은?

① 특정물에 대한 하자의 존부는 매매계약체결 시를 기준으로 판단하여야 한다.

② 전부 타인의 권리의 매매에 있어서 권리를 이전할 수 없게 된 매도인은 선의의 매수인에 대하여 불능 당시의 시가를 표준으로 그 계약이 완전히 이행된 것과 동일한 경제적 이익을 배상할 의무가 있다.

③ 매매목적물의 하자로 인하여 선의의 매수인이 손해배상을 청구하는 경우 매도인은 고의·과실이 없더라도 그 손해를 배상하여야 한다.

④ 부동산매매계약에 있어서 실제면적이 계약면적에 미달하고 그 매매가 수량지정매매에 해당하는 경우 미달부분만큼 부당이득반환청구를 하거나 계약체결상의 과실책임을 물을 수 있다.

⑤ 매매의 목적물이 거래통념상 기대되는 객관적 성질·성능을 결여한 경우 매도인은 매수인에 대하여 하자담보책임을 부담한다.

10 매매의 목적인 권리의 전부가 매도인 이외의 자의 소유일 때 매도인과 매수인의 권리·의무에 관한 설명으로 옳은 것은?

① 매도인은 그 권리를 취득하여 매수인에게 이전할 의무는 지지 않는다.

② 악의의 매수인은 계약을 해제할 수 없다.

③ 악의의 매수인은 손해배상을 청구할 수 없다.

④ 손해배상액의 산정기준 시점은 매매계약체결 시이다.

⑤ 계약의 해제나 손해배상청구는 계약일로부터 1년 이내에 하여야 한다.

11 甲은 乙에게 토지 100평을 매도하였는데 그중 80평은 甲의 소유이지만 나머지 20평은 丙의 소유인 것으로 판명되어 20평은 乙에게 이전할 수 없게 되었다. 이 경우 甲의 乙에 대한 담보책임의 내용으로 틀린 것은? (상)(중)(하)

① 권리의 일부가 타인에게 속하는 경우이다.

② 丙 소유임을 乙이 알았더라도 乙은 甲에 대하여 20평에 해당하는 대금의 감액을 청구할 수 있다.

③ 80평만이면 乙이 이를 매수하지 아니하였을 때에는 乙은 선의·악의를 불문하고 계약 전부를 해제할 수 있다.

④ 乙이 선의인 경우라면 손해배상청구를 할 수 있다.

⑤ 乙이 선의인 경우에는 甲이 소유권을 취득하여 자신에게 이전할 수 없음을 안 날로부터, 악의인 경우에는 계약한 날로부터 1년 내에 담보책임상의 권리를 행사하여야 한다.

기출응용 33회

12 담보책임에 따른 매수인의 권리 중 악의의 매수인도 행사할 수 있는 것은? (상)(중)(하)

① 권리의 일부가 타인에게 속하여 매도인이 그 권리를 취득하여 이전할 수 없는 경우 대금감액청구권

② 위 ①의 경우 손해배상청구권

③ 수량지정매매에 있어서 수량부족으로 인한 대금감액청구권

④ 매매의 목적물이 유치권의 목적이 된 경우 계약해제권

⑤ 종류물매매에 있어서 완전물급부청구권

13 부동산매매계약이 수량지정매매인데, 그 부동산의 실제면적이 계약면적에 미치지 못한 경우에 관한 설명으로 **틀린** 것을 모두 고른 것은? (다툼이 있으면 판례에 따름)

(상)**(중)**(하)

> ㉠ 악의의 매수인은 손해배상을 청구할 수 없다.
> ㉡ 담보책임에 따른 권리의 행사기간은 매수인이 그 사실을 안 날로부터 6개월 이내이다.
> ㉢ 미달부분의 원시적 불능을 이유로 계약체결상의 과실책임을 물을 수 없다.
> ㉣ 잔존한 부분만이면 매수인이 이를 매수하지 않았을 경우, 매수인은 선의·악의를 불문하고 계약 전부를 해제할 수 있다.

① ㉠, ㉢
② ㉠, ㉣
③ ㉡, ㉢
④ ㉡, ㉣
⑤ ㉢, ㉣

14 甲과 乙 사이에 X토지 1,000m²에 대한 매매계약이 성립하였다. 매도인 甲의 담보책임에 관한 설명으로 **틀린** 것은?

(상)(중)(하)

① X토지 전부가 甲의 소유가 아니고 丙의 소유이며, 甲이 그 권리를 취득하여 乙에게 이전할 수 없는 경우에는 乙은 자신의 선의·악의를 묻지 않고 계약을 해제할 수 있다.

② 1,000m² 중 300m²가 丙의 소유이며, 甲이 그 권리를 취득하여 乙에게 이전할 수 없는 경우에는 乙은 자신의 선의·악의를 묻지 않고 대금의 감액을 청구할 수 있다.

③ X토지 위에 지상권이 설정되어 있는 경우에 乙이 이 사실을 알고 있다면 甲은 담보책임을 지지 않는다.

④ 甲과 乙이 1,000m²의 수량을 지정하여 매매하였으나, X토지가 실제로는 800m²밖에 되지 않는 경우에는 乙은 자신의 선의·악의를 묻지 않고 대금의 감액을 청구할 수 있다.

⑤ X토지 위에 저당권이 존재하여도 그 사실만으로는 담보책임의 문제가 생기지 않는다.

15 甲은 A자동차회사에서 생산하는 2024년식 '○○자동차' 1대를 주문하였는데, 후일 인도된 차량의 엔진부위에 결함이 있음이 판명되었다. 다음 설명 중 **틀린** 것을 모두 고른 것은? (다툼이 있으면 판례에 따름) 　**상**중하

> ⊙ 엔진부위의 하자로 차의 운행조차 불가능한 경우라면 甲은 A회사 측에게 과실이 없다 하더라도 계약을 해제할 수 있다.
> ⓛ 甲은 A회사에 대하여 하자 없는 완전물급부청구권을 행사할 수 있는데, 이 권리는 해제권과 병존적으로 행사할 수 있다.
> ⓒ 우리 민법은 甲에게 하자보수청구권과 대금감액청구권을 명문으로 인정하고 있지 않다.
> ⓔ 甲이 A회사에 대하여 행사할 수 있는 구제수단 중에는 하자의 사실을 안 날부터 6개월 안에 행사하여야 하는 것도 있는데, 이 기간은 제척기간이므로 甲은 이 기간 내에 소송을 제기하여야 한다.

① ㉠, ㉢
② ㉡, ㉣
③ ㉢, ㉣
④ ㉠, ㉡, ㉣
⑤ ㉡, ㉢, ㉣

16 매도인의 담보책임에 관한 설명 중 **틀린** 것은? (다툼이 있으면 판례에 따름) 　상**중**하

① 목적물이 일정한 면적(수량)을 가지고 있다는 데 주안을 두고 대금도 면적을 기준으로 하여 정하여지는 아파트분양계약은 수량을 지정한 매매에 해당한다.
② 가등기의 목적이 된 부동산의 매수인이 그 뒤 가등기에 기한 본등기가 경료됨으로써 소유권을 상실하게 된 때에는 권리의 전부가 타인에게 속하는 경우에 관한 담보책임 규정(제570조)이 준용된다.
③ 매수인이 매도인과의 특약으로 저당권에 의하여 담보된 채권을 인수하기로 한 때에는 매도인은 저당권의 행사로 인한 담보책임(제576조)을 부담하지 않는다.
④ 건축을 목적으로 매매된 토지에 대하여 건축허가를 받을 수 없어 건축이 불가능하다는 법률상 장애는 물건의 하자에 해당한다.
⑤ 타인권리의 매매에 있어서 매도인의 귀책사유로 이행불능이 된 경우 매수인은 채무불이행규정에 따라 계약을 해제하고 손해배상을 청구할 수도 있다.

17 매도인의 담보책임에 관한 설명 중 판례의 입장과 <u>다른</u> 것은?

① 수량을 지정한 매매계약 후에 수량부족이 발생한 경우에는 수량부족에 관한 담보책임(제574조)을 물을 수 없다.

② 매도인의 하자담보책임에 관한 매수인의 권리행사기간은 출소기간이 아니다.

③ 가압류 목적이 된 부동산을 매수한 사람이 그 후 가압류에 기한 강제집행으로 부동산 소유권을 상실하게 된 경우에는 저당권의 행사로 인한 담보책임에 관한 규정이 적용된다.

④ 매매목적물의 하자로 인하여 확대손해가 발생한 경우 매도인에게 그 확대손해에 대한 배상책임을 지우기 위해서는 채무의 내용으로 된 하자 없는 목적물을 인도하지 못한 의무위반사실 외에 그러한 의무위반에 대하여 매도인에게 귀책사유가 있어야 한다.

⑤ 매매의 목적이 된 권리의 일부가 타인에게 속함으로 인하여 매도인이 그 권리를 취득하여 매수인에게 이전할 수 없게 된 경우 매도인이 선의의 매수인에게 배상하여야 할 손해액은 원칙적으로 이행이익 상당액이 아니라 그 부분의 매수를 위해 매수인이 출연한 금액이다.

18 매도인 甲은 매수인 乙에게 토지를 매도하고 소유권이전등기를 경료하여 주었다. 다음 설명 중 <u>틀린</u> 것은? (다툼이 있으면 판례에 따름)

① 계약 당시 丙 명의로 소유권이전등기청구권보전의 가등기가 경료되어 있었는데, 그 후 본등기의 경료로 乙이 소유권을 상실한 경우라면 乙은 그 사실을 알지 못하는 경우에 한하여 계약을 해제하고 손해배상을 청구할 수 있다.

② 계약 당시 피담보채권 1억원인 丙의 저당권이 있고, 乙이 피담보채무를 인수하면서 1억원을 대금에서 공제하였다면, 저당권의 실행으로 乙이 소유권을 상실하더라도 乙은 甲에게 담보책임을 물을 수 없다.

③ 토지가 丙 소유인데도 계약 당시 甲이 이를 알지 못한 경우, 乙에게 소유권을 이전할 수 없는 甲은 그 손해를 배상하고 계약을 해제할 수 있다.

④ 토지를 위하여 지역권이 존재하여야 하는데 그 지역권이 없는 경우, 이 사실을 계약 당시 乙이 안 때에는 乙은 담보책임에 기해서는 계약을 해제할 수 없다.

⑤ 甲이 계약 당시 토지의 소유자가 丙임을 알았던 乙에게 그 소유권을 이전할 수 없는 경우 乙은 계약을 해제할 수 있다.

19 경매에 있어서의 담보책임에 관한 설명으로 **틀린** 것은? (다툼이 있으면 판례에 따름)

① 경매의 경우에는 권리에 하자가 있는 경우에만 담보책임이 발생한다.

② 경락받은 권리에 하자가 있는 경우 경락인은 제1차적으로 채무자에게 담보책임을 물을 수 있다.

③ 채무자가 자력이 없는 때에는 경락인은 제2차적으로 대금의 배당을 받은 채권자에 대하여 담보책임을 물을 수 있다.

④ 법률상의 장애도 권리의 하자에 해당하므로 경락인은 담보책임을 물을 수 있다.

⑤ 채무자가 권리의 흠결을 알고 고지하지 아니하거나 채권자가 이를 알고 경매를 청구한 때에는 경락인은 그 흠결을 안 채무자나 채권자에 대하여 대금감액청구권 외에 손해배상을 청구할 수 있다.

![기출응용 34회]

20 민법상 환매에 관한 설명으로 **틀린** 것을 모두 고른 것은?

> ㉠ 환매권은 양도할 수 없는 일신전속권이다.
> ㉡ 매매계약이 무효이면 환매특약도 무효이다.
> ㉢ 환매기간을 정한 경우에는 그 기간을 다시 연장하지 못한다.

① ㉠

② ㉡

③ ㉠, ㉢

④ ㉡, ㉢

⑤ ㉠, ㉡, ㉢

21 환매에 관한 설명으로 옳은 것은?

① 특약이 없는 한 매수인은 환매기간 동안 목적물로부터 수취한 과실을 매도인에게 반환하여야 한다.

② 환매기간이 약정되어 있지 아니한 경우에는 환매권자는 언제든지 환매권을 행사할 수 있다.

③ 환매기간은 부동산인 경우에 5년을 넘지 못하나, 다시 이를 1회에 한하여 연장하는 것은 가능하다.

④ 나대지상에 환매특약의 등기가 마쳐진 상태에서 대지소유자가 그 지상에 건물을 신축하고 환매권의 행사에 따라 토지와 건물의 소유자가 달라진 경우, 건물소유자는 관습법상의 법정지상권을 취득한다.

⑤ 매도인의 채권자가 매도인을 대위하여 환매하고자 하는 때에는 매수인은 법원이 선정한 감정인의 평가액에서 매도인이 반환할 금액을 공제한 잔액으로 매도인의 채무를 변제하고 잉여액이 있으면 이를 매도인에게 지급하여 환매권을 소멸시킬 수 있다.

대표문제 교환계약의 의의와 성질

부동산의 교환계약에 관한 설명으로 옳은 것을 모두 고른 것은? (다툼이 있으면 판례에 따름)

기출응용 32회

> ㉠ 유상·편무계약이다.
>
> ㉡ 일방이 금전의 보충지급을 약정한 경우 그 금전에 대하여는 매매대금에 관한 규정을 준용한다.
>
> ㉢ 다른 약정이 없는 한 각 당사자는 목적물의 하자에 대해 담보책임을 부담한다.
>
> ㉣ 당사자가 자기 소유 목적물의 시가를 묵비하여 상대방에게 고지하지 않았더라도 사기를 이유로 교환계약을 취소할 수 없다.

① ㉠, ㉡

② ㉢, ㉣

③ ㉠, ㉡, ㉢

④ ㉡, ㉢, ㉣

⑤ ㉠, ㉡, ㉢, ㉣

POINT

교환계약은 유상·쌍무계약이므로 매매에 관한 규정과 동시이행의 항변권 및 위험부담에 관한 규정이 교환계약에도 적용됩니다. 따라서 이에 대한 판례를 꼭 정리해 두어야 합니다.

해설

㉠ 교환계약은 유상·쌍무계약이다(제596조).

㉡ 보충금에 관하여는 매매대금에 관한 규정을 준용한다(제597조).

㉢ 다른 약정이 없는 한 각 당사자는 목적물의 하자에 대해 담보책임을 부담한다.

㉣ 교환계약의 당사자가 목적물의 시가를 묵비하거나 허위로 시가보다 높은 가액을 시가라고 고지하였다 하더라도 기망행위에 해당하지 않는다(대판 2002.9.4, 2000다54406·54413).

정답 ④

01 교환에 관한 설명으로 **틀린** 것은?

① 교환은 당사자 쌍방이 금전 이외의 재산권을 서로 이전함으로써 성립한다.

② 교환은 유상·쌍무계약이다.

③ 교환은 불요식계약이므로 일정한 서면의 작성은 필요 없다.

④ 교환에 있어서 목적물의 가격이 같지 않을 때에는 차액을 금전으로 지급할 것을 약정하는 경우가 있는데, 이를 보충금이라고 한다.

⑤ 보충금에 대해서는 매매대금에 관한 규정이 준용된다.

02 교환계약에 관한 설명으로 **틀린** 것을 모두 고른 것은? (다툼이 있으면 판례에 따름)

> ㉠ 교환계약은 유상계약이므로 매매에 관한 규정이 준용된다.
> ㉡ 교환계약의 당사자가 목적물의 시가를 묵비하거나 허위로 시가보다 높은 가액을 시가라고 고지하는 것은 기망행위에 해당한다.
> ㉢ 교환계약의 각 당사자는 목적물의 하자에 대하여 담보책임을 부담한다.
> ㉣ 교환계약을 체결하면서 보충금을 지급하기로 한 경우 그 후 목적물이 당사자 쌍방의 책임 없는 사유로 소실한 때에도 보충금지급의무는 소멸하지 않는다.

① ㉠, ㉡   ② ㉠, ㉢

③ ㉡, ㉢   ④ ㉡, ㉣

⑤ ㉢, ㉣

03 甲과 乙은 甲 명의로 등기되어 있는 X토지와 乙 명의로 등기되어 있는 Y건물을 교환하기로 하는 계약을 체결하였다. 그러나 X토지의 소유자가 丙이었던 경우에 다음 설명 중 옳은 것은? ⑧⑧⑩

① X토지가 丙의 소유물이므로 甲과 乙 간의 교환계약은 무효이다.

② 甲은 丙으로부터 X토지의 소유권을 취득하여 乙에게 이전할 의무를 지지 않는다.

③ 甲과 乙 간의 교환계약은 유효하지만, 甲이 丙으로부터 X토지의 소유권을 취득하여 乙에게 이전할 수 없게 된 때에는 乙은 선의인 경우에 한하여 계약을 해제할 수 있다.

④ 甲과 乙 간의 교환계약은 유효하지만, 甲이 丙으로부터 X토지의 소유권을 취득하여 乙에게 이전할 수 없게 된 때에는 乙은 선의인 경우에 한하여 손해배상을 청구할 수 있다.

⑤ 甲과 乙 간의 교환계약은 유효하지만, 甲이 丙으로부터 X토지의 소유권을 취득하여 乙에게 이전할 수 없게 된 때에는 선의의 甲은 乙에게 생긴 손해를 배상하고 계약을 해제할 수 없다.

04 임대차

빠른 정답 CHECK! p.3 / 정답 및 해설 p.85

대표문제 임차인의 지상물매수청구권

乙이 甲으로부터 건물의 소유를 목적으로 X토지를 10년간 임차하여 그 위에 자신의 건물을 신축한 경우에 관한 설명으로 **틀린** 것은? (다툼이 있으면 판례에 따름) 32회

① 특별한 사정이 없는 한 甲이 X토지의 소유자가 아닌 경우에도 임대차계약은 유효하게 성립한다.

② 甲과 乙 사이에 반대약정이 없으면 乙은 甲에 대하여 임대차등기절차에 협력할 것을 청구할 수 있다.

③ 乙이 현존하는 지상건물을 등기해도 임대차를 등기하지 않은 때에는 제3자에 대해 임대차의 효력이 없다.

④ 10년의 임대차 기간이 경과한 때 乙의 지상건물이 현존하는 경우 乙은 임대차계약의 갱신을 청구할 수 있다.

⑤ 乙의 차임연체액이 2기의 차임액에 달하는 경우, 특약이 없는 한 甲은 임대차계약을 해지할 수 있다.

> **POINT**
> 토지임차인을 보호하기 위하여 갱신청구권과 지상물매수청구권을 인정하고 있으므로, 이에 관한 요건과 효과에 대한 판례를 알아두어야 합니다.

> **해설**
> ① 임대인에게 임대목적물에 대한 소유권 기타 임대권한이 없더라도 임대차계약은 성립할 수 있다 (대판 1996.9.6, 94다54641).
> ② 부동산임차인은 당사자간에 반대약정이 없으면 임대인에 대하여 그 임대차등기절차에 협력할 것을 청구할 수 있고, 부동산임대차는 등기한 때부터 제3자에 대하여 효력이 생긴다(제621조).
> ③ 건물의 소유를 목적으로 한 토지임대차는 이를 등기하지 아니한 경우에도 임차인이 그 지상건물을 등기한 때에는 제3자에 대하여 임대차의 효력이 생긴다(제622조 제1항).
> ④ 건물 기타 공작물의 소유 또는 식목, 채염, 목축을 목적으로 한 토지임대차의 기간이 만료한 경우에 건물, 수목 기타 지상시설(이하 '지상물'이라 함)이 현존한 때에는 임차인은 계약의 갱신을 청구할 수 있다(제643조).
> ⑤ 건물 기타 공작물의 소유 또는 식목, 채염, 목축을 목적으로 한 토지임대차의 경우에도 제640조를 준용하므로, 임차인이 연체한 차임이 2기의 차임액에 달하는 때에는 임대인은 계약을 해지할 수 있다(제641조).
>
> 정답 ③

01 임대차에 관한 설명으로 옳은 것은? (다툼이 있으면 판례에 따름)

① 임차인은 임대인에 대하여 필요비의 상환을 청구할 수 없다.

② 임대차가 묵시로 갱신된 경우, 전임대차에 대하여 제3자가 제공한 담보는 원칙적으로 소멸하지 않는다.

③ 건물임대차에서 임차인이 증축부분에 대한 원상회복의무를 면하는 대신 유익비상환청구권을 포기하기로 하는 약정은 특별한 사정이 없는 한 유효하다.

④ 임차인이 임대인의 동의 없이 전대한 경우, 임대인은 임대차를 해지하지 않고 전차인에게 불법점유를 이유로 손해배상을 청구할 수 있다.

⑤ 법정갱신의 경우 전임대차에 대하여 제3자가 제공한 담보는 기간이 만료하더라도 소멸하지 않는다.

02 임대차에 관한 설명으로 <u>틀린</u> 것을 모두 고른 것은? (다툼이 있으면 판례에 따름)

> ㉠ 리스(시설대여)계약에 민법의 임대차에 관한 규정을 적용할 수 있다.
> ㉡ 당사자는 건물임대차의 존속기간을 20년 넘게 약정할 수 있다.
> ㉢ 법정갱신(묵시적 갱신) 규정인 민법 제639조는 임의규정이다.
> ㉣ 타인 소유의 물건에 대한 임대차계약은 원칙적으로 착오를 이유로 취소할 수 없다.

① ㉠, ㉡   ② ㉠, ㉢

③ ㉡, ㉢   ④ ㉡, ㉣

⑤ ㉢, ㉣

03 민법상 임대차계약에 관한 설명으로 옳은 것을 모두 고른 것은? (다툼이 있으면 판례에 따름) 상**중**하

> ㉠ 임대인이 목적물을 임대할 권한이 없어도 임대차계약은 유효하게 성립한다.
> ㉡ 임차기간을 영구로 정한 임대차약정은 특별한 사정이 없는 한 허용된다.
> ㉢ 임대차 종료로 인한 임차인의 원상회복의무에는 임대인이 임대 당시의 부동산 용도에 맞게 다시 사용할 수 있도록 협력할 의무까지 포함된다.

① ㉠
② ㉡
③ ㉠, ㉡
④ ㉡, ㉢
⑤ ㉠, ㉡, ㉢

04 임대차의 갱신에 관한 설명으로 **틀린** 것은? 상**중**하

① 약정한 존속기간이 만료한 경우 당사자는 합의로 존속기간을 자유롭게 갱신할 수 있다.
② 우리 민법은 임대차기간이 만료한 후에도 임차인이 임차물의 사용·수익을 계속하는 경우에, 임대인이 상당한 기간 내에 이의를 제기하지 않은 때에는 전임대차와 동일한 조건으로 다시 임대차한 것으로 간주한다.
③ 법정갱신의 경우 갱신된 임대차는 전임대차와 동일한 내용을 가지므로 임차물·차임·사용수익의 방법·기간 등이 전임대차와 모두 같다.
④ 법정갱신이 된 경우 제3자가 전임대차에 대하여 제공한 담보는 기간의 만료로 소멸한다.
⑤ 당사자들의 합의에 따라 임대차기간을 연장하는 경우에는 제3자가 제공한 담보는 기간이 만료하더라도 소멸하지 않는다.

05 임대차에 관한 설명으로 **틀린** 것은? (다툼이 있으면 판례에 따름) 　　상**중**하

① 임대인은 특약이 없는 한 임차인의 특별한 용도를 위한 사용·수익에 적합한 구조를 유지하게 할 의무까지는 없다.

② 토지임차인이 지상건물을 등기하기 전에 제3자가 그 토지에 관하여 물권취득의 등기를 한 때에는 임차인이 그 지상건물을 등기하더라도 제3자에 대하여 임대차의 효력이 없다.

③ 목적물의 파손 정도가 손쉽게 고칠 수 있을 정도로 사소하여 임차인의 사용·수익을 방해하지 아니한 경우에도 임대인은 수선의무를 부담한다.

④ 공작물의 소유를 목적으로 한 토지임대차에서 임차인의 차임연체액이 2기의 차임액에 달하는 때에는 임대인은 계약을 해지할 수 있다.

⑤ 차임은 반드시 금전이어야 하는 것은 아니며 물건이어도 된다.

06 甲이 자기 소유의 건물을 乙에게 임대한 경우에 관한 설명으로 **틀린** 것은? (다툼이 있으면 판례에 따름) 　　**상**중하

① 차임불증액의 특약이 있더라도 그 특약을 그대로 유지시키는 것이 신의칙에 반한다고 인정될 정도의 사정변경이 있는 경우에는 甲은 乙에게 차임의 증액을 청구할 수 있다.

② 낙뢰에 의하여 건물의 일부가 멸실되어 사용·수익할 수 없게 된 경우 乙이 지급하여야 할 차임액은 당연히 감액되는 것은 아니다.

③ 甲이 임차물의 사용·수익에 필요한 수선의무를 이행하지 아니하여 乙이 임차물을 전혀 사용·수익할 수 없는 경우 乙은 차임 전액의 지급을 거절할 수 있다.

④ 만약 乙이 간이음식점을 경영하기 위하여 간판을 설치하였다면 그 비용을 甲에게 청구할 수 없다.

⑤ 甲의 귀책사유로 임대차계약이 해지된 경우에는 乙은 원상회복의무를 부담하지 않는다.

07 임대차에 관한 설명으로 <u>틀린</u> 것을 모두 고르면? (다툼이 있으면 판례에 따름) 상⑧⑨

> ㉠ 수선의무 면제특약에서 수선의무의 범위를 명시하지 않은 경우 대규모 수선비용도 임차인이 부담한다.
> ㉡ 임차권이 등기되어 있는 경우에는 임대인의 동의가 없더라도 임차권을 양도 또는 임차물을 전대할 수 있다.
> ㉢ 임차인이 임차물에 유익비를 지출한 경우 그 가액의 증가가 현존한 경우에 한하여 자신의 선택에 따라 그 지출금액이나 증가액의 상환을 청구할 수 있다.
> ㉣ 임대인이 임대물의 보존에 필요한 행위를 하는 때에는 임차인은 이를 거절하지 못한다.

① ㉣   ② ㉡, ㉢

③ ㉢, ㉣   ④ ㉠, ㉡, ㉢

⑤ ㉠, ㉢, ㉣

08 임차인의 비용상환청구권에 관한 설명으로 <u>틀린</u> 것은? 상⑧⑨

① 필요비상환청구는 임대차계약의 존속 중에도 가능하다.

② 유익비상환청구는 임대차가 종료한 때에 한한다.

③ 필요비는 모두 임대인의 부담에 속하며, 이에 반하는 약정은 임차인에게 불리한 것으로 무효이다.

④ 유익비는 그 가액의 증가가 현존한 때에 한하여 상환을 청구할 수 있다.

⑤ 유익비상환청구권은 임대인이 목적물을 반환받은 날로부터 6개월 내에 행사하여야 한다.

09 임대인·임차인의 권리와 의무에 관한 설명으로 <u>틀린</u> 것은? (다툼이 있으면 판례에 따름)

① 통상의 임대차에서 임대인은 특별한 사정이 없는 한 임차인의 안전을 배려할 의무까지 부담하는 것은 아니다.

② 기존 건물과 분리되어 독립한 소유권의 객체가 될 수 없는 증축부분이더라도 부속물 매수청구권의 대상이 될 수 있다.

③ 토지임차인의 지상물매수청구권은 형성권으로서 재판상으로뿐만 아니라 재판 외에서도 행사할 수 있다.

④ 임차인이 가구전시장으로 임차하여 사용하던 건물 바닥에 결로현상이 발생한 경우 임대인은 수선의무를 부담한다.

⑤ 토지임차인의 지상물매수청구권은 지상물의 소유자에 한하여 행사할 수 있으며, 그 상대방은 원칙적으로 임차권소멸 당시의 토지소유자인 임대인이다.

10 민법상 임대차의 효력에 관한 설명으로 <u>틀린</u> 것은? (다툼이 있으면 판례에 따름)

① 임차물의 일부가 임차인의 과실 없이 멸실 기타 사유로 인하여 사용·수익할 수 없는 때에는 임차인은 그 부분의 비율에 의한 차임의 감액을 청구할 수 있다.

② 수인이 공동으로 물건을 임차한 때에는 연대하여 차임을 지급할 의무를 부담한다.

③ 일시사용을 위한 임대차에 해당하는 숙박계약의 경우 임대인은 임차인의 안전을 배려할 의무가 있다.

④ 임차인은 임대차가 종료하여 임대인에게 목적물을 반환하는 때에는 이를 원상에 회복하여야 하고, 이에 부속시킨 물건은 철거할 수 있다.

⑤ 임대인이 목적물을 임차인에게 인도한 후에는 특별한 사정이 없는 한 계약존속 중 그 사용·수익에 필요한 상태를 유지하게 할 의무까지 부담하는 것은 아니다.

11 임대차의 효력에 관한 다음 설명 중 옳은 것은? (다툼이 있으면 판례에 따름) 상**중**하

① 임대인은 임차인의 특별한 용도를 위한 사용·수익에 적합한 상태를 유지하게 할 의무를 부담한다.

② 차임불증액의 특약이 있는 경우에는 임대인은 어떠한 경우에도 차임의 증액을 청구할 수 없다.

③ 삼계탕집을 경영하기 위하여 지급한 비용과 간이음식점을 경영하기 위하여 지출한 간판설치비는 유익비에 해당한다.

④ 임차인은 임대차가 종료할 때까지 선량한 관리자의 주의로 목적물을 보관하여야 한다.

⑤ 임차인의 차임연체로 임대인이 임대차계약을 해지하는 경우에는 전차인에 대하여 그 사유를 통지하지 않더라도 해지로써 전차인에게 대항할 수 있다.

12 임대차에 관한 설명으로 <u>틀린</u> 것은? 상**중**하

① 임차인이 유익비를 지출한 경우에는 임대인은 임대차종료 시에 그 가액의 증가가 현존한 때에 한하여 임차인이 지출한 금액이나 그 증가액을 상환하여야 한다.

② 임차인이 임대인의 동의를 얻어 임차물을 전대한 때에는 전차인은 직접 임대인에 대하여 의무를 부담한다.

③ 임대차기간의 약정이 없는 때에는 당사자는 언제든지 계약해지의 통고를 할 수 있다.

④ 식목, 채염, 목축을 목적으로 한 토지임대차의 경우에는 임차인이 1회의 차임을 연체한 때에는 임대인은 계약을 해지할 수 있다.

⑤ 건물 기타 공작물의 임차인이 적법하게 전대한 경우에 전차인이 그 사용의 편익을 위하여 임대인의 동의를 얻어 이에 부속한 물건이 있는 때에는 전대차의 종료 시에 임대인에 대하여 그 부속물의 매수를 청구할 수 있다.

13 甲은 乙에게 그 소유의 건물을 임대하여 준 후 이 건물을 丙에게 양도하였다. 丙이 乙에 대하여 그 건물의 명도청구를 할 경우, 다음 설명 중 옳은 것은? (다툼이 있으면 판례에 따름) 　　　　　　　　　　　　　　　　　　　　　　　　　　　　　상⟨중⟩하

① 乙이 임대차의 등기를 한 경우라고 하더라도 乙은 "매매는 임대차를 깨뜨린다."라는 원칙에 의하여 丙의 명도요구를 거부할 수 없다.

② 만일 丙이 소유권이전등기를 경료하지 않은 상태에서 甲을 대위하여 명도를 구하는 경우라면 乙은 丙에 대하여 보증금반환청구권에 관하여 동시이행의 항변권을 주장할 수 있다.

③ 乙이 주택임차인으로서 「주택임대차보호법」상의 대항력을 갖춘 후 건물이 양도되고, 丙이 임대인의 지위를 승계한 경우라고 하더라도 乙은 甲에 대하여 보증금의 반환을 청구하여야 하고 丙에게는 보증금의 반환을 청구하지 못한다.

④ 甲·乙 사이의 임대차계약에 유익비포기특약이 있는 경우, 이 특약은 乙에게 불리한 약정으로서 강행규정의 위반으로 무효이다. 그러므로 乙이 유익비를 지출한 경우에는 유익비포기특약에도 불구하고 乙은 丙에 대하여 유익비의 상환을 청구할 수 있다.

⑤ 乙이 지출한 내용 중 그 영업에 관계되어 지출한 인테리어비, 간판비 등은 유익비에 해당된다.

14 甲은 자기 소유의 X상가건물을 乙에게 보증금 7억원, 월차임 350만원에 임대하였다. 임대차기간 중 乙은 X상가건물에 유지비 2백만원, 개량비 8백만원을 지출하였고, 그 후 甲은 임대인의 지위를 승계시키지 않은 채 X상가건물을 丙에게 양도하였다. 다음 중 틀린 것은? (다툼이 있으면 판례에 따름) 　　　　　　　　　　　　　　상⟨중⟩하

① 乙은 甲에게 임대차기간 중에도 유지비 2백만원의 상환을 청구할 수 있다.

② X상가건물의 반환을 청구하는 丙에 대하여 乙은 점유자의 비용상환청구권(민법 제203조)에 의하여 丙에게 위 비용의 상환을 청구할 수 있다.

③ X상가건물의 구성부분 일부가 파손되었지만 저렴·용이하게 수선될 수 있어 사용·수익을 방해하지 않을 정도인 경우, 甲은 乙에 대하여 수선의무를 부담하지 않음이 원칙이다.

④ 법원은 甲의 청구에 의하여 개량비 8백만원의 상환기간을 허여할 수 있다.

⑤ 乙은 임차인의 비용상환청구권(민법 제626조)에 기하여 임대차종료 시에 그 가액의 증가가 현존한 때에는 甲에게 유익비의 상환을 청구할 수 있다.

15 건물의 소유를 목적으로 한 토지임대차가 종료한 경우에 임차인의 건물매수청구권에 관한 설명 중 판례의 입장과 <u>다른</u> 것은? (상)(중)(하)

① 임차인의 건물매수청구권은 반드시 재판상 행사할 필요는 없다.

② 그 지상건물이 임대인에게 경제적 가치가 거의 없는 경우에도 매수청구권을 행사할 수 있다.

③ 차임연체 등 임차인의 채무불이행을 이유로 임대차계약이 종료된 경우에는 건물매수청구권을 행사할 수 없다.

④ 기간의 정함이 없는 토지임대차에 있어서 임대인이 해지통고를 한 경우 임차인은 갱신청구권을 행사하지 않고 곧바로 건물매수청구권을 행사할 수 있다.

⑤ 건축허가를 받지 않은 건물의 경우에는 임차인은 매수청구권을 행사할 수 없다.

16 토지임차인의 갱신청구권과 지상물매수청구권에 관한 설명으로 <u>틀린</u> 것은? (다툼이 있으면 판례에 따름) (상)(중)(하)

① 건물의 소유를 목적으로 한 토지임대차의 존속기간이 만료하고 지상물이 현존한 경우 임차인은 임대인에 대하여 계약의 갱신을 청구할 수 있다.

② 임차권이 대항력을 갖춘 경우에는 임대차계약 종료 후 임대인으로부터 토지를 양수한 제3자에 대해서도 매수청구권을 행사할 수 있다.

③ 지상건물의 객관적인 경제적 가치나 임대인에 대한 효용 여부는 지상물매수청구권의 행사요건이 아니다.

④ 임차인이 지상물매수청구권을 행사한 경우에는 임대인은 그 매수를 거절하지 못한다.

⑤ 임대인과 임차인의 합의로 임대차계약을 해지하고 임차인이 지상건물을 철거하기로 약정한 경우에도 임차인은 지상물매수청구권을 행사할 수 있다.

17 甲은 건물 소유를 목적으로 乙 소유의 토지를 10년간 임차하여 그 지상에 건물을 신축하였다. 다음 설명 중 옳은 것은? 상중하

① 임대차기간이 만료한 경우에 甲은 건물이 현존하더라도 계약갱신을 청구할 수 없다.

② 甲·乙 사이의 임대차계약이 甲의 채무불이행으로 인하여 해지되더라도 甲은 乙에게 건물매수청구권을 행사할 수 있다.

③ 甲이 임대차가 종료하기 전에 건물 기타 지상시설 일체를 포기하는 약정을 乙과 하는 것은 특별한 사정이 없는 한 유효하다.

④ 지상건물이 乙에게 경제적 가치가 있는지 여부를 묻지 않고 甲은 매수청구권을 행사할 수 있다.

⑤ 甲의 건물매수청구권 행사에 대하여 乙이 승낙의 의사표시를 하여야 甲·乙 사이에 시가에 의한 매매 유사의 법률관계가 성립한다.

18 甲은 건물 소유를 목적으로 乙 소유의 X토지를 임차한 후, 그 지상에 Y건물을 신축하여 소유하고 있다. 위 임대차계약이 종료된 후, 甲이 乙에게 Y건물에 관하여 지상물매수청구권을 행사하는 경우에 관한 설명으로 <u>틀린</u> 것을 모두 고른 것은? (다툼이 있으면 판례에 따름) 상중하

> ㉠ 특별한 사정이 없는 한 Y건물이 미등기 무허가건물이라도 매수청구권의 대상이 될 수 있다.
>
> ㉡ 임대차기간이 만료되면 甲이 Y건물을 철거하기로 한 약정은 특별한 사정이 없는 한 무효이다.
>
> ㉢ Y건물이 X토지와 제3자 소유의 토지 위에 걸쳐서 건립되었다면, 甲은 Y건물 전체에 대하여 매수청구를 할 수 있다.

① ㉠

② ㉡

③ ㉢

④ ㉡, ㉢

⑤ ㉠, ㉡, ㉢

19 甲 소유의 건물을 임차한 乙은 이를 丙에게 전대하였다. 다음 설명 중 <u>틀린</u> 것은? (다툼이 있으면 판례에 따름) 　　　　　　　　　　　　　　　　상중하

① 甲의 동의가 없더라도 乙과 丙 사이의 전대차계약은 유효하다.

② 甲의 동의가 없는 경우 甲은 乙과의 임대차계약을 해지할 수 있다.

③ 乙이 甲의 동의를 얻어 전대한 경우 丙은 직접 甲에 대하여 의무를 부담한다.

④ 甲의 동의가 없는 경우 甲은 임대차계약 존속 중에도 건물의 불법점유를 이유로 丙에게 차임 상당의 손해배상을 청구할 수 있다.

⑤ 甲의 동의를 얻은 경우 丙이 건물 사용의 편익을 위하여 甲의 동의를 얻어 건물에 물건을 부속했다면, 丙은 전대차종료 시 甲에게 그 매수를 청구할 수 있다.

20 乙은 건물을 소유할 목적으로 甲 소유의 X토지를 임차한 후 甲의 동의를 받지 않고 X토지를 丙에게 전대하였다. 다음 중 <u>틀린</u> 것은? (다툼이 있으면 판례에 따름) 　　　상중하

① 乙은 丙에게 X토지를 인도하여 丙이 사용·수익할 수 있도록 할 의무가 있다.

② 甲은 乙과의 임대차계약이 존속하는 동안에는 丙에게 불법점유를 이유로 손해배상을 청구할 수 없다.

③ 甲은 乙과의 임대차계약이 존속하는 동안에는 丙에게 불법점유를 이유로 부당이득반환을 청구할 수 없다.

④ 임대차기간 만료 시에 丙이 신축한 건물이 X토지에 현존한 경우, 甲이 X토지의 임대를 원하지 않으면 丙은 甲에게 건물을 매수할 것을 청구할 수 있다.

⑤ 만약 乙이 甲의 동의를 얻지 않고 부득이한 사정으로 배우자 丁에게 X토지를 전대한 경우, 乙의 행위가 甲에 대한 배신적 행위라고 볼 수 없다면 甲은 임대차계약을 해지할 수 없다.

21 다음 중 임대인과 임차인 사이의 약정이 유효하게 되는 것은 어느 것인가? (단, 일시사용을 위한 임대차가 아님을 전제로 함)

① 임대인의 수선의무를 배제하는 약정
② 임차인의 과실 없는 임차물의 일부 멸실에 따른 차임감액청구권을 배제하는 약정
③ 건물 소유를 목적으로 하는 토지임대차에서 임차인의 건물매수청구권을 배제하는 약정
④ 건물임대인으로부터 매수한 부속물에 대한 임차인의 매수청구권을 배제하는 약정
⑤ 기간의 약정이 없는 임대차에서 임차인의 해지권을 배제하는 약정

22 다음 중 일시사용을 위한 임대차의 경우에도 적용되는 것은? 상**중**하

① 임대인의 수선의무
② 차임증감청구권
③ 차임연체 시의 해지
④ 부속물매수청구권
⑤ 법정질권

PART 4

민사특별법

최근 5개년 PART4 출제비중

14.5%

최근 5개년 출제경향 분석

CHAPTER	문항 수					비중	☆ 빈출 키워드
	30회	31회	32회	33회	34회		
CH.01	1	2	2	1	1	24%	주택임대차의 대항력
CH.02	1	1	1	1	1	17%	상가건물 임대차의 대항력과 존속기간
CH.03	1	1	1	2	1	21%	집합건물법의 내용, 집합건물의 재건축
CH.04	1	1	1	1	1	17%	가등기담보권의 실행
CH.05	1	1	1	1	2	21%	등기명의신탁, 계약명의신탁

* 복합문제이거나, 법률이 개정 및 제정된 경우 분류 기준에 따라 위 수치와 달라질 수 있습니다.

대표문제 임차권등기명령제도

甲은 乙 소유의 X주택에 관하여 乙과 보증금 3억원으로 하는 임대차계약을 체결하고 2022.3.5. 대항요건과 확정일자를 갖추었다. 丙은 2022.5.6. X주택에 관하여 저당권을 취득하였고, 甲은 2024.3.9. X주택에 임차권등기명령의 집행에 따른 임차권등기를 마쳤다. 이에 관한 설명으로 옳은 것은? (다툼이 있으면 판례에 따름) 31회

① 甲은 임차권등기의 비용을 乙에게 청구할 수 있다.

② 甲이 2024.3.10. 다른 곳으로 이사한 경우, 대항력을 잃는다.

③ 乙의 임차보증금반환의무와 甲의 임차권등기말소의무는 동시이행의 관계에 있다.

④ 경매가 2024.6.9. 개시되어 X주택이 매각된 경우, 甲이 배당요구를 하지 않으면 丙보다 우선변제를 받을 수 없다.

⑤ 만약 2024.4.5. 丁이 X주택을 보증금 2억원에 임차하여 대항요건을 갖춘 다음 X주택이 경매된 경우, 丁은 매각대금에서 丙보다 우선변제를 받을 수 있다.

> **POINT**
> 주택임차인을 보호하기 위한 대항력과 우선변제권에 관한 사례가 거의 매해 출제되므로 판례를 중심으로 내용을 꼭 정리해 두어야 합니다.

> **해설**
> ① 임차인은 임차권등기명령의 신청 및 그에 따른 임차권등기와 관련하여 든 비용을 임대인에게 청구할 수 있다(주택임대차보호법 제3조의3 제8항).
> ② 임차권등기 이후에는 대항요건을 상실하더라도 이미 취득한 대항력 또는 우선변제권을 상실하지 않는다(동법 제3조의3 제5항). 따라서 甲이 2024.3.10. 다른 곳으로 이사하더라도 대항력을 상실하지 않는다.
> ③ 임대인의 임대차보증금반환의무와 임차인의 「주택임대차보호법」상의 임차권등기명령에 의해 등기된 임차권등기의 말소의무는 동시이행관계가 아니라, 임대인의 임대차보증금반환의무가 임차인의 임차권등기말소의무보다 먼저 이행되어야 할 의무이다(대판 2005.6.9, 2005다4529).
> ④ 임차권등기명령에 의하여 임차권등기를 한 임차인은 「민사집행법」 제148조 제4호에 정한 채권자에 준하여 배당요구를 하지 않아도 배당을 받을 수 있다(대판 2005.9.15, 2005다33039).

⑤ 임차권등기명령의 집행에 따른 임차권등기가 끝난 주택을 그 이후에 임차한 임차인은 최우선변제를 받을 권리가 없다(주택임대차보호법 제3조의3 제6항). 丁의 임차보증금은 2억원이므로 최우선변제를 받을 수 있는 임차인에 해당하지 않는다. 따라서 丁은 丙이 피담보채권을 변제받은 후 잔액이 있으면 그로부터 보증금 2억원을 변제받는다.

정답 ①

01 甲은 2024.1.5. 乙로부터 그 소유의 X주택을 보증금 2억원, 월 임료 50만원, 기간은 계약일로부터 1년으로 정하여 임차하는 내용의 계약을 체결하고, 당일 乙에게 보증금을 지급함과 동시에 X주택을 인도받아 주민등록을 마치고 확정일자를 받았다. 다음 중 「주택임대차보호법」의 적용에 관한 설명으로 옳은 것을 모두 고른 것은? (다툼이 있으면 판례에 따름) 상**중**하

⊙ 甲은 2024.1.6. 오전 영시부터 대항력을 취득한다.
ⓛ 제3자에 의해 2024.5.9. 경매가 개시되어 X주택이 매각된 경우, 甲은 경매절차에서 배당요구를 하지 않아도 보증금에 대해 우선변제를 받을 수 있다.
ⓒ 乙이 X주택을 丙에게 매도하고 소유권이전등기를 마친 경우, 乙은 특별한 사정이 없는 한 보증금반환의무를 면한다.

① ⊙

② ⓛ

③ ⊙, ⓒ

④ ⓛ, ⓒ

⑤ ⊙, ⓛ, ⓒ

02 甲은 자기 소유의 X주택을 乙에게 임대하여 인도하였다. 다음 설명 중 **틀린** 것은? (甲과 乙 사이에 별도의 특약은 없으며, 다툼이 있으면 판례에 따름) 상(중)하

① 乙이 주민등록을 X주택으로 옮긴 다음 날 丙이 그 주택을 매수하여 소유권을 취득하였다면 임대차관계의 존속 중에는 乙에 대하여 주택의 인도를 청구할 수 없다.

② 乙이 상속권자 없이 사망한 경우에 그와 X주택에서 가정공동생활을 하던 사실상 혼인관계에 있는 사람은 임차인으로서의 권리와 의무를 승계한다.

③ 乙이 연속하지 않은 2달분의 차임을 연체한 경우, 甲은 임대차계약을 해지할 수 있다.

④ 甲과 乙 사이의 임대차계약 체결 전에 설정된 丙의 저당권이 실행된 경우, 乙은 소액보증금을 제외하고는 매각대금(경락대금)에 대하여 丙보다 우선변제를 받을 수 없다.

⑤ 乙이 주민등록을 X주택으로 옮긴 다음 날 丙이 그 주택의 소유권을 취득하였다면 乙은 임대차관계가 종료한 후에 보증금의 반환을 甲 또는 丙에게 청구할 수 있다.

 기출응용 32회

03 「주택임대차보호법」상의 대항력에 관한 설명으로 **틀린** 것은? (단, 일시사용을 위한 임대차가 아니고 임차권등기가 이루어지지 아니한 경우를 전제하며 다툼이 있으면 판례에 따름) 상(중)하

① 임차인이 타인의 점유를 매개로 임차주택을 간접점유하는 경우에도 대항요건인 점유가 인정될 수 있다.

② 임차인이 지위를 강화하고자 별도로 전세권설정등기를 마친 후 「주택임대차보호법」상의 대항요건을 상실한 경우, 「주택임대차보호법」상의 대항력을 상실한다.

③ 주민등록을 마치고 거주하던 자기 명의의 주택을 매도한 자가 매도와 동시에 이를 다시 임차하기로 약정한 경우, 매수인 명의의 소유권이전등기 여부와 관계없이 대항력이 인정된다.

④ 대항요건은 대항력의 취득 시에만 구비하면 충분한 것이 아니고 대항력을 유지하기 위하여 계속 존속하여야 한다.

⑤ 주민등록의 신고는 행정청에 도달하기만 하면 신고로서의 효력이 발생하는 것이 아니라 행정청이 수리한 경우에 비로소 신고의 효력이 발생한다.

04 「주택임대차보호법」상의 대항요건에 관한 판례의 태도로 **틀린** 것은? 　상**중**하

① 대항요건은 임차인 본인뿐만 아니라 그 배우자나 자녀 등 가족의 주민등록을 포함한다.

② 대항요건은 대항력의 취득 시에만 구비하면 충분한 것이 아니고, 대항력을 유지하기 위하여 계속 존속하여야 한다.

③ 임차인이 대항력을 취득한 후 가족과 함께 일시 다른 곳으로 주민등록을 이전하였다가 재전입한 경우, 원래의 대항력은 소멸하고 재전입 시부터 새로운 대항력을 취득하는 것이다.

④ 국민주택기금을 재원으로 하여 저소득층 무주택자에게 주거생활 안정을 목적으로 전세임대주택을 지원하는 법인이 주택을 임차한 후 지방자치단체의 장 또는 그 법인이 선정한 입주자가 그 주택을 인도받고 주민등록을 마쳤을 때에는 그 다음 날부터 대항력을 취득한다.

⑤ 자기 명의의 주택을 매도하면서 동시에 그 주택을 임차하는 경우 매도인이 임차인으로서 가지는 대항력은 매수인 명의의 소유권이전등기가 경료된 날부터 효력이 발생한다.

05 乙은 甲 소유의 X주택에 대하여 보증금 3억원으로 하는 임대차계약을 甲과 체결한 다음 즉시 대항요건을 갖추고 확정일자를 받아 현재 거주하고 있다. 다음 설명 중 옳은 것은? 　상**중**하

① 묵시적 갱신으로 인한 임대차계약의 존속기간은 1년이다.

② 乙의 차임연체액이 3기의 차임액에 달하는 경우에 한하여 甲은 임대차계약을 해지할 수 있다.

③ 임대차계약이 묵시적으로 갱신된 경우, 甲은 언제든지 乙에게 계약해지를 통지할 수 있다.

④ 임대차가 종료한 후 甲이 보증금을 반환하지 않는 경우 乙은 X주택의 소재지를 관할하는 법원에 임차권등기명령을 신청할 수 있다.

⑤ 임대차계약 후 6개월이 지난 시점에 경제사정이 변동된 경우 甲은 약정한 보증금의 20분의 1 범위 내에서 증액을 청구할 수 있다.

06 甲은 乙 소유의 주택을 임차하였다. 다음 중 <u>틀린</u> 것은? (다툼이 있으면 판례에 따름)

(상)(중)(하)

① 甲의 배우자나 자녀의 주민등록은 「주택임대차보호법」상의 대항요건인 주민등록에 해당하지 않는다.

② 甲의 의사와 무관하게 甲의 주민등록이 행정기관에 의해 직권말소된 경우, 임차권은 대항력을 상실함이 원칙이다.

③ 대항력 있는 임대차가 종료된 후 임차주택이 양도되더라도 甲이 지위승계에 관하여 이의를 제기하면 乙의 甲에 대한 보증금반환채무는 소멸하지 않는다.

④ 甲이 임차주택에 실제 거주하지 않는 경우, 甲과의 점유매개관계에 기하여 그 주택에 실제 거주하는 자가 자신의 주민등록을 마친 때에는 甲이 대항력을 취득할 수 있다.

⑤ 만일 乙 소유 주택에 이미 丙의 저당권이 설정되어 있었다면, 甲은 대항력을 갖추었더라도 丙의 담보권 실행으로 임차주택을 취득한 자에 대하여 임차권을 주장할 수 없다.

07 주택임대차에 관한 판례의 입장과 <u>다른</u> 것을 모두 고른 것은? 　⑤③⑥

> ⊙ 「주택임대차보호법」의 적용을 받는 주거용 건물에 해당하는지의 여부는 임대차목적
>   물의 공부상 표시만을 기준으로 할 것이 아니라 그 실지용도에 따라 정하여야 한다.
> ⓒ 임차인이 임대인의 승낙을 받아 임차주택을 전대하고 그 전차인이 주택을 인도받아
>   자신의 주민등록을 마친 경우 그때로부터 임차인은 대항력을 취득한다.
> ⓒ 임차인은 임차주택을 양수인에게 인도하지 아니하면 보증금을 받을 수 없다. 따라서
>   임차인의 주택인도의무가 보증금의 수령보다 선이행되어야 한다.
> ⓔ 「주택임대차보호법」상의 대항력과 우선변제권의 두 가지 권리를 겸유하고 있는 임
>   차인이 임차주택에 대한 경매절차에서 보증금 전액을 배당받지 못한 때에는 보증금
>   중 배당받을 수 있었던 금액을 공제한 잔액에 관하여 경락인에게 대항하여 이를 반
>   환받을 때까지 임대차관계의 존속을 주장할 수 있다.
> ⓜ 실제 임대차계약의 주된 목적이 주택을 사용·수익하려는 것에 있는 것이 아니고 실
>   제적으로 소액임차인으로 보호받아 선순위담보권자에 우선하여 채권을 회수하려는
>   것에 주된 목적이 있었던 경우에도 「주택임대차보호법」상 소액임차인인 이상 우선
>   변제를 받을 수 있다.

① ㉠, ㉢　　　　　　　　　　② ㉡, ㉣
③ ㉡, ㉤　　　　　　　　　　④ ㉢, ㉤
⑤ ㉣, ㉤

08 주택의 임차인이 2024년 7월 1일에 주택을 인도받고, 7월 5일에 주민등록을 마치고
같은 날에 확정일자를 받은 경우 「주택임대차보호법」상 우선변제권이 발생하는 시기는?

　⑤⑥⑥

① 7월 1일　　　　　　　　　　② 7월 2일
③ 7월 5일　　　　　　　　　　④ 7월 6일
⑤ 7월 7일

09 「주택임대차보호법」상의 임차권등기명령제도에 관한 설명으로 **틀린** 것은? 상**중**하

① 임대차가 종료된 후 보증금을 반환받지 못한 임차인은 임차주택의 소재지를 관할하는 지방법원·지방법원지원 또는 시·군 법원에 임차권등기명령을 신청할 수 있다.

② 임차권등기명령의 집행에 의한 임차권등기가 경료되면 임차인은 대항력 및 우선변제권을 취득한다.

③ 임차권등기 이후 대항요건을 상실하더라도 이미 취득한 대항력 또는 우선변제권을 상실하지 않는다.

④ 임차권등기명령의 신청 및 그에 따른 임차권등기와 관련하여 소요된 비용을 임대인에게 청구할 수 있다.

⑤ 임차권등기명령의 집행에 의한 임차권등기가 경료된 주택을 그 이후에 임차한 임차인에게는 우선변제권이 인정되지 않는다.

기출응용 32회

10 「주택임대차보호법」상 임차인의 계약갱신요구권에 관한 설명으로 **틀린** 것을 모두 고른 것은? 상**중**하

> ㉠ 임대차기간이 끝나기 6개월 전부터 1개월 전까지의 기간에 행사해야 한다.
> ㉡ 임차인은 1회에 한하여 계약갱신요구권을 행사할 수 있다.
> ㉢ 임차인이 1기의 차임액에 해당하는 금액에 이르도록 차임을 연체한 사실이 있으면 임대인은 임차인의 계약갱신요구를 거절할 수 있다.

① ㉠
② ㉡
③ ㉢
④ ㉠, ㉢
⑤ ㉡, ㉢

11 주택임대차에 관한 설명으로 **틀린** 것은? (다툼이 있으면 판례에 따름)

① 「주택임대차보호법」상의 대항력과 우선변제권의 두 가지 권리를 겸유하고 있는 임차인이 제1경매절차에서 보증금 전액에 대하여 배당요구를 하였으나 보증금 전액을 배당받을 수 없었던 때에는 제2경매절차에서도 우선변제권에 의한 배당을 받을 수 있다.

② 임대인의 임대차보증금의 반환의무는 임차인의 임차권등기명령(주택임대차보호법 제3조의3 규정)에 따른 임차권등기말소의무보다 먼저 이행되어야 할 의무이다.

③ 등기부상 동·호수 표시인 '다동 103호'와 불일치한 '라동 103호'로 된 주민등록은 임대차의 공시방법으로서 유효하다고 할 수 없다.

④ 임차인이 주택의 인도를 받고 전입신고와 확정일자를 받은 익일에 동일자로 저당권이 설정되고 그 저당권이 실행된 경우에도 임차인은 경락인에게 대항할 수 있다.

⑤ 임차주택의 대지만을 경락받은 자는 임대인의 지위를 승계하는 임차주택의 양수인에 해당하지 않는다.

12 주택임대차에 관한 설명으로 옳은 것을 모두 고른 것은? (다툼이 있으면 판례에 따름)

> ㉠ 주택의 인도 및 주민등록과 그 주택에 대한 제3자의 저당권등기가 같은 날 이루어진 경우 임차인은 경락인에게 대항할 수 있다.
>
> ㉡ 대항력과 우선변제권을 모두 갖춘 임차인이 보증금반환청구소송의 확정판결 등 집행권원을 얻어 임차주택에 대하여 스스로 강제경매를 신청한 경우에는 별도로 배당요구를 할 필요가 없다.
>
> ㉢ 소액보증금의 임차인이라 할지라도 당해 목적물의 경매절차에서 소액보증금의 지급을 받지 못한 이상 그 임차주택의 경락인에 대하여 소액보증금의 우선변제를 요구할 수는 없다.
>
> ㉣ 「주택임대차보호법」은 임차주택의 일부가 주거 외의 목적으로 사용되는 경우에는 적용되지 않는다.

① ㉠, ㉡   ② ㉠, ㉢

③ ㉠, ㉣   ④ ㉡, ㉢

⑤ ㉡, ㉣

13 「주택임대차보호법」상의 주택임대차에 관한 설명으로 **틀린** 것은? (다툼이 있으면 판례에 따름) ⑨⑤⑩

① 대지의 환가대금에 대한 최우선변제는 대지에 관한 저당권설정 당시에 이미 그 지상 건물이 존재하는 경우에만 적용될 수 있다.

② 임차인이 임차주택에 대하여 보증금반환청구소송의 확정판결 기타 이에 준하는 집행 권원에 기한 경매를 신청하는 경우에는 주택의 인도 등 반대의무의 이행 또는 이행의 제공을 집행개시의 요건으로 하지 아니한다.

③ 임차인이 사망한 경우에 사망 당시 상속권자가 그 주택에서 가정공동생활을 하고 있지 아니한 때에는 그 주택에서 가정공동생활을 하던 사실상의 혼인관계에 있는 자와 2촌 이내의 친족은 공동으로 임차인의 권리와 의무를 승계한다.

④ 임차권등기명령에 의하여 임차권등기를 한 임차인은 배당요구를 하여야 배당을 받을 수 있다.

⑤ 「민사집행법」에 따른 경매 또는 「국세징수법」에 따른 공매절차에서 임차인은 임차주택을 양수인에게 인도하지 아니하면 우선변제될 보증금을 받을 수 없다.

14 대항력 있는 주택임대차에 관한 설명으로 **틀린** 것은? (다툼이 있으면 판례에 따름) ⑨⑤⑩

① 「주택임대차보호법」상의 대항력과 우선변제권을 가지고 있는 임차인이 임차주택에 대한 경매절차에서 보증금 전액을 배당받을 수 있는 경우 임차권의 소멸시기는 임차인에 대한 배당표가 확정될 때이다.

② 정확한 지번과 동·호수로 주민등록 전입신고서를 작성·제출하였는데 담당공무원이 착오로 수정을 요구하여, 잘못된 지번으로 수정하고 동·호수 기재를 삭제한 주민등록 전입신고서를 다시 작성·제출하여 그대로 주민등록이 된 경우에는 대항력이 인정된다.

③ 임차권등기명령의 신청과 그에 따른 임차권등기와 관련하여 든 비용을 임대인에게 청구할 수 있다.

④ 임대차가 묵시적으로 갱신되면 그 기간은 다시 2년으로 된다.

⑤ 임대차계약의 주된 목적이 주택을 사용·수익하려는 데 있는 것이 아니고 소액임차인으로 보호받아 기존채권을 회수하려는 데에 있는 경우에는 「주택임대차보호법」상의 소액임차인으로 보호받을 수 없다.

15 甲은 乙과 주택임대차계약을 체결하였다. 임차보증금은 3억원이었고, 甲은 6월 24일 입주하여 그날 전입신고를 마치고 계약서상 확정일자를 받았다. 乙은 7월 24일 丙은행으로부터 2억원을 대출받으면서 자신의 주택에 최고액을 2억원으로 하는 근저당을 설정하였다. 그로부터 1년 뒤 乙이 채무를 변제하지 않자 丙은행은 근저당권을 실행하여 丁이 주택의 소유권자가 되었다. 다음 설명 중 틀린 것은? ❸⑤⑥

① 甲은 丁에 대하여 자신의 임차권을 주장할 수 있다.

② 丁은 乙의 임대인으로서의 지위를 이전받는다.

③ 임대차기간이 만료된 경우 임차권등기명령의 집행에 따른 임차권등기가 경료된 때에는 甲은 대항력과 우선변제권을 취득한다.

④ 甲은 丁에게 자신의 임차권을 주장할 수 있기 때문에 보증금을 우선변제받을 수는 없다.

⑤ 위 사안의 주택에 임대차계약 전에 이미 A의 저당권이 설정되어 있었다면, 丙은행이 근저당권을 실행하면 임차권이 비록 丙은행의 근저당권보다 선순위이지만 소멸한다.

> **대표문제** 「상가건물 임대차보호법」의 적용범위

甲은 2024년 2월 1일 서울특별시에 위치한 乙 소유 X상가건물에 대하여 보증금 5억원, 월차임 5백만원으로 임대차계약을 체결하였다. 甲은 2024년 2월 15일 건물의 인도를 받아 영업을 개시하고, 사업자등록을 신청하였다. 이에 관한 설명으로 옳은 것을 모두 고른 것은? (다툼이 있으면 판례에 따름)   기출응용 32회

> ㉠ 위 계약에는 확정일자 부여 등에 대해 규정하고 있는 「상가건물 임대차보호법」 제4조의 규정이 적용된다.
> ㉡ 甲이 임차건물의 일부를 중과실로 파손하더라도 乙은 甲의 계약갱신요구를 거절할 수 없다.
> ㉢ 甲이 2개월분의 차임을 연체하던 중 매매로 건물의 소유자가 丙으로 바뀐 경우, 특별한 사정이 없는 한 연체차임은 乙에게 지급해야 한다.

① ㉠   ② ㉡   ③ ㉢
④ ㉠, ㉡   ⑤ ㉠, ㉢

POINT

「상가건물 임대차보호법」은 동법의 적용을 받기 위한 보증금의 제한을 반드시 정리해야 합니다. 또 보증금의 제한을 초과했을 때에도 인정되는 제도도 아울러 암기해 두어야 합니다.

해설

㉠ 서울의 경우 「상가건물 임대차보호법」의 적용을 받기 위해서는 보증금이 9억원 이하이어야 하고, 보증금 외에 차임이 있는 경우에는 그 차임액에 100을 곱하여 환산한 금액을 포함하여야 한다. 따라서 위 사안의 경우 보증금 5억원 + (월차임 5백만원 × 100) = 10억원이므로 원칙적으로 「상가건물 임대차보호법」 규정이 적용되지 않는다(상가건물 임대차보호법 제2조 제1항 참조). 따라서 위 계약에는 확정일자 부여 등에 대해 규정하고 있는 「상가건물 임대차보호법」 제4조의 규정이 적용되지 않는다.

㉡ 임차인이 임차한 건물의 전부 또는 일부를 고의나 중대한 과실로 파손한 경우 임대인은 임차인의 계약갱신요구를 거절할 수 있다(동법 제10조 제1항 제5호).

㉢ 임차건물의 양수인이 임대인의 지위를 승계하면, 양수인은 임차인에게 보증금반환의무를 부담하고 임차인은 양수인에게 차임지급의무를 부담한다. 그러나 임차건물의 소유권이 이전되기 전에 이미 발생한 연체차임이나 관리비 등은 별도의 채권양도절차가 없는 한 원칙적으로 양수인에게 이전되지 않는다(대판 2017.3.22, 2016다218874).

정답 ③

01 「상가건물 임대차보호법」의 적용을 받는 임대차에 관한 설명으로 옳은 것을 모두 고른 것은?

상**중**하

> ㉠ 사실행위와 더불어 영리를 목적으로 하는 활동이 함께 이루어진 경우에도 「상가건물 임대차보호법」이 적용된다.
> ㉡ "계약이 종료하면 임차인은 목적물을 원상으로 회복하여 반환한다."라는 특약이 임차인의 비용상환청구권을 배제하는 취지라면 임차인에게 불리하므로 무효이다.
> ㉢ 임차권등기명령에 따라 임차권등기가 경료된 후에 건물을 임차한 자에게는 우선변제권이 인정되지 않는다.
> ㉣ 우선변제에 필요한 사업자등록은 배당요구의 종기까지 존속하고 있어야 한다.

① ㉠, ㉡　　　　　　　　　　　　② ㉠, ㉣
③ ㉡, ㉢　　　　　　　　　　　　④ ㉡, ㉣
⑤ ㉠, ㉢, ㉣

02 「상가건물 임대차보호법」에 관한 설명으로 옳은 것은?

상**중**하

① 임차인이 건물의 인도와 사업자등록을 신청하면 그 날부터 제3자에 대하여 효력이 생긴다.
② 임차인이 임차한 건물을 중대한 과실로 전부 파손한 경우, 임대인은 권리금회수의 기회를 보장할 필요가 없다.
③ 임차인은 임대인에게 계약갱신을 요구할 수 있으나 전체 임대차기간이 5년을 초과해서는 안 된다.
④ 임차인이 임차건물에 대하여 보증금반환청구소송의 확정판결에 의하여 경매를 신청하는 경우에는 건물명도의무의 이행은 집행개시요건이다.
⑤ 임대차계약이 묵시적으로 갱신된 경우, 임차인의 계약해지의 통고가 있으면 임대인이 통고를 받은 날부터 1개월이 지나면 해지의 효력이 발생한다.

03 상가건물 임대차에 관한 설명 중 **틀린** 것은? (다툼이 있으면 판례에 따름) (상)**(중)**(하)

① 사실행위와 더불어 영리를 목적으로 하는 활동이 함께 이루어진 경우에는 「상가건물 임대차보호법」 적용대상인 상가건물에 해당한다.

② 보증금에 대한 우선변제를 받기 위해서는 사업자등록이 배당요구의 종기까지 존속하고 있어야 한다.

③ 건물을 인도받고 사업자등록을 신청한 임차인은 「민사집행법」에 따른 경매 시 임차건물의 환가대금에서 후순위권리자나 그 밖의 채권자보다 우선하여 보증금을 변제받을 권리가 있다.

④ 소유권이전등기청구권을 보전하기 위한 가등기가 경료된 후에 「상가건물 임대차보호법」상 대항력을 취득한 임차인은 그 가등기에 기하여 본등기를 경료한 자에 대하여 임대차의 효력으로써 대항할 수 없다.

⑤ 「상가건물 임대차보호법」이 적용되는 상가건물의 과반수지분권자인 임대인은 단독으로 임차인에게 갱신거절의 통지를 할 수 있다.

기출응용 32회

04 甲이 2024.2.10. 乙 소유의 X상가건물을 乙로부터 보증금 10억원에 임차하여 「상가건물 임대차보호법」상의 대항요건과 확정일자를 갖추고 영업하고 있다. 다음 설명 중 **틀린** 것은? (상)**(중)**(하)

① 甲의 계약갱신요구권은 최초의 임대차기간을 포함한 전체 임대차기간이 10년을 초과하지 아니하는 범위에서만 행사할 수 있다.

② 甲과 乙 사이에 임대차기간을 6개월로 정한 경우, 乙은 그 기간이 유효함을 주장할 수 있다.

③ 甲의 계약갱신요구권에 따라 갱신되는 임대차는 전임대차와 동일한 조건으로 다시 계약된 것으로 본다.

④ X건물이 경매로 매각된 경우, 甲은 특별한 사정이 없는 한 보증금에 대해 일반채권자보다 우선하여 변제받을 수 있다.

⑤ 임대차종료 후 보증금이 반환되지 않은 경우, 甲은 X건물의 소재지 관할법원에 임차권등기명령을 신청할 수 없다.

05 乙은 식당을 운영하기 위해 2024.5.1. 甲으로부터 그 소유의 서울특별시 소재 X상가건물을 보증금 10억원, 월 임료 100만원, 기간은 정함이 없는 것으로 하여 임차하는 상가임대차계약을 체결하였다. 다음 설명 중 옳은 것을 모두 고른 것은? (다툼이 있으면 판례에 따름) 상**중**하

> ㉠ X상가건물을 인도받고 사업자등록을 마친 乙은 대항력을 주장할 수 있다.
> ㉡ 乙은 甲에게 1년의 존속기간을 주장할 수 없다.
> ㉢ 乙은 甲에게 계약갱신요구권을 주장할 수 없다.

① ㉠
② ㉢
③ ㉠, ㉡
④ ㉡, ㉢
⑤ ㉠, ㉡, ㉢

06 다음 설명 중 옳은 것을 모두 고른 것은? (다툼이 있으면 판례에 따름) 상**중**하

> ㉠ 상가건물 임차인의 차임연체액이 3기의 차임액에 달하는 때에는 임대인은 계약을 해지할 수 있다.
> ㉡ 기간을 정하지 아니하거나 기간을 2년 미만으로 정한 상가건물 임대차는 그 기간을 2년으로 본다. 다만, 상가건물 임차인은 2년 미만으로 정한 기간이 유효함을 주장할 수 있다.
> ㉢ 상가건물 임차인의 계약갱신요구권은 최초의 임대차기간을 포함한 전체 임대차기간이 10년을 초과하지 않는 범위 내에서만 행사할 수 있다.
> ㉣ 상가건물 임대차는 그 등기가 없는 경우에도 임차인이 건물의 인도와 「부가가치세법」 등에 따른 사업자등록을 신청한 때에는 그 날부터 제3자에 대하여 효력이 생긴다.
> ㉤ 「상가건물 임대차보호법」상 임차인이 그가 주선한 신규임차인이 되려는 자로부터 권리금을 지급받는 것을 방해한 임대인에게 손해배상을 청구할 권리는 임대차가 종료한 날부터 3년 이내에 행사하지 않으면 시효의 완성으로 소멸한다.

① ㉠, ㉡
② ㉠, ㉤
③ ㉡, ㉢
④ ㉣, ㉤
⑤ ㉠, ㉢, ㉤

07 상가건물 임대차에 관한 설명으로 **틀린** 것은? (다툼이 있으면 판례에 따름) ㊖㊗㊅

① 임대차 목적물인 상가건물이 「국유재산법」에 따른 국유재산 또는 「공유재산 및 물품
관리법」에 따른 공유재산인 경우에는 권리금 회수기회의 보장에 관한 규정이 적용되
지 않는다.

② 상가건물을 임차하고 사업자등록을 마친 사업자가 임차건물의 전대차 등으로 당해
사업을 개시하지 않거나 사실상 폐업한 경우에는 그 사업자등록은 「부가가치세법」
및 「상가건물 임대차보호법」이 상가임대차의 공시방법으로 요구하는 적법한 사업자
등록이라고 볼 수 없다.

③ 위 ②의 경우 임차인이 「상가건물 임대차보호법」상의 대항력 및 우선변제권을 유지
하기 위해서는 건물을 직접 점유하면서 사업을 운영하는 전차인이 그 명의로 사업자
등록을 하여야 한다.

④ 소유권이전등기청구권을 보전하기 위한 가등기가 경료된 후에 「상가건물 임대차보호
법」상 대항력을 취득한 임차인은 그 가등기에 기하여 본등기를 경료한 자에 대하여
임대차의 효력으로써 대항할 수 있다.

⑤ 임차인이 3기의 차임액에 이르도록 차임을 연체한 사실이 있는 경우 임대인은 임차
인의 계약갱신요구를 거절할 수 있다.

08 「상가건물 임대차보호법」상 임대인이 임차인의 계약갱신요구를 거절할 수 있는 경우로
틀린 것을 모두 고른 것은? ㊖㊗㊅

> ㉠ 임차인이 2기의 차임액에 이르도록 차임을 연체한 사실이 있는 경우
> ㉡ 임차인이 임대인의 동의 없이 목적건물의 일부만을 전대한 경우
> ㉢ 임차인이 임차한 건물의 일부를 고의로 파손한 경우
> ㉣ 임차인이 임차한 건물의 일부를 경과실로 파손한 경우
> ㉤ 임대인이 목적건물의 일부를 철거하거나 재건축하기 위해 목적건물의 점유회복이
>   필요한 경우
> ㉥ 임차한 건물의 일부가 멸실되었으나 임대차의 목적을 달성할 수 있는 경우

① ㉠, ㉢   ② ㉡, ㉣

③ ㉠, ㉢, ㉥   ④ ㉠, ㉡, ㉣, ㉤

⑤ ㉠, ㉣, ㉤, ㉥

09 乙은 2024년 7월 1일에 甲 소유의 X상가건물(서울 소재)을 보증금 5천만원에 임차하여 인도받은 후 「부가가치세법」 등에 의한 사업자등록을 구비하고 확정일자도 받았다. 다음 설명 중 옳은 것은? (다툼이 있으면 판례에 따름) 상중하

① 乙은 임대차가 종료되기 전이라도 임차권등기명령을 신청할 수 있다.

② 사업자등록은 대항력 또는 우선변제권의 취득요건일 뿐이고 존속요건은 아니다.

③ 乙이 X상가건물의 일부를 경과실로 파손한 경우, 甲은 乙의 계약갱신요구를 거절할 수 있다.

④ 乙은 최초의 임대차기간을 포함한 전체 임대차기간이 10년을 초과한 경우에도 계약 갱신을 요구할 권리가 있다.

⑤ 乙이 X상가건물의 환가대금에서 보증금 중 일정액을 우선변제받기 위해서는 경매신청의 등기 전에 대항요건을 갖추어야 한다.

10 상가임대인이 그의 임차인이 주선한 신규임차인으로 되려는 자와 임대차계약의 체결을 거절할 수 있는 경우를 모두 고른 것은? 상중하

㉠ 임대차 목적물인 상가건물을 1년 6개월 동안 영리목적으로 사용하지 아니한 경우
㉡ 임차인이 주선한 신규임차인이 되려는 자가 보증금을 지급할 자력이 없는 경우
㉢ 임대인이 선택한 신규임차인이 임차인과 권리금계약을 체결하고 그 권리금을 지급한 경우
㉣ 임차인이 주선한 신규임차인이 되려는 자가 임차인으로서의 의무를 위반할 우려가 있는 경우

① ㉠, ㉡

② ㉡, ㉣

③ ㉠, ㉡, ㉢

④ ㉡, ㉢, ㉣

⑤ ㉠, ㉡, ㉢, ㉣

대표문제 「집합건물의 소유 및 관리에 관한 법률」의 내용

「집합건물의 소유 및 관리에 관한 법률」에 관한 설명으로 **틀린** 것을 모두 고른 것은? (다툼이 있으면 판례에 따름)

기출응용 32회

> ㉠ 구분건물이 객관적·물리적으로 완성되더라도 그 건물이 집합건축물대장에 등록되지 않는 한 구분소유권의 객체가 되지 못한다.
> ㉡ 집합건물구분소유권의 특별승계인이 그 구분소유권을 다시 제3자에게 이전한 경우, 관리규약에 달리 정함이 없는 한, 그 제3자만 전(前)구분소유자의 공용부분에 대한 체납관리비를 지급할 책임이 있다.
> ㉢ 입주자대표회의는 공동주택의 구분소유자를 대리하여 공용부분 등의 구분소유권에 기초한 방해제거청구 등의 권리를 행사할 수 없다.

① ㉠

② ㉡

③ ㉢

④ ㉠, ㉡

⑤ ㉡, ㉢

POINT

구분건물이 되기 위한 요건과 전입주자 체납관리비의 승계문제에 대한 판례의 태도를 잘 정리해 두어야 합니다.

해설

㉠ 구분건물이 되기 위해서는 구분된 각 부분이 구조상·이용상의 독립성이 있어야 하고 소유자의 구분행위가 있어야 한다(대판 1999.7.27, 98다35020). 구분행위로 인정받기 위해서 집합건축물대장에 등록되거나 구분건물로서 등기부에 등기까지 될 필요는 없다(대판 전합체 2013.1.17, 2010다71578).

㉡ 구분소유권의 특별승계인은 구분소유권을 다시 제3자에 이전한 경우에도 이전 구분소유자들의 채무를 중첩적으로 인수하므로, 여전히 자신의 전(前)구분소유자의 공용부분에 대한 체납관리비를 지급할 책임을 진다(대판 2008.12.11, 2006다50420).

㉢ 입주자대표회의는 공동주택의 관리에 관한 사항을 결정하여 시행하는 등의 관리권한만을 가질 뿐으로, 공동주택의 구분소유자를 대리하여 공용부분 등의 구분소유권에 기초한 방해제거청구 등의 권리를 행사할 수 없다(대판 2003.6.24, 2003다17774).

정답 ④

01 「집합건물의 소유 및 관리에 관한 법률」에 관한 설명으로 옳은 것을 모두 고른 것은?

> ㉠ 각 공유자는 공용부분을 그 용도에 따라 사용할 수 있다.
> ㉡ 전유부분에 관한 담보책임의 존속기간은 사용검사일부터 기산한다.
> ㉢ 구조상 공용부분에 관한 물권의 득실변경은 그 등기를 해야 효력이 발생한다.
> ㉣ 집합건물구분소유권의 특별승계인이 그 구분소유권을 다시 제3자에게 이전한 경우, 관리규약에 달리 정함이 없는 한, 각 특별승계인들은 자신의 전(前)구분소유자의 공용부분에 대한 체납관리비를 지급할 책임이 있다.

① ㉠
② ㉢
③ ㉠, ㉡
④ ㉠, ㉣
⑤ ㉡, ㉢, ㉣

02 「집합건물의 소유 및 관리에 관한 법률」의 내용으로 틀린 것은?

① 공유자는 그가 가지는 전유부분과 분리하여 공용부분에 대한 지분을 처분할 수 없다.
② 대지 위에 구분소유권의 목적인 건물이 속하는 1동의 건물이 있을 때에는 그 대지의 공유자는 그 건물의 사용에 필요한 범위 내의 대지에 대하여는 분할을 청구할 수 없다.
③ 구분소유자 전원의 동의로 소집된 관리단집회의 경우에도 소집절차에서 통지되지 않은 사항에 대해서는 결의할 수 없다.
④ 구분소유자의 5분의 1 이상이 회의의 목적 사항을 구체적으로 밝혀 관리단집회의 소집을 청구하면 관리인은 관리단집회를 소집하여야 한다.
⑤ 규약의 변경은 관리단집회에서 구분소유자의 4분의 3 이상 및 의결권의 4분의 3 이상의 찬성을 얻어서 한다.

03 「집합건물의 소유 및 관리에 관한 법률」에 관한 설명으로 <u>틀린</u> 것은?

① 각 공유자는 지분비율로 공용부분을 사용할 수 있다.

② 각 공유자의 지분은 그가 가지는 전유부분의 면적비율에 따른다.

③ 관리인은 매년 회계연도 종료 후 3개월 이내에 정기 관리단집회를 소집하여야 한다.

④ 공용부분은 그의 전유부분의 처분에 따르고, 공용부분에 대한 지분권만을 분리하여 처분할 수 없는 것이 원칙이다.

⑤ 구분소유자가 대지사용권을 포기하거나 상속인 없이 사망하더라도 그 대지사용권은 다른 구분소유자에게 귀속하지 않는다.

기출응용 34회

04 「집합건물의 소유 및 관리에 관한 법률」상 집합건물의 전부공용부분 및 대지사용권에 관한 설명으로 <u>틀린</u> 것을 모두 고른 것은? (특별한 사정은 없으며, 다툼이 있으면 판례에 따름)

> ㉠ 공용부분은 취득시효에 의한 소유권 취득의 대상이 될 수 있다.
>
> ㉡ 각 공유자는 공용부분을 그 용도에 따라 사용할 수 있다.
>
> ㉢ 대지사용권은 전유부분과 일체성을 갖게 된 후 개시된 강제경매절차에 의해 전유부분과 분리되어 처분될 수 있다.

① ㉠

② ㉡

③ ㉠, ㉢

④ ㉡, ㉢

⑤ ㉠, ㉡, ㉢

05 「집합건물의 소유 및 관리에 관한 법률」에 대한 설명으로 <u>틀린</u> 것은?

① 1동의 건물이 구분소유권의 목적이 될 수 있더라도 이를 1개의 건물로 하는 것도 가능하기 때문에, 구분소유권이 성립하기 위해서는 건축물대장에 구분건물로 등록하여야 한다.

② 공용부분은 구분소유자 전원의 공유에 속하지만, 공용부분에 대한 지분을 그가 가지는 전유부분과 분리하여 처분할 수 없다.

③ 각 공유자는 규약에 달리 정함이 없는 한 그 지분의 비율에 따라 공용부분의 관리비용 기타 의무를 부담하며, 공용부분에서 생기는 이익을 취득한다.

④ 대지사용권을 가지지 아니한 구분소유자가 있을 때에는 그 전유부분의 철거를 청구할 권리를 가진 자는 그 구분소유자에 대하여 구분소유권을 시가로 매도할 것을 청구할 수 있다.

⑤ 전유부분이 속하는 1동의 건물의 설치 또는 보존의 흠으로 인하여 다른 자에게 손해를 입힌 경우에는 그 흠은 공용부분에 존재하는 것으로 추정한다.

06 「집합건물의 소유 및 관리에 관한 법률」에 대한 설명으로 옳은 것은? (다툼이 있으면 판례에 따름)

① 분양자는 구분소유자에 대하여 담보책임을 지지만, 시공자는 구분소유자에 대하여 담보책임을 지지 않는다.

② 공동주택의 공용부분으로 건축된 부분을 주거용으로 개조하여 이를 매도하고 주거용으로 사용하게 하였다면 그 부분은 따로 구분소유의 목적이 된다.

③ 공용부분에 대한 지분은 구분소유자 전원의 동의가 있을 경우에도 전유부분과 분리하여 처분할 수 없다.

④ 각 공유자는 공용부분을 자신의 지분비율에 따라 사용할 수 있다.

⑤ 공용부분의 변경에 관한 사항은 원칙적으로 구분소유자의 과반수 및 의결권의 과반수의 결의로써 결정한다.

07 「집합건물의 소유 및 관리에 관한 법률」에 대한 설명으로 <u>틀린</u> 것은? (다툼이 있으면 판례에 따름) ㉡㉢㉣

① 전유부분에 대한 처분이나 압류의 효력은 특별한 사정이 없는 한 대지사용권에는 미치지 않는다.

② 각 공유자는 규약에 달리 정한 바가 없으면 그 지분의 비율에 따라 공용부분의 관리비용과 그 밖의 의무를 부담하며 공용부분에서 생기는 이익을 취득한다.

③ 공유자가 공용부분에 관하여 다른 공유자에 대하여 가지는 채권은 그 특별승계인에 대하여도 행사할 수 있다.

④ 공용부분 관리비에 대한 연체료는 전 구분소유자의 특별승계인에게 승계되는 공용부분 관리비에 포함되지 않는다.

⑤ 관리단은 구분소유관계가 성립하는 건물이 있는 경우, 특별한 조직행위가 없어도 당연히 구분소유자 전원을 구성원으로 하여 성립하는 단체이다.

08 「집합건물의 소유 및 관리에 관한 법률」에 대한 설명으로 <u>틀린</u> 것은? (다툼이 있으면 판례에 따름) ㉠㉢㉣

① 입주자대표회의가 공동주택의 구분소유자를 대리하여 공용부분 등의 구분소유권에 기초한 방해배제청구권을 행사할 수 있다고 규정한 공동주택관리규약은 유효하다.

② 구분소유자의 대지사용권은 그가 가지는 전유부분의 처분에 따른다.

③ 구분소유자가 집합건물의 규약에서 정한 업종준수의무를 위반할 경우, 특별한 사정이 없는 한 단전·단수 등 제재조치를 할 수 있다고 규정한 규약은 유효하다.

④ 규약으로 달리 정한 경우가 아닌 한, 구분소유자는 그가 가지는 전유부분과 분리하여 대지사용권을 처분할 수 없다.

⑤ 구분건물이 되기 위해서는 구분소유의 객체가 될 수 있는 구조상 및 이용상의 독립성 외에도 그 건물을 구분소유권의 객체로 하려는 소유자의 구분소유의사가 객관적으로 표시된 구분행위가 있어야 한다.

09 집합건물에 관한 설명으로 옳은 것은? (다툼이 있으면 판례에 따름)

① 구분소유자가 20인 이상일 때에는 관리단을 대표하고 관리단의 사무를 집행할 관리인을 선임하여야 한다.

② 공용부분은 구분소유자의 공유이므로, 각 공유자는 언제든지 그 분할을 청구할 수 있다.

③ 건물에 대하여 구분소유 관계가 성립되면 구분소유자 전원을 구성원으로 하여 건물과 그 대지 및 부속시설의 관리에 관한 사업의 시행을 목적으로 하는 관리단이 설립된다.

④ 공용부분은 성질 및 구조상 당연한 공용부분과 규약에 의한 공용부분으로 나눌 수 있는데, 양자 모두 등기를 요한다는 점에서는 동일하다.

⑤ 전유부분이 양도된 경우 하자담보책임을 물을 수 있는 자는 특별한 약정이 없는 한 현재의 소유자가 아니라 최초의 수분양자이다.

10 「집합건물의 소유 및 관리에 관한 법률」에 대한 설명으로 틀린 것은? (다툼이 있으면 판례에 따름)

① 재건축결의내용을 변경하는 결의는 서면결의로는 할 수 없다.

② 공유자의 공용부분에 대한 지분은 그가 가지는 전유부분의 처분에 따른다.

③ 공유자는 그가 가지는 전유부분과 분리하여 공용부분에 대한 지분을 처분할 수 없다.

④ 관리단집회에서 적법하게 결의된 사항은 그 결의에 반대한 구분소유자에 대하여도 효력을 미친다.

⑤ 공용부분의 변경에 관한 사항은 원칙적으로 구분소유자 및 의결권의 각 3분의 2 이상의 다수에 의한 집회결의로써 결정한다.

11 「집합건물의 소유 및 관리에 관한 법률」에 대한 설명으로 <u>틀린</u> 것은? (다툼이 있으면 판례에 따름)

① 구분소유자는 건물의 보존에 해로운 행위 기타 건물의 관리 및 사용에 관하여 구분소유자의 공동의 이익에 어긋나는 행위를 하여서는 아니 된다.

② 공용부분은 구분소유자 전원의 공유에 속한다. 다만, 일부의 구분소유자만의 공용에 제공되는 것임이 명백한 공용부분은 그들 구분소유자의 공유에 속한다.

③ 구분소유자 전원의 동의로 소집된 관리단집회는 소집절차에서 통지되지 않은 사항에 대해서도 결의할 수 있다.

④ 공유자가 공용부분에 관하여 다른 공유자에 대하여 가지는 채권은 그 특별승계인에 대하여도 행사할 수 있으므로, 전입주자가 체납한 관리비는 공유부분과 전유부분을 구분하지 아니하고 전부 그 특별승계인에게 승계된다.

⑤ 규약의 설정, 변경 및 폐지는 관리단집회에서 구분소유자의 4분의 3 이상 및 의결권의 4분의 3 이상의 찬성을 얻어 행한다.

12 「집합건물의 소유 및 관리에 관한 법률」에 대한 설명으로 옳은 것을 모두 고른 것은? 상ⓒ하

> ㉠ 법정공용부분은 등기할 필요 없다.
> ㉡ 공유자의 공용부분에 대한 지분은 그가 가지는 전유부분의 처분에 따른다.
> ㉢ 공유자는 그가 가지는 전유부분과 분리하여 공용부분에 대한 지분을 처분할 수 없다.
> ㉣ 공용부분에 관한 물권의 득실변경은 등기를 요하지 아니한다.
> ㉤ 구분소유자 전원의 동의로 소집된 관리단집회는 소집절차에서 통지되지 않은 사항에 대해서도 결의할 수 있다.

① ㉠

② ㉠, ㉡

③ ㉠, ㉡, ㉢

④ ㉠, ㉡, ㉢, ㉣

⑤ ㉠, ㉡, ㉢, ㉣, ㉤

13 「집합건물의 소유 및 관리에 관한 법률」 규정의 내용과 <u>다른</u> 것은?

① 공용부분의 관리에 관한 사항은 원칙적으로 통상의 집회결의로써 결정한다. 다만, 보존행위는 각 공유자가 할 수 있다.
② 구분소유자의 대지사용권은 그가 가지는 전유부분의 처분에 따른다.
③ 민법 제267조(지분포기 등의 경우의 귀속)의 규정은 대지사용권에도 적용된다.
④ 각 공유자는 공용부분을 그 용도에 따라 사용할 수 있다.
⑤ 의무위반자에 대한 구분소유권의 경매청구는 구분소유자의 4분의 3 이상 및 의결권의 4분의 3 이상의 관리단집회 결의가 있어야 한다.

14 「집합건물의 소유 및 관리에 관한 법률」에 대한 설명으로 <u>틀린</u> 것은? (다툼이 있으면 판례에 따름)

① 각 공유자는 규약에 달리 정함이 없는 한 그 지분의 비율에 따라 공용부분의 관리비용 기타 의무를 부담하며 공용부분에서 생기는 이익을 취득한다.
② 「집합건물의 소유 및 관리에 관한 법률」 제9조의 담보책임은 건물의 건축상 하자 외에 대지부분의 권리상 하자에까지 적용된다.
③ 구분소유자의 대지사용권은 그가 가지는 전유부분의 처분에 따른다.
④ 구분소유자는 그가 가지는 전유부분과 분리하여 대지사용권을 처분할 수 없다.
⑤ 공용부분의 보존행위는 각 공유자가 단독으로 할 수 있다.

15 「집합건물의 소유 및 관리에 관한 법률」상 구분소유자의 4분의 3 이상 및 의결권의 4분의 3 이상의 결의를 요하는 경우를 모두 고른 것은? 상ⓒ하

> ㉠ 규약의 설정·변경 및 폐지
> ㉡ 재건축 결의
> ㉢ 공용부분의 관리
> ㉣ 공동의 이익에 어긋나는 행위를 한 구분소유자의 전유부분에 대한 사용금지청구

① ㉠, ㉢　　　　　　　　　　　　② ㉠, ㉣

③ ㉡, ㉢　　　　　　　　　　　　④ ㉡, ㉣

⑤ ㉢, ㉣

16 「집합건물의 소유 및 관리에 관한 법률」상 관리인과 관리단에 대한 설명으로 <u>틀린</u> 것을 모두 고른 것은? 상ⓒ하

> ㉠ 건물에 대하여 구분소유관계가 성립되면 구분소유자는 전원으로써 건물 및 그 대지와 부속시설의 관리에 관한 사업의 시행을 목적으로 하는 관리단을 구성할 수 있다.
> ㉡ 구분소유자가 10인 이상일 때에는 관리인을 선임하여야 한다.
> ㉢ 관리인은 관리단집회의 결의에 의하여 선임되거나 해임된다.
> ㉣ 관리인에게 부정한 행위 기타 그 직무를 수행하기에 적합하지 아니한 사정이 있을 때에는 관리단집회의 결의에 의하여 지정된 구분소유자에 한하여 그 해임을 법원에 청구할 수 있다.

① ㉠　　　　　　　　　　　　　　② ㉠, ㉢

③ ㉠, ㉣　　　　　　　　　　　　④ ㉡, ㉣

⑤ ㉡, ㉢, ㉣

17 관리단집회의 결의에 의하여 지정된 구분소유자만이 할 수 있는 행위가 <u>아닌</u> 것은?

① 위반행위의 정지청구
② 전유부분의 사용금지청구
③ 구분소유권과 대지사용권에 대한 경매청구
④ 전유부분의 점유자에 대한 인도청구
⑤ 관리인해임청구

18 「집합건물의 소유 및 관리에 관한 법률」상의 재건축에 대한 판례의 태도와 <u>다른</u> 것은?

① 하나의 단지 내에 여러 동의 건물이 있는 경우, 「집합건물의 소유 및 관리에 관한 법률」상 소정의 재건축결의는 각각의 건물마다 있어야 한다.
② 재건축비용의 분담액 또는 산출기준을 확정하지 않은 재건축결의는 특별한 사정이 없는 한 무효이다.
③ 재건축의 결의가 있으면 집회를 소집한 자는 지체 없이 그 결의에 찬성하지 아니한 구분소유자에 대하여 그 결의 내용에 따른 재건축에 참가할 것인지 여부를 회답할 것을 서면으로 촉구하여야 한다.
④ 「집합건물의 소유 및 관리에 관한 법률」 제49조에 의하여 의제된 합의내용인 재건축결의의 내용의 변경을 위해서는 조합원 5분의 4 이상의 결의가 필요하다.
⑤ 재건축결의내용을 변경하는 결의는 서면결의로는 할 수 없다.

19 집합건물의 재건축에 관한 설명으로 <u>틀린</u> 것은? 〔상〕〔중〕〔하〕

① 관리단집회에서 재건축의 결의를 할 때에는 구분소유자의 5분의 4 이상 및 의결권의 5분의 4 이상의 다수의 결의가 있어야 한다.

② 재건축의 결의가 있는 경우 집회를 소집한 자는 지체 없이 그 결의에 찬성하지 않은 구분소유자에 대하여 재건축에의 참가 여부에 대한 확답을 서면으로 촉구하여야 한다.

③ 위 ②의 촉구를 받은 구분소유자가 2개월 이내에 회답하지 않은 경우 그 구분소유자는 재건축에 참가하겠다는 뜻을 회답한 것으로 본다.

④ 재건축결의를 할 때에는 반드시 새 건물의 구분소유권 귀속에 관한 사항을 정하여야 한다.

⑤ 「집합건물의 소유 및 관리에 관한 법률」상 주거용 집합건물을 철거하고 상가용 집합건물을 신축하는 재건축결의도 허용된다.

빠른 정답 CHECK! p.3 / 정답 및 해설 p.107

PART 4

대표문제 | 가등기담보권의 실행

甲은 乙에게 빌려준 1,000만원을 담보하기 위해 乙 소유의 X토지(시가 1억원)에 가등기를 마친 다음, 丙이 X토지에 대해 저당권을 취득하였다. 다음 설명 중 옳은 것은? (다툼이 있으면 판례에 따름)   28회

① 乙의 채무변제의무와 甲의 가등기말소의무는 동시이행의 관계에 있다.

② 甲이 청산기간이 지나기 전에 가등기에 의한 본등기를 마치면 그 본등기는 무효이다.

③ 乙이 청산기간이 지나기 전에 한 청산금에 관한 권리의 양도는 이로써 丙에게 대항할 수 있다.

④ 丙은 청산기간이 지나면 그의 피담보채권 변제기가 도래하기 전이라도 X토지의 경매를 청구할 수 있다.

⑤ 甲의 가등기담보권 실행을 위한 경매절차에서 X토지의 소유권을 丁이 취득한 경우, 甲의 가등기담보권은 소멸하지 않는다.

POINT

가등기담보권의 실행방법과 권리취득에 의한 실행순서를 알아야 풀 수 있는 문제가 매년 출제되니 잘 정리해 두어야 합니다.

해설

① 乙의 채무변제의무가 선이행의무이다.

② 대판 2017.5.17, 2017다202296

③ 채무자가 청산기간이 지나기 전에 한 청산금에 관한 권리의 양도나 그 밖의 처분은 이로써 후순위권리자에게 대항하지 못한다(가등기담보 등에 관한 법률 제7조 제1항).

④ 후순위권리자는 청산기간에 한정하여 그 피담보채권의 변제기 도래 전이라도 담보목적부동산의 경매를 청구할 수 있다(동법 제12조 제2항).

⑤ 담보가등기를 마친 부동산에 대하여 강제경매 등이 행하여진 경우에는 담보가등기권리는 그 부동산의 매각에 의하여 소멸한다(동법 제15조).

정답 ②

01 「가등기담보 등에 관한 법률」이 원칙적으로 적용되는 것을 모두 고른 것은? (단, 이자는 고려하지 않으며, 다툼이 있으면 판례에 따름) 상중하

> ㉠ 1억원을 차용하면서 2억원 상당의 그림을 양도담보로 제공한 경우
> ㉡ 매매대금채무 1억원의 담보로 2억원 상당의 부동산 소유권이전등기를 한 경우
> ㉢ 차용금채무 1억원의 담보로 2억원 상당의 부동산에 대해 대물변제예약을 하고 가등기한 경우
> ㉣ 차용금채무 3억원의 담보로 이미 2억원의 다른 채무에 대한 저당권이 설정된 4억원 상당의 부동산에 대해 대물변제예약을 하고 가등기한 경우

① ㉢

② ㉠, ㉢

③ ㉡, ㉢

④ ㉠, ㉡, ㉣

⑤ ㉡, ㉢, ㉣

02 甲은 乙에 대한 금전채권을 담보할 목적으로 乙 소유의 X부동산에 가등기를 하였고, 그 후 丙이 그 부동산에 저당권을 취득하였다. 다음 설명 중 옳은 것은? 상중하

① 甲은 변제기가 도래한 때에 청산금이 없는 경우에는 즉시 가등기에 기하여 본등기를 청구할 수 있다.

② 甲의 청산금의 평가액이 객관적 평가액에 미치지 못하면 실행통지로서의 효력이 없다.

③ 甲이 청산금의 지급을 지체한 경우에도 乙은 청산기간이 경과한 후에는 이자 등이 포함된 채무액을 변제하고 등기말소를 청구할 수 없다.

④ 丙은 청산기간 내에 한하여 그 피담보채권의 변제기가 도래하기 전이라도 X부동산의 경매를 청구할 수 있다.

⑤ 丙의 담보권 실행으로 X부동산이 丁에게 매각된 경우에도 甲의 가등기담보권은 소멸하지 않는다.

03 乙은 甲으로부터 6천만원을 차용하면서 자기 소유의 X토지(시가 3억원)에 담보가등기를 설정해 준 후, 다시 丙으로부터 4천만원을 차용하면서 X토지에 저당권을 설정해 주었다. 다음 중 틀린 것은? ⓈⓄⓗ

① 변제기에 乙이 변제하지 않으면 甲은 X토지에 대한 경매를 청구할 수 있다.

② 변제기에 乙이 변제하지 않으면 丙은 X토지에 대한 경매를 청구할 수 있다.

③ 변제기에 乙이 변제하지 않으면 甲은 X토지에 대해 청산절차 없이도 가등기에 기한 본등기를 청구할 수 있다.

④ 乙의 다른 채권자가 X토지에 대해 경매를 신청한 경우 甲은 자기 채권을 丙보다 우선하여 변제받을 권리가 있다.

⑤ 乙의 다른 채권자가 X토지에 대해 경매를 신청하여 매각된 경우 甲의 가등기담보권은 소멸한다.

04 甲은 乙에게 빌려준 1,000만원을 담보하기 위해 乙 소유의 X토지(시가 1억원)에 가등기를 마친 다음, 丙이 X토지에 대해 저당권을 취득하였다. 乙이 채무를 이행하지 않자 甲은 자신의 가등기담보권을 실행하려고 한다. 다음 설명 중 틀린 것은? (다툼이 있으면 판례에 따름) ⓈⓄⓗ

① 甲이 나름대로 평가한 청산금의 액수가 객관적인 청산금의 평가액에 미치지 못하는 경우에는 담보권실행통지로서의 효력이 인정되지 않는다.

② 甲이 청산기간이 지나기 전에 가등기에 의한 본등기를 마치면 그 본등기는 무효이다.

③ 乙이 청산기간이 지나기 전에 한 청산금에 관한 권리의 양도는 이로써 丙에게 대항할 수 없다.

④ 丙은 청산기간이 지나기 전이라면 그의 피담보채권의 변제기가 도래하기 전이라도 X토지의 경매를 청구할 수 있다.

⑤ 乙의 채무변제의무는 甲의 가등기말소의무보다 먼저 이행되어야 한다.

05 甲은 乙로부터 자금을 빌리면서 자신의 X부동산에 근저당권을 설정하였다. 다시 甲은 丙으로부터 자금을 빌리면서 만일 이행기까지 원리금을 갚지 못하면 자신의 X부동산을 이전시켜 주기로 약정하고, 이에 기하여 소유권이전청구권에 관한 가등기를 丙에게 하여 주었다. 그 후 甲은 다시 丁으로부터 자금을 빌리면서 위 X부동산에 저당권을 설정하고 있다. 다음 설명 중 **틀린** 것은? ㉖㉗㉘

① 丙이 가등기담보권에 기한 소정의 실행절차를 거쳐 X부동산의 소유권을 취득하게 되면, 乙의 근저당권은 소멸하지 않으며 그 부담이 있는 채로 X부동산의 소유권이 丙에게 이전한다.

② 乙도 이행기 후에는 자신의 근저당권에 기하여 경매를 청구할 수 있고, 이 경우에 丙은 이 경매절차에 참가하여 乙이 우선변제를 받고 난 잔여금으로부터 배당을 받는다.

③ 丁은 청산기간 내라도 자기채권의 변제기가 도래하지 않았다면 X부동산의 경매를 청구할 수 없다.

④ X부동산에 대하여 丙이 청산금을 지급하기 전(청산금이 없는 경우에는 청산기간의 경과 전)에 乙의 경매신청이 행해지고, 그에 기하여 경매개시결정이 난 때에는 丙은 그 가등기에 기한 본등기를 청구할 수 없다.

⑤ 丙은 이행기도래 후 변제를 받지 못하면 X부동산에 대하여 경매를 청구할 수 있다.

대표문제　명의신탁의 법률관계

甲은 법령상의 제한을 피하여 乙 소유의 X부동산을 매수하고자 자신의 친구 丙과 X부동산의 매수에 관한 명의신탁약정을 체결하였다. 그에 따라 2024년 5월 丙은 乙과 X부동산 매매계약을 체결하고, 甲의 자금으로 그 대금을 지급하여 丙 명의로 등기이전을 마쳤다. 이에 관한 설명으로 **틀린** 것은? (다툼이 있으면 판례에 따름)　32회

① 甲과 丙 사이의 명의신탁약정은 무효이다.

② 乙이 매매계약 체결 당시 그 명의신탁약정이 있다는 사실을 알았다면 丙은 X부동산의 소유권을 취득할 수 없다.

③ 乙이 매매계약 체결 당시 그 명의신탁약정이 있다는 사실을 몰랐다면, 그 후 명의신탁약정 사실을 알게 되었어도 丙은 X부동산의 소유권을 취득한다.

④ 丙이 X부동산의 소유권을 취득한 경우 甲은 丙에게 제공한 X부동산의 매수자금 상당액을 부당이득으로 반환청구할 수 있다.

⑤ X부동산의 소유권을 유효하게 취득한 丙이 명의신탁약정 외의 적법한 원인에 의하여 甲 앞으로 X부동산에 대한 소유권이전등기를 마친다고 해도 그 소유권이전등기는 무효이다.

> **POINT**
> 먼저 사실관계를 통하여 어떤 명의신탁 유형인지를 파악하는 것이 중요합니다. 유형 파악 후 「부동산 실권리자명의 등기에 관한 법률」 제4조를 적용하여 사례를 해결해 나가시면 됩니다.

> **해설**
> ① 계약명의신탁의 경우 명의신탁약정은 무효이다(부동산 실권리자명의 등기에 관한 법률 제4조 제1항).
> ② 계약명의신탁에 있어서 매도인이 악의인 경우 매도인과 수탁자 사이의 매매계약은 원시적으로 무효이므로, 부동산의 소유권은 여전히 매도인에게 있다(대판 2016.6.28, 2014두6456).
> ③ 명의신탁자와 명의수탁자가 계약명의신탁약정을 맺고 명의수탁자가 당사자가 되어 매도인과 부동산에 관한 매매계약을 체결하는 경우, 그 계약과 등기의 효력은 매매계약을 체결할 당시 매도인의 인식을 기준으로 판단해야 하고, 매도인이 계약 체결 이후에 명의신탁약정 사실을 알게 되었다고 하더라도 계약과 등기의 효력에는 영향이 없다(대판 2018.4.10, 2017다257715).
> ④ 「부동산 실권리자명의 등기에 관한 법률」 '시행 후'에 이른바 계약명의신탁약정을 한 경우, 명의수탁자가 명의신탁자에게 반환하여야 할 부당이득의 대상은 매수자금이다(대판 2005.1.28, 2002다66922).

⑤ 계약명의신탁의 경우 부동산의 소유권을 유효하게 취득한 수탁자가 명의신탁약정 외의 적법한 원인에 의하여 신탁자 앞으로 부동산에 대한 소유권이전등기를 경료한 경우 그 소유권이전등기는 유효하다(대판 2014.8.20, 2014다30483).

정답 ⑤

기출응용 34회

01 甲은 법령상 제한을 회피할 목적으로 2024.5.1. 배우자 乙과 자신 소유의 X건물에 대해 명의신탁약정을 하고, 甲으로부터 乙 앞으로 소유권이전등기를 마쳤다. 다음 설명 중 옳은 것을 모두 고른 것은? (특별한 사정은 없으며, 다툼이 있으면 판례에 따름) 상⟨중⟩하

> ㉠ 甲은 乙을 상대로 진정명의회복을 원인으로 한 소유권이전등기를 청구할 수 있다.
> ㉡ 甲은 乙을 상대로 부당이득반환을 원인으로 한 소유권이전등기를 청구할 수 있다.
> ㉢ 甲은 乙을 상대로 명의신탁해지를 원인으로 한 소유권이전등기를 청구할 수 없다.

① ㉠   ② ㉡   ③ ㉠, ㉢
④ ㉡, ㉢   ⑤ ㉠, ㉡, ㉢

02 「부동산 실권리자명의 등기에 관한 법률」 시행 이후의 명의신탁에 대한 설명으로 틀린 것은? (다툼이 있으면 판례에 따름) 상⟨중⟩하

① 사실혼관계에 있는 자 사이의 명의신탁약정은 무효이다.
② 명의신탁자와 수탁자의 혼인으로 등기명의자가 법률상 배우자가 된 경우, 위법한 목적이 없는 한 명의신탁약정은 혼인한 때로부터 유효로 된다.
③ 명의신탁자는 무효인 명의신탁약정의 해지를 원인으로 하는 소유권이전등기를 청구할 수 없다.
④ 명의신탁약정 그 자체는 선량한 풍속 기타 사회질서에 위반하는 행위로 볼 수 없다.
⑤ 甲(신탁자)과 친구 乙(수탁자)이 명의신탁약정을 하고 乙이 직접 매수인으로서 선의의 丙으로부터 부동산을 매수한 경우, 甲은 乙에게 부당이득으로 그 부동산 자체의 반환을 청구할 수 있다.

03 甲은 조세포탈·강제집행의 면탈 또는 법령상 제한의 회피를 목적으로 하지 않고, 배우자 乙과의 명의신탁약정에 따라 자신의 X토지를 乙 명의로 소유권이전등기를 마쳐주었다. 다음 설명 중 **틀린** 것을 모두 고른 것은? (다툼이 있으면 판례에 따름) 상**중**하

> ㉠ 甲과 乙 사이에는 甲이 X토지에 대한 소유권을 보유한다.
> ㉡ 丁이 X토지를 불법점유하는 경우, 甲은 직접 丁에 대해 소유물반환청구권을 행사할 수 있다.
> ㉢ 丙이 乙과의 매매계약에 따라 X토지에 대한 소유권이전등기를 마친 경우, 특별한 사정이 없는 한 丙은 X토지의 소유권을 취득한다.
> ㉣ 甲이 X토지를 丙에게 매도한 경우, 이는 타인 권리의 매매에 해당한다.

① ㉠, ㉢
② ㉠, ㉣
③ ㉡, ㉢
④ ㉡, ㉣
⑤ ㉢, ㉣

04 甲은 乙 소유의 부동산을 매수하려고 마음먹고, 다만 세금관계 등의 이유로 인척인 丙의 이름을 빌려 丙 앞으로 소유권이전등기를 해 두기로 丙과 합의한 뒤, 乙에게 이러한 사정을 이야기하고 乙과 위 부동산을 매수하는 매매계약을 체결하여 丙 명의로 소유권이전등기를 마쳤다. 다음 중 **틀린** 것은? (다툼이 있으면 판례에 따름) 상**중**하

① 甲·丙 간의 명의신탁약정은 무효이다.
② 丙은 부동산의 소유권을 취득할 수 없다.
③ 乙은 丙에 대하여 소유권이전등기의 말소를 청구할 수 있다.
④ 甲·乙 간의 매매계약은 유효하다.
⑤ 甲은 丙에 대하여 직접 그 소유권이전등기의 말소를 청구할 수 있다.

05 2024년 5월 甲은 乙 소유의 부동산을 매수하려고 마음먹고 세금관계 등의 이유로 친구인 丙의 이름을 빌리기로 丙과 합의한 뒤, 丙에게 매매대금을 주어 丙이 乙과 위 부동산을 매수하는 계약을 체결하고 丙 명의로 소유권이전등기를 마쳤다. 매매계약체결 시에 乙은 甲·丙 간 명의신탁약정이 있는 사실을 알지 못하였다. 다음 중 **틀린** 것을 모두 고른 것은? 상**중**하

> ㉠ 乙·丙 간의 매매계약은 유효하다.
> ㉡ 丙 명의의 소유권이전등기도 유효하다.
> ㉢ 甲·丙 간의 명의신탁약정도 유효하다.
> ㉣ 甲은 丙에 대하여 매매대금 상당의 부당이득반환을 청구할 수 있다.
> ㉤ 甲은 乙을 대위하여 丙 명의의 소유권등기의 말소를 청구할 수 있다.

① ㉢
② ㉠, ㉡
③ ㉢, ㉣
④ ㉢, ㉤
⑤ ㉠, ㉡, ㉣

06 부동산경매절차에서 丙 소유의 X건물을 취득하려는 甲은 친구 乙과 명의신탁약정을 맺고 2024년 3월 乙 명의로 매각허가결정을 받아 자신의 비용으로 매각대금을 완납하였다. 그 후 乙 명의로 X건물의 소유권이전등기가 마쳐졌다. 다음 설명 중 **틀린** 것은? (다툼이 있으면 판례에 따름) 상**중**하

① 丙이 甲과 乙 사이의 명의신탁약정이 있다는 사실을 안 경우에는 乙은 X건물의 소유권을 취득할 수 없다.
② 甲은 乙에 대하여 X건물에 관한 소유권이전등기말소를 청구할 수 없다.
③ 甲은 乙에 대하여 부당이득으로 X건물에 대한 반환을 청구할 수 없다.
④ X건물을 점유하는 甲은 乙로부터 매각대금을 반환받을 때까지 X건물에 대해 유치권을 행사할 수 없다.
⑤ X건물을 점유하는 甲이 丁에게 X건물을 매도하는 계약을 체결하더라도 그 계약은 유효하다.

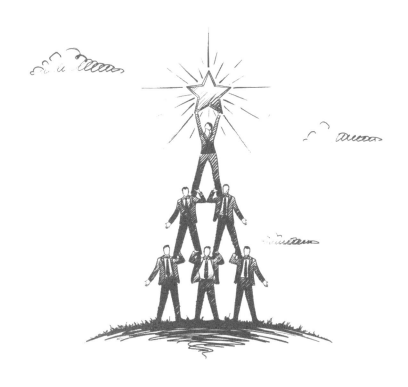

내가 꿈을 이루면
나는 누군가의 꿈이 된다.

– 이도준

memo

memo

memo

2024 에듀윌 공인중개사 1차 기출응용 예상문제집 민법 및 민사특별법

발 행 일	2024년 4월 15일 초판
편 저 자	심정욱
펴 낸 이	양형남
펴 낸 곳	(주)에듀윌
등록번호	제25100-2002-000052호
주 소	08378 서울특별시 구로구 디지털로34길 55
	코오롱싸이언스밸리 2차 3층

www.eduwill.net

대표전화 1600-6700

여러분의 작은 소리
에듀윌은 크게 듣겠습니다.

본 교재에 대한 여러분의 목소리를 들려주세요.
공부하시면서 어려웠던 점, 궁금한 점,
칭찬하고 싶은 점, 개선할 점, 어떤 것이라도 좋습니다.

에듀윌은 여러분께서 나누어 주신 의견을
통해 끊임없이 발전하고 있습니다.

에듀윌 도서몰 book.eduwill.net
• 부가학습자료 및 정오표: 에듀윌 도서몰 → 도서자료실
• 교재 문의: 에듀윌 도서몰 → 문의하기 → 교재(내용, 출간) / 주문 및 배송

에듀윌 직영학원에서
합격을 수강하세요

언제나 전문 학습 매니저와 상담이 가능한 안내데스크

고품질 영상 및 음향 장비를 갖춘 최고의 강의실

재충전을 위한 카페 분위기의 아늑한 휴게실

에듀윌의 상징 노란색의 환한 학원 입구

에듀윌 직영학원 대표전화

공인중개사 학원	02)815-0600	공무원 학원	02)6328-0600	편입 학원	02)6419-0600
주택관리사 학원	02)815-3388	소방 학원	02)6337-0600	세무사·회계사 학원	02)6010-0600
전기기사 학원	02)6268-1400	부동산아카데미	02)6736-0600		

공인중개사학원
바로가기

에듀윌 공인중개사
동문회 특권

1. 에듀윌 공인중개사 합격자 모임

2. 앰배서더 가입 자격 부여

3. 동문회 인맥북

업계 최대 네트워크

4. 개업 축하 선물

5. 온라인 커뮤니티

부동산 정보
실시간 공유

6. 오프라인 커뮤니티

지부/기수 정기모임

7. 공인중개사 취업박람회

8. 동문회 주최 실무 특강

9. 프리미엄 복지혜택

숙박/자기계발/의료
및 소식지 무료 구독

10. 마이오피스

동문 사무소
등록/조회

11. 동문회와 함께하는 사회공헌활동

※ 본 특권은 회원별로 상이하며, 예고 없이 변경될 수 있습니다.

에듀윌 공인중개사 동문회 | dongmun.eduwill.net
문의 | 1600-6700

2024

에듀윌 공인중개사
기출응용 예상문제집

1차 민법 및 민사특별법

오답 노트가 되는

정답 및 해설

eduwill

2024

에듀윌 공인중개사
기출응용 예상문제집

1차 민법 및 민사특별법

오답 노트가 되는

정답 및 해설

빠른 정답 CHECK!

CHAPTER 01 권리변동 일반

01	①	02	④	03	③	04	②	05	⑤

01 법률사실과 법률요건　　　　　　　　　　　정답 ①

① 임차인의 비용상환청구권 – 청구권
② 지명채권의 양도 – 준물권행위
③ 부동산 매매에 의한 소유권 취득 – 승계취득
④ 부동산 점유취득시효완성으로 인한 소유권 취득 – 원시취득
⑤ 등기된 임차권의 대항력 – 권리의 작용의 변경

02 권리변동의 모습　　　　　　　　　　　　　정답 ④

① 매매계약에 의해 소유권이전등기청구권을 취득하는 것은 채권을 취득하는 것으로 이는 종전에 없던 권리가 처음 생기는 경우이므로 원시취득에 해당한다.
④⑤ 저당권의 순위승진과 등기된 임차권의 대항력은 작용의 변경에 해당한다.

03 권리변동의 모습　　　　　　　　　　　　　정답 ③

① 전세권과 저당권의 설정은 각각 설정적 승계에 해당한다.
② 유언(유증), 재단법인설립행위, 소유권과 점유권의 포기는 상대방 없는 단독행위에 해당한다.
③ 취득시효로 인한 소유권의 취득은 원시취득에 해당한다.
④ 청약자가 하는 승낙연착의 통지는 관념의 통지에 해당한다.
⑤ 무권대리에서 추인 여부에 대한 확답의 최고는 의사의 통지에 해당한다.

04 원시취득의 예와 특징　　　　　　　　　　　정답 ②

㉠ 승계취득 중 설정적 승계에 해당한다.
㉡㉣ 원시취득으로서, 전주(前主)의 하자나 부담이 소멸하는 경우에 해당한다.
㉢㉤ 승계취득 중 이전적 승계에 해당한다.

05 법률행위와 법률규정의 차이점

정답 ⑤

상대방은 상당한 기간을 정하여 본인에게 그 추인 여부의 확답을 최고할 수 있는데, 본인이 그 기간 내에 확답을 발하지 아니한 때에는 추인을 거절한 것으로 본다(제131조). 최고는 의사의 통지로서 준법률행위에 해당하고, 이는 법률규정에 의한 법률요건에 해당한다. 법률규정에 의한 법률요건은 당사자의 의사와 무관하게 그 법률규정에 의해 법률효과가 발생한다.

CHAPTER 02 법률행위

01	⑤	02	②	03	③	04	③	05	④
06	③	07	③	08	①	09	④	10	④
11	⑤	12	②	13	③	14	①	15	③
16	④	17	①	18	④	19	⑤	20	④
21	⑤	22	④	23	⑤	24	⑤		

01 법률행위의 종류

정답 ⑤

① 공유지분의 포기는 상대방 있는 단독행위에 해당한다(대판 2016.10.27, 2015다52978).
②③ 추인과 상계는 상대방 있는 단독행위에 해당한다.
④ 취득시효 이익의 포기는 상대방 있는 단독행위에 해당한다(대판 2011.7.14, 2011다23200).
⑤ 재단법인의 설립행위는 상대방 없는 단독행위에 해당한다.

02 법률행위의 종류

정답 ②

유증은 상대방 없는 단독행위이다.

03 법률행위의 종류

정답 ③

㉠㉢㉣ 합의해제, 임차권의 양도와 매매의 일방예약은 계약에 해당한다.
㉡㉤ 상대방 있는 단독행위에 해당한다.

04 법률행위의 종류 정답 ③

① 추인과 취소는 상대방 있는 단독행위에 해당한다.

② 요식행위(要式行爲)란 의사표시를 할 때 일정한 방식을 따라야만 효력이 인정되는 법률행위를 말한다. 요식행위에 해당하는 것으로는 법인설립행위, 유언, 혼인, 이혼, 인지, 입양, 어음·수표행위, 등기신청 등이 있다.

③ 준물권행위란 물권 이외의 권리의 변동을 목적으로 하는 법률행위(처분행위)로서 이행의 문제를 남기지 않는다. 채권양도, 채무면제, 지식재산권의 양도가 이에 해당한다. 교환계약은 계약으로서 채권행위에 해당한다.

④ 독립행위의 효과를 단순히 보충하거나 확정하는 역할을 하는 법률행위를 보조행위라고 한다. 보조행위에는 동의, 허가, 추인, 대리권의 수여 등이 있다.

⑤ 법률행위가 성립하기 위하여 다른 법률행위의 존재를 필요로 하는 법률행위를 종된 행위라 하고 그 전제가 되는 법률행위를 주된 행위라 한다. 담보계약(저당권설정계약, 보증계약)은 금전소비대차계약의 종된 행위이고, 계약금계약(또는 보증금계약)은 매매계약(또는 임대차계약)의 종된 행위이며, 부부재산계약은 혼인계약의 종된 행위이다.

05 법률행위의 종류 정답 ④

임대차는 계약으로서 채권행위(의무부담행위)에 해당한다.

06 법률행위의 요건 정답 ③

①②⑤ 특별 효력요건에 해당한다.

③ 농지취득자격증명은 농지를 취득하는 자에게 농지취득의 자격이 있다는 것을 증명한 것일 뿐 효력발생요건이 아니다(대판 2006.1.27, 2005다59871).

④ 일반적 효력요건에 해당한다.

07 법률행위의 목적 정답 ③

① 「농지법」상 농지취득자격증명은 농지취득의 원인이 되는 법률행위의 효력발생요건이 아니므로 농지에 관한 소유권이전등기청구소송에서 농지취득자격증명이 없다는 이유로 그 청구를 거부할 수 없다(대판 2006.1.27, 2005다59871).

② 「부동산등기 특별조치법」상 조세포탈과 부동산투기 등을 방지하기 위하여 이 법률 제2조 제2항 및 제8조 제1호에서 등기하지 아니하고 제3자에게 전매하는 행위를 일정 목적범위 내에서 형사처벌하도록 되어 있으나, 이로써 순차매도한 당사자 사이의 중간생략등기 합의에 관한 사법상 효력까지 무효로 한다는 취지는 아니다(대판 1993.1.26, 92다39112).

③ 원시적 불능을 목적으로 하는 법률행위는 무효이나, 후발적 불능의 경우 당해 법률행위의 효력은 그대로 유효하다.

④ 표시된 동기가 사회질서에 반하는 것이면 그 법률행위는 **무효가 된다**(대판 1984.12.11, 84다카1402).

⑤ 법률행위의 목적의 불능 여부는 **법률행위 성립 당시**를 기준으로 판단하여야 한다.

08 법률행위의 목적
정답 ①

① 후발적 불능은 법률행위의 성립 후에 발생한 것이므로 당해 법률행위는 유효한 것이고, 다만 채무불이행 또는 위험부담이 문제된다.

② 타인 소유 물건의 매매도 채권행위로서는 **유효하다**. 이 경우 매도인은 그 권리를 취득하여 매수인에게 이전해야 할 의무를 부담한다(제569조). 매도인이 그 소유권을 이행기에 이전할 수 없을 경우 담보책임을 부담한다(제570조).

③ 「자본시장과 금융투자업에 관한 법률」[구(舊)증권거래법] 규정에 위반한 투자수익보장약정은 **무효이다**(대판 1996.8.23, 94다38199).

④ 단속법규를 위반한 행위에 대한 사법상 행위의 효력은 **유효이다**.

⑤ 「민간임대주택에 관한 특별법」 규정에 위반하여 임대의무기간 경과 전에 임대주택을 매각하는 행위의 사법상의 효력은 **무효이다**(대판 2005.6.9, 2005다11046).

09 강행규정과 임시규정의 차이점
정답 ④

㉠㉡㉢ 임의규정이므로 당사자 사이의 특약으로 그 적용을 배제할 수 있다.
㉣ 강행규정이므로 당사자 사이의 특약으로 그 적용을 배제할 수 없다.

10 단속법규와 효력법규
정답 ④

㉠ 「부동산등기 특별조치법」상 중간생략등기를 금지하는 규정은 **단속법규**에 해당한다(대판 1993.1.26, 92다39112).

㉡ 「공인중개사법」상 개업공인중개사가 중개의뢰인과 직접 거래를 하는 행위를 금지하는 규정은 **단속법규**에 해당한다(대판 2017.2.3, 2016다259677).

㉢ 「공인중개사법」상 개업공인중개사가 법령에 규정된 중개보수 등을 초과하여 금품을 받는 행위를 금지하는 규정은 **효력법규**에 해당한다(대판 2002.9.4, 2000다54406).

11 단속법규와 효력법규
정답 ⑤

① 「부동산등기 특별조치법」은 **단속법규**에 해당한다(대판 1993.1.26, 92다39112).

② 「부동산 거래신고 등에 관한 법률」상의 토지거래허가규정은 **효력법규**에 해당한다(대판 1997.3.14, 96다22464).

③ 「주택법」상의 전매금지규정은 단속법규에 해당한다(대판 1992.2.25, 91 다44544).

④⑤ 「자본시장과 금융투자업에 관한 법률」에 위반한 일임매매약정은 유효하 나, 구 「자본시장과 금융투자업에 관한 법률」에 위반한 투자수익보장약정은 무효이다(대판 1996.8.23, 94다38199).

12 반사회적 법률행위
정답 ②

① 전통사찰의 주지직을 거액의 금품을 대가로 양도 · 양수하기로 하는 약정은 사회질서에 반하므로 무효이다. 그러나 이러한 약정이 있음을 알고도 이를 묵인 또는 방조한 상태에서 한 종교법인의 주지임명행위는 반사회적 법률행 위에 해당되지 않는다(대판 2001.2.9, 99다38613).

② 매매계약체결 당시에 정당한 대가를 지급하고 목적물을 매수하는 계약을 체 결한 경우에는 비록 그 후 목적물이 범죄행위로 취득된 것을 알게 되었다고 하더라도 반사회적 법률행위에 해당하지 않는다(대판 2001.11.9, 2001다 44987).

13 반사회적 법률행위
정답 ③

㉠ 비자금을 소극적으로 은닉하기 위하여 임치한 것은 반사회적 법률행위에 해당하지 않는다(대판 2001.4.10, 2000다49343).

㉡ 제3자가 피상속인으로부터 토지를 전전매수하였다는 사실을 알면서도 그 사정을 모르는 상속인을 기망하여 결과적으로 그로 하여금 토지를 이중매도 하게 하였다면 이는 반사회적 법률행위에 해당한다(대판 1994.11.18, 94 다37349).

㉢ 강제집행을 면할 목적으로 부동산에 허위의 근저당권설정등기를 경료하는 행위는 반사회적 법률행위에 해당하지 않는다(대판 2004.5.28, 2003다 70041).

㉣ 소송사건에서 증언의 대가로 금전을 지급하기로 약정한 경우 그것이 통상 적으로 용인될 수 있는 수준(여비, 일실손해 등)을 초과하는 경우에는 무효 이다.

14 반사회적 법률행위
정답 ①

① 백화점 수수료위탁판매 매장계약에서 임차인이 매출신고를 누락하는 경우 판매수수료의 100배에 해당하고 매출신고누락분의 10배에 해당하는 벌칙 금을 임대인에게 배상하기로 한 위약벌의 약정은 반사회적 법률행위에 해당 하지 않는다(대판 1993.3.23, 92다46905).

② 대판 2001.4.10, 2000다49343

③ 대판 1969.8.19, 69므18

④ 「농지법」상 농지취득자격증명은 농지취득의 원인이 되는 법률행위의 효력 발생요건이 아니므로 농지에 관한 소유권이전등기청구소송에서 농지취득 자격증명이 없다는 이유로 그 청구를 거부할 수 없다(대판 2006.1.27, 2005다59871).

⑤ 대판 1994.11.18, 94다37349

15 반사회적 법률행위   정답 ③

① 대판 1956.1.26, 4288민상96
② 대판 1992.10.27, 92므204
③ 도박채무부담행위와 그 변제의 약정은 무효이고, 변제약정의 이행행위 또한 무효이나 부동산처분에 관한 대리권을 도박채권자에게 수여한 행위는 유효하다(대판 1995.7.14, 94다40147).
④ 대판 1999.4.13, 98다52483
⑤ 대판 1996.12.23, 95다40038

16 반사회적 법률행위   정답 ④

㉠ 형사사건에 관하여 체결된 성공보수약정은 수사·재판의 결과를 금전적인 대가와 결부시킴으로써 기본적 인권의 옹호와 사회정의의 실현을 사명으로 하는 변호사 직무의 공공성을 저해하고, 의뢰인과 일반 국민의 사법제도에 대한 신뢰를 현저히 떨어뜨릴 위험이 있으므로 선량한 풍속 기타 사회질서에 위배되는 것으로 평가할 수 있다(대판 전합체 2015.7.23, 2015다200111).
㉡ 부첩관계를 단절하면서 첩의 생활비, 자녀의 양육비를 지급하겠다는 계약은 반사회적 법률행위에 해당하지 않는다.
㉢ 산모가 우연한 사고로 인한 태아의 상해에 대비하기 위해 자신을 보험수익자로, 태아를 피보험자로 하여 체결한 상해보험계약도 계약자유의 원칙상 유효하므로 이는 반사회적 법률행위에 해당하지 않는다(대판 2019.3.28, 2016다211224).

17 이중매매   정답 ①

① 이중매매가 반사회적 법률행위에 해당되어 무효가 되는 경우 그 무효는 절대적 무효로서 선의의 제3자에게도 대항할 수 있으므로, 당해 부동산을 제2매수인으로부터 다시 취득한 제3자는 설사 제2매수인이 당해 부동산의 소유권을 유효하게 취득한 것으로 믿었다고 하더라도 부동산의 소유권을 취득하지 못한다(대판 1996.10.25, 96다29151).
② 부동산 이중매매가 무효가 되기 위해서는 제2매수인이 매도사실을 아는 것만으로는 부족하고, 매도사실을 알고 적극적으로 매도를 요청하거나 유도하여 계약에 이르는 정도가 되어야 한다(대판 1997.7.25, 97다362).

③ 계약자유의 원칙상 이중매매는 원칙적으로 유효하다. 따라서 먼저 등기한 매수인이 목적 부동산의 소유권을 취득한다(제186조).

④ 이중매매가 반사회적 법률행위로 되는 경우 제1매수인은 제2매수인에 대해 직접 그 명의의 소유권이전등기의 말소를 청구할 수는 없고, 매도인을 대위 (代位)하여 제2매수인에 대해 그 명의의 소유권이전등기의 말소를 청구할 수 있다(대판 1983.4.26, 83다카57).

⑤ 부동산이중매매의 법리는 이중으로 부동산임대차계약을 체결한 경우에도 그대로 적용된다(대판 2013.6.27, 2011다5813).

18 이중매매 정답 ④

① 이중매매는 원칙적으로 유효하고, 丙이 위 사실을 알고 계약을 한 것만으로는 甲의 배임행위에 丙이 적극적으로 가담한 것으로 볼 수 없으므로 丙은 X부동산의 소유권을 취득한다(대판 1997.7.25, 97다362).

② 乙은 이행불능을 이유로 최고 없이 甲과의 매매계약을 해제할 수 있다(제546조).

③ 이중매매가 반사회적 법률행위로 되는 경우 제1매수인은 제2매수인에 대해 직접 그 명의의 소유권이전등기의 말소를 청구할 수는 없고, 매도인을 대위 (代位)하여 제2매수인에 대해 그 명의의 소유권이전등기의 말소를 청구할 수 있다(대판 1983.4.26, 83다카57).

④ 이중매매가 반사회적 법률행위에 해당되어 무효가 되는 경우 그 무효는 절대적 무효로써 선의의 제3자에게도 대항할 수 있으므로, 당해 부동산을 제2매수인으로부터 다시 취득한 제3자는 설사 제2매수인이 당해 부동산의 소유권을 유효하게 취득한 것으로 믿었다고 하더라도 부동산의 소유권을 취득하지 못한다(대판 1996.10.25, 96다29151). 따라서 선의의 丁이 X부동산을 丙으로부터 매수하여 이전등기를 받았더라도 丁은 甲과 丙의 매매계약의 유효를 주장할 수 없다.

⑤ 해약금에 의한 계약해제는 이행착수 전까지만 할 수 있다(제565조). 중도금을 지급한 것은 이행의 착수에 해당하므로 甲은 계약금의 배액을 상환하고 乙과 체결한 매매계약을 해제할 수 없다.

19 이중매매 정답 ⑤

이중매매가 반사회적 법률행위에 해당되어 무효가 되는 경우 그 무효는 절대적 무효로써 선의의 제3자에게도 대항할 수 있으므로, 당해 부동산을 제2매수인으로부터 다시 취득한 제3자는 설사 제2매수인이 당해 부동산의 소유권을 유효하게 취득한 것으로 믿었다고 하더라도 부동산의 소유권을 취득하지 못한다(대판 1996.10.25, 96다29151). 따라서 선의의 丁이 X부동산을 丙으로부터 매수하여 이전등기를 받았더라도 丁은 甲과 丙의 매매계약의 유효를 주장할 수 없다.

20 법률행위의 목적의 사회적 타당성

정답 ④

① 형사사건에 관하여 체결된 성공보수약정은 수사·재판의 결과를 금전적인 대가와 결부시킴으로써, 기본적 인권의 옹호와 사회정의의 실현을 사명으로 하는 변호사 직무의 공공성을 저해하고, 의뢰인과 일반 국민의 사법제도에 대한 신뢰를 현저히 떨어뜨릴 위험이 있으므로, 선량한 풍속 기타 사회질서에 위배되는 것으로 평가할 수 있다(대판 전합체 2015.7.23, 2015다200111).

② 당초부터 오로지 보험사고를 가장하여 보험금을 탈 목적으로 생명보험계약을 체결하는 경우는 무효이며(대판 2000.2.11, 99다49064), 보험계약자가 다수의 보험계약을 통하여 보험금을 부정취득할 목적으로 보험계약을 체결하는 경우 역시 무효이다(대판 2005.7.28, 2005다23858).

③ 궁박, 경솔, 무경험 중 어느 하나만 갖추면 된다(제104조).

④ 폭리자의 악의가 필요한지의 여부에 대해 학설은 견해가 대립하나, 판례는 민법 제104조의 '……으로 인하여'를 '이를 이용하여'로 해석하여 폭리자의 악의를 요구하는 태도이다(대판 2002.10.22, 2002다38927).

⑤ 경매에 있어서는 제104조가 적용될 여지가 없다(대결 1980.3.21, 80마77).

21 불공정한 법률행위

정답 ⑤

① 불공정한 법률행위로서 무효인 경우에는 추인에 의하여 무효인 법률행위가 유효로 될 수 없다(대판 1994.6.24, 94다10900).

② 증여계약과 같이 아무런 대가관계 없이 당사자 일방이 상대방에게 일방적인 급부를 하는 법률행위는 불공정한 법률행위에 해당될 수 없다(대판 2000.2.11, 99다56833).

③ 궁박·경솔·무경험은 모두 구비해야 하는 것은 아니고 세 가지 중 어느 하나만 갖추면 족하다(대판 1993.10.12, 93다19924).

④ 궁박이라 함은 '급박한 곤궁'을 의미하는 것으로서 경제적 원인에 기인할 수도 있고 정신적 또는 심리적 원인에 기인할 수도 있다(대판 2002.10.22, 2002다38927).

⑤ 판례는 무효행위의 전환에 관한 제138조는 불공정한 법률행위에 적용될 수 있다고 보고 있다(대판 2010.7.15, 2009다50308).

22 불공정한 법률행위

정답 ④

① 불공정한 법률행위가 되기 위해서는, 급부와 반대급부 사이에 현저한 불균형이 있어야 하고, 피해자에게 궁박, 경솔 또는 무경험한 사정이 있어야 하며, 폭리행위자가 피해자의 사정을 알고 이용하려는 의사(폭리행위의 악의)가 있어야 한다.

② 무상계약은 반대급부가 존재하지 않으므로 제104조가 적용되지 않는다.

③ 판례는 불공정한 법률행위에 무효행위 전환의 법리가 적용될 수 있다고 본다.

④ 매도인의 대리인이 매매한 경우에 있어서 그 매매가 불공정한 법률행위인가를 판단함에는 매도인의 경솔, 무경험은 그 대리인을 기준으로 하여 판단하여야 하고, 궁박상태에 있었는지의 여부는 매도인 본인의 입장에서 판단되어야 한다(대판 1972.4.25, 71다2255).

⑤ 불공정한 법률행위에 해당하는지는 법률행위 성립 당시를 기준으로 판단하므로 매매계약이 불공정한 법률행위에 해당하는지는 계약체결 당시를 기준으로 판단한다.

23 불공정한 법률행위　　　　　정답 ⑤

ⓒ 궁박·경솔·무경험은 모두 구비해야 하는 것은 아니고, 세 가지 중 어느 하나만 갖추면 족하다(대판 1993.10.12, 93다19924).

ⓒ 합동행위에도 민법 제104조가 적용되므로 어업권 소멸로 인한 손실보상금의 분배에 관한 어촌계 총회의 결의가 현저하게 불공정한 경우 그 결의는 무효이다(대판 1997.10.28, 97다27619).

ⓜ 어떠한 법률행위가 불공정한 법률행위에 해당하는지는 법률행위 성립 당시를 기준으로 약속된 급부와 반대급부 사이의 객관적 가치를 비교 평가하여 판단하여야 하므로, 계약체결 당시를 기준으로 계약내용에 따른 권리·의무관계를 종합적으로 고려한 결과 불공정한 것이 아니라면, 사후에 외부적 환경의 급격한 변화에 따라 계약당사자 일방에게 큰 손실이 발생하고 상대방에게는 그에 상응하는 큰 이익이 발생할 수 있는 구조라고 하여 그 계약이 당연히 불공정한 계약에 해당한다고 말할 수 없다(대판 2015.1.15, 2014다216072).

24 오표시무해의 원칙　　　　　정답 ⑤

①②③ 오표시무해의 원칙에 의하여 매매계약은 甲토지에 관하여 성립하고, A 또는 B에게는 착오가 없으므로 착오를 이유로 매매계약을 취소할 수 없다.

④⑤ 법률행위로 인한 부동산물권변동의 경우 물권변동이 일어나기 위해서는 물권행위와 등기가 있어야 한다(제186조). 甲토지에 관하여는 물권행위는 있으나 등기가 없으므로 물권변동이 일어나지 않고, 乙토지에 관하여는 등기만 있고 물권행위가 없으므로 물권변동이 일어나지 않는다. 또한 등기의 공신력이 인정되지 않으므로 C는 소유권을 취득하지 못한다.

01	④	02	③	03	①	04	②	05	①
06	⑤	07	②	08	①	09	⑤	10	⑤
11	④	12	②	13	⑤	14	④	15	②
16	③	17	④						

01 비정상적 의사표시   정답 ④

① 제107조 제2항
② 제108조 제2항
③ 제109조 제2항
④ 등기에 공신력이 인정되지 않으므로 丙은 특별한 사정이 없는 한 소유권을 취득하지 못한다.
⑤ 제110조 제3항

02 비진의표시   정답 ③

① 대출절차상 편의를 위하여 명의를 빌려준 자가 채무부담의 의사를 가진 경우에는 비진의표시에 해당하지 않는다. 예를 들어 법률상 또는 사실상의 장애로 자기 명의로 대출받을 수 없는 자를 위하여 대출금채무자로서의 명의를 빌려준 자에게 그와 같은 채무부담의 의사가 없는 것이라고는 할 수 없으므로 그 의사표시를 비진의표시에 해당한다고 볼 수 없다.
② 비진의표시에 관한 규정은 원칙적으로 상대방 있는 단독행위에 적용된다.
③ 매매계약에서 비진의표시는 상대방이 선의이며 과실이 없는 경우에 한하여 유효하다.
④ 사직의사 없는 사기업의 근로자가 사용자의 지시로 어쩔 수 없이 일괄사직서를 제출하는 형태의 의사표시는 비진의표시로서 상대방이 표의자의 진의 아님을 안 경우에 해당하므로 무효이다.
⑤ 상대방이 표의자의 진의 아님을 알았다는 것은 무효를 주장하는 자가 증명하여야 한다.

03 비진의표시   정답 ①

① 비진의표시에 있어서 진의(眞意)란 특정한 내용의 의사표시를 하고자 하는 표의자의 생각을 말하는 것이지 표의자가 진정으로 마음속에서 바라는 사항이 아니다. 따라서 학교법인이 「사립학교법」상의 제한규정 때문에 그 학교 교직원의 명의를 빌려서 금원을 차용한 경우에 금원대여자 역시 그러한 사정을 알고 있었다고 하더라도 위 교직원의 의사는 위 금전의 대차에 관하여

그들이 주채무자로서 채무를 부담하겠다는 뜻이라고 해석함이 상당하므로, 이를 비진의표시라고 볼 수 없다(대판 1980.7.8, 80다639).

② 제107조 제2항

③ 비진의표시라도 원칙적으로 유효하다(제107조 제1항 본문). 그러나 상대방이 표의자의 진의 아님을 알았거나 알 수 있었을 경우에는 무효이다(제107조 제1항 단서). 입증책임에 대해서는 비진의표시의 무효를 주장하는 자가 상대방의 악의 또는 과실 유무를 입증하여야 한다(대판 1992.5.22, 92다2295).

④ 대판 1997.12.12, 97누13962

⑤ 진의 아닌 의사표시가 대리인에 의하여 이루어지고 그 대리인의 진의가 본인의 이익이나 의사에 반하여 자기 또는 제3자의 이익을 위한 배임적인 것임을 그 상대방이 알았거나 알 수 있었을 경우에는 민법 제107조 제1항 단서의 유추해석상 그 대리인의 행위에 대하여 본인은 아무런 책임을 지지 않는다(대판 2001.1.19, 2000다20694).

04 통정허위표시 정답 ②

① 통정허위표시의 무효를 가지고 선의의 제3자에게 대항하지 못하므로, 악의의 제3자에게는 대항할 수 있다.

② 선의의 제3자 스스로 무효를 주장하는 것은 무방하다.

③ 丙이 악의인 경우 甲의 채권자는 甲의 丙에 대한 소유물반환청구권을 대위행사할 수 있다(제404조).

④ 제3자가 선의인 경우 유효하게 소유권을 취득한다(제108조 제2항).

⑤ 제3자가 선의인 경우 제3자로부터 권리를 취득한 전득자(轉得者)는 악의일지라도 유효하게 권리를 취득한다(엄폐물의 법칙).

05 제108조 제2항의 제3자 정답 ①

통정허위표시에 의한 채권을 가압류한 자와 통정허위표시에 의해 설정된 전세권에 대해 저당권을 설정받은 자는 허위표시를 기초로 새로운 이해관계를 맺은 자이므로 제108조 제2항의 제3자에 해당한다.

06 제108조 제2항의 제3자 정답 ⑤

㉠ 파산자가 상대방과 통정한 허위의 의사표시에 의해 성립된 가장채권을 보유하고 있다가 파산선고가 된 경우의 파산관재인은 제3자에 해당한다(대판 2003.6.24, 2002다48214).

㉡ 가장채무를 보증하고 그 보증채무를 이행한 보증인은 제3자에 해당한다(대판 2000.7.6, 99다51258).

ⓒ 가장매매의 매수인으로부터 매매계약에 기한 소유권이전등기청구권을
보전하기 위하여 가등기를 경료한 자는 제108조 제2항의 제3자에 해당
한다.

07 착오로 인한 의사표시
정답 ②

㉠ 대판 2018.9.13, 2015다78703
㉡ **경과실**로 인해 착오에 빠진 표의자가 착오를 이유로 의사표시를 취소하더라
도, 이는 적법한 행위에 해당하므로 상대방에 대하여 **불법행위로 인한 손해**
배상책임을 지지 않는다(대판 1997.8.22, 97다13023).
㉢ 대판 2014.11.27, 2013다49794
㉣ 매도인이 매매계약을 적법하게 해제한 후라도 매수인은 손해배상책임을 지
거나 매매계약에 따른 계약금의 반환을 받을 수 없는 불이익을 면하기 위하
여 **착오를** 이유로 매매계약을 취소할 수 있다(대판 1996.12.6, 95다24982·
24999).

08 착오로 인한 의사표시
정답 ①

① 착오가 표의자의 중대한 과실로 인한 경우라도 **상대방이 표의자의 착오를**
알고 이용한 경우에는 표의자는 의사표시를 취소할 수 있다(대판 2014.11.
27, 2013다49794).
② 대판 2005.5.27, 2004다43824
③ 대판 2018.9.13, 2015다78703
④ 대판 1969.6.24, 68다1749
⑤ 대판 1991.3.27, 90다카27440

09 착오로 인한 의사표시
정답 ⑤

① 법령상의 제한으로 목적물을 의도한 바대로 사용할 수 없는 경우 이는 대부
분 동기의 착오에 해당한다(대판 1984.10.23, 83다카1187 ; 대판 1991.
11.12, 91다10732 ; 대판 1997.4.11, 96다31109 등).
② 매매목적물 1,800평을 경작이 가능한 **농지로** 알고 매수하였으나 그중
1,355평이 **하천부지**인 경우 성질의 착오에 해당하고 중요부분의 착오에도
해당하므로 취소할 수 있다(대판 1974.4.23, 74다54).
③ 착오에 관한 규정은 **임의규정**이므로 당사자의 특약으로 취소를 배제할 수
있다.
④ **공인중개사를 통하지 않고** 개인적으로 토지거래를 하는 경우, 매매목적물
의 동일성에 착오가 있더라도 토지대장 등을 확인하지 않은 것은 중대한
과실에 해당하므로 매수인은 착오를 이유로 매매계약을 취소할 수 없다(대
판 2009.9.24, 2009다40356).

⑤ 공(空)리스에 있어서 리스물건의 존재 여부에 대한 보증인의 착오는 원칙적으로 법률행위의 중요부분의 착오가 아니고 동기의 착오에 불과하다(대판 2001.2.23, 2000다48135).

10 착오로 인한 의사표시 정답 ⑤

① 甲이 채무자란이 백지로 된 근저당권설정계약서를 제시받고 그 채무자가 乙인 것으로 알고 근저당권설정자로 서명날인을 하였는데 그 후 채무자가 丙으로 되어 근저당권설정등기가 경료된 경우는 중요부분의 착오에 해당한다(대판 1995.12.22, 95다37087).

⑤ 재건축조합이 재건축아파트 설계용역계약을 체결함에 있어서 상대방의 건축사 자격 유무에 관한 착오는 중요부분의 착오에 해당하고, 건축사 자격 유무를 조사하지 않은 것은 중대한 과실에 해당하지 않는다(대판 2003. 4.11, 2002다70884).

11 착오로 인한 의사표시 정답 ④

① 대판 1990.7.10, 90다카7460

④ 착오에 대한 상대방의 인식가능성은 취소요건이 아니다. 따라서 표의자가 착오를 이유로 의사표시를 취소하기 위해서 상대방이 표의자의 착오를 알았거나 알 수 있었을 필요는 없다.

12 사기·강박에 의한 의사표시 정답 ②

① 대판 1980.8.26, 80다76

② 대리인의 기망행위로 계약을 체결한 상대방은 본인의 선의·악의 및 과실 유무를 불문하고 계약을 취소할 수 있다.

③ 대판 1997.3.11, 96다49353

④ 대판 2002.9.4, 2000다54406

⑤ 대판 1998.3.10, 97다55829

13 사기에 의한 의사표시 정답 ⑤

① 상대방이 선의·무과실이므로 취소할 수 없다(제110조 제2항).

② 상대방의 포괄승계인은 상대방과 동일시할 수 있는 자이므로 의사표시규정에서 말하는 제3자에 해당하지 않는다.

③ 제3자의 사기로 인하여 매매계약을 체결하여 손해를 입은 자가 제3자에 대해 손해배상을 청구하기 위해서 먼저 매매계약을 취소할 필요는 없다(대판 1998.3.10, 97다55829).

④ 교환계약의 당사자가 목적물의 시가를 묵비하거나 허위로 시가보다 높은 가액을 시가라고 고지하였다 하더라도 **기망행위에 해당하지 않는다**(대판 2002.9.4, 2000다54406·54413).

⑤ 아파트분양자는 아파트단지 인근에 공동묘지가 조성되어 있다는 사실을 분양계약자에게 고지할 의무가 있으므로 이를 고지하지 않은 것은 기망행위에 해당한다.

14 사기·강박에 의한 의사표시   정답 ④

② 대판 1993.8.13, 92다52665

④ 丙의 사기로 甲이 자신의 건물을 乙에게 증여한 경우 甲이 丙에게 불법행위를 원인으로 손해배상을 청구하기 위해서 **乙과의 계약을 취소할 필요는 없다**(대판 1998.3.10, 97다55829).

⑤ 대판 2003.5.13, 2002다73708·73715

15 의사표시의 효력발생   정답 ②

① 제111조 제1항

② **의사표시의 발신 후 표의자가 사망하거나 제한능력자가 되어도 의사표시의 효력에는 영향이 없다**(제111조 제2항).

③ 대판 1997.2.25, 96다38322

④ 제111조 제1항, 제527조

⑤ 제112조

16 의사표시의 효력발생   정답 ③

㉠㉢ 발신주의를 취하는 경우이다.

이론➕ **민법이 발신주의를 취하는 경우**

- 제한능력자의 상대방의 최고에 대한 제한능력자 측의 확답(제15조)
- 사원총회의 소집통지(제71조)
- 무권대리인의 상대방의 최고에 대한 본인의 확답(제131조)
- 채무인수에 있어서 채무자 또는 인수인의 최고에 대한 채권자의 확답(제455조)
- 격지자 간의 계약성립에 있어서 승낙의 통지(제531조)
- ➕ 제3자를 위한 계약에 있어서 채무자의 최고에 대한 제3자의 확답(제540조)은 도달주의에 의하고 있다.

17 의사표시의 효력발생

① 의사표시자가 그 통지를 발송한 후 사망하거나 제한능력자가 되어도 의사표시의 효력에 영향을 미치지 아니한다(제111조 제2항).

② 상대방이 있는 의사표시는 상대방에게 도달한 때에 그 효력이 생긴다(제111조 제1항). 도달이란 사회관념상 채무자가 통지의 내용을 알 수 있는 객관적 상태에 놓여졌을 때를 지칭하고 상대방이 이를 현실적으로 수령하였거나 그 통지의 내용을 알았을 것까지는 필요하지 않다(대판 1983.8.23, 82다카439).

③ 상대방 있는 의사표시의 경우 그 의사표시가 상대방에게 도달한 후에는 철회할 수 없다. 민법도 "해제의 의사표시는 철회하지 못한다."라고 규정하고 있다(제543조 제2항).

④ 대판 1997.2.25, 96다38322

⑤ 의사표시의 상대방이 의사표시를 '받은 때'에 제한능력자인 경우에는 의사표시자는 그 의사표시로써 대항할 수 없다(제112조 본문). 甲의 내용증명우편이 乙에게 '도달한 후' 乙이 성년후견개시의 심판을 받았으므로 甲의 해제의 의사표시는 효력을 발생하고 또 甲은 해제의 효과를 乙에게 주장할 수 있다.

CHAPTER 04 법률행위의 대리

01	②	02	③	03	③	04	①	05	③
06	②	07	②	08	①	09	③	10	③
11	③	12	④	13	③	14	②	15	②
16	⑤	17	⑤	18	⑤	19	③	20	④
21	⑤	22	③	23	③	24	⑤		

01 수권행위의 해석

㉠ 부동산 관리인에게 인감을 보관시킨 것은 처분권 부여행위가 아니다(대판 1973.6.5, 72다2617).

㉡ 대판 1992.4.14, 91다43107

㉢ 대판 1981.6.23, 80다3221

㉣ 매매계약체결의 대리권에는 계약해제권 등의 처분권을 포함한다고 볼 수 없다(대판 1987.4.28, 85다카971).

02 제118조의 적용범위   정답 ③

ⓛ㉣ 개량행위에 해당하나, 대리의 목적인 물건이나 권리의 성질이 변하므로 허용되지 않는다.

ⓒ 기한이 도래한 채무를 변제하는 것은 허용되나, 기한이 도래하지 않은 채무를 변제하는 것은 허용되지 않는다.

03 대리의 3면관계   정답 ③

① 제115조 본문
② 대리인은 행위능력자임을 요하지 않는다(제117조). 따라서 피한정후견인도 대리인이 될 수 있다.
③ 개량행위는 대리의 목적인 물건이나 권리의 성질이 변하지 않는 범위 내에서만 가능하다(제118조 제2호).
④ 대리권의 원인이 된 법률관계가 종료된 경우 임의대리권은 소멸한다(제128조 전단).
⑤ 본인이 수권행위를 철회(撤回)하면 임의대리권은 소멸한다(제128조 제2문). 또한 수권행위 자체에 하자가 있어 본인이 수권행위를 취소한 경우에도 임의대리권은 소멸한다.

04 자기계약·쌍방대리의 금지   정답 ①

자기계약과 쌍방대리는 본인의 이익을 해할 가능성이 있기 때문에 원칙적으로 금지된다(제124조). 다만, 본인의 허락이 있거나 채무의 이행에 대해서는 예외적으로 허용된다. 그러나 부득이한 사유는 자기계약과 쌍방대리가 허용되는 사유가 아니다.

05 공동대리의 제한   정답 ③

①② 제119조
③ 공동대리에 있어서 공동은 '의사결정의 공동'을 의미한다(통설). 따라서 의사결정에 관하여 전원이 일치하면 되고 전원이 모두 의사표시행위를 하여야 하는 것은 아니다(일부 대리인에 의한 실행도 무방).

06 대리권의 소멸   정답 ②

①③④⑤ 임의대리권과 법정대리권의 공통된 소멸원인은 본인이 사망한 때, 대리인이 사망하거나 파산선고 또는 성년후견이 개시된 때이다(제127조).

07 현명주의와 대리행위의 하자 　　　　　정답 ②

① 제116조 제1항
② 대리인은 행위능력자임을 요하지 아니한다(제117조). 따라서 甲은 乙이 제한능력자임을 이유로 매매계약을 취소할 수 없다.
③ 제115조 본문
④ 제115조 단서
⑤ 제110조 제1항

08 대리의 3면관계 　　　　　정답 ①

① 乙은 甲과의 위임계약을 제한능력을 이유로 취소할 수 있다(제5조·제140조).
② 대리인은 행위능력자임을 요하지 아니하므로(제117조), 甲은 乙의 제한능력을 이유로 乙의 대리행위인 매매계약을 취소할 수 없다.
③ 임의대리인은 원칙적으로 취소권이 없고 본인으로부터 취소권에 관한 특별수권이 있어야만 취소할 수 있다.
④ 위임계약은 각 당사자가 언제든지 해지할 수 있다(제689조 제1항).
⑤ 대리행위의 하자는 원칙적으로 대리인 乙을 표준으로 하여 결정한다(제116조 제1항).

09 현명주의와 대리행위의 하자 　　　　　정답 ③

① 乙이 매매대금을 횡령할 생각을 가지고 계약을 체결하였더라도 대리의사가 있다고 인정되면 유효한 대리가 될 수 있다(대판 1973.12.26, 73다1436).
② 대리인이 본인을 위한 것임을 표시하지 아니한 때에는 그 의사표시는 자기를 위한 것으로 본다(제115조 본문). 따라서 대리인이 법률관계의 당사자로 간주되므로, 상대방이 대리인에게 계약의 이행을 청구한 경우 대리인은 착오를 이유로 대리행위를 취소하지 못한다.
③ 상대방이 대리인으로서 한 것임을 알았거나 알 수 있었을 때에는 대리행위의 효과는 본인에게 귀속한다(제115조 단서).
④ 대리인이 본인을 위하여 대리행위를 한다는 취지를 인식할 수 있을 정도의 표시만으로도 대리관계의 표시로 볼 수 있다(대판 1973.12.26, 73다1436).
⑤ 상대방 있는 의사표시에 관하여 제3자가 사기나 강박을 한 경우에는 상대방이 그 사실을 알았거나 알 수 있었을 경우에 한하여 그 의사표시를 취소할 수 있으나, 상대방의 대리인 등 상대방과 동일시할 수 있는 자의 사기나 강박은 제3자의 사기·강박에 해당하지 아니한다. 따라서 본인의 선의·악의와 관계없이 상대방은 취소할 수 있다(대판 1999.2.23, 98다60828·60835).

10 대리행위의 하자와 대리인의 능력

정답 ③

① 乙이 사망하면 대리권이 소멸하므로 乙의 상속인에게 대리권이 승계되지 않는다.

② 임의대리인은 본인의 승낙이 있거나 부득이한 사유가 있는 때가 아니면 복대리인을 선임하지 못한다(제120조).

③ 부동산의 소유자로부터 매매계약을 체결할 대리권을 수여받은 대리인은 특별한 사정이 없는 한 그 매매계약에서 약정한 바에 따라 대금을 수령할 권한도 있다고 보아야 한다(대판 1994.2.8, 93다39379). 따라서 乙이 丙으로부터 대금 전부를 지급받고 아직 甲에게 전달하지 않았더라도 특별한 사정이 없는 한 丙의 대금지급의무는 변제로 소멸한다.

④ 매매계약체결의 대리권에는 계약해제권 등의 처분권을 포함한다고 볼 수 없다(대판 1987.4.28, 85다카971).

⑤ 대리인은 행위능력자임을 요하지 아니한다(제117조). 따라서 乙이 미성년자이더라도 甲은 乙이 제한능력자임을 이유로 계약을 취소할 수 없다.

11 유권대리와 무권대리

정답 ③

① 이 경우에는 무권대리행위가 되며, 민법 제126조 표현대리가 성립할 수 있다.

② 표현대리가 성립한 경우에도 상대방은 철회권을 행사할 수 있다.

③ 대리인이 상대방에 대해 사기·강박을 한 경우 상대방은 본인의 선의·악의를 불문하고 취소할 수 있다(제110조 제1항).

④ 타인이 자신의 판매점, 총대리점 또는 연락사무소 등의 명칭을 사용하여 자신을 대리하여 계약을 체결하는 것을 묵인하는 행위는 대리권수여의 표시에 해당되므로 민법 제125조 표현대리가 성립할 수 있다(대판 1998.6.12, 97다53762).

⑤ 대리인이 본인을 위한 것임을 표시하지 아니한 때에는 그 의사표시는 자기를 위한 것으로 본다(제115조 본문).

12 복대리

정답 ④

① 복대리인도 대리인에 의해 선임이 되었지만 복대리인이 한 법률행위의 효과는 본인에게 귀속하므로 복대리인은 본인의 대리인이다.

② 복대리인도 대리인이므로 행위능력자임을 요하지 아니한다(제117조).

③ 법정대리인은 그 책임으로 복대리인을 선임할 수 있다(제122조 본문).

④ 임의대리인은 본인의 승낙이 있거나 부득이한 사유가 있지 아니하면 복대리인을 선임할 수 없는 것인바, 아파트 분양업무는 그 성질상 분양 위임을 받은 수임인의 능력에 따라 그 분양사업의 성공 여부가 결정되는 사무로서, 본인의 명시적인 승낙 없이는 복대리인의 선임이 허용되지 아니하는 경우로 보아야 한다(대판 1999.9.3, 97다56099).

⑤ 대리인이 대리권 소멸 후 직접 상대방과 사이에 대리행위를 하는 경우는 물론 대리인이 대리권 소멸 후 복대리인을 선임하여 복대리인으로 하여금 상대방과 사이에 대리행위를 하도록 한 경우에도 제129조의 표현대리가 성립할 수 있다(대판 1998.5.29, 97다55317).

13 복대리   정답 ③

임의대리인은 원칙적으로 복대리인을 선임할 수 없고, 본인의 승낙이 있거나 부득이한 사유가 있는 때에 한하여 '복대리인을 선임'할 수 있다. 반면, 본인의 지명에 의해 복대리인을 선임한 경우 책임이 경감된다. 즉, 복대리인의 부적임 또는 불성실함을 알고 본인에 대한 통지나 그 해임을 태만히 한 때에만 책임을 진다.

14 복대리   정답 ②

㉠ 복대리인은 본인의 대리인이다.
㉣ 법률행위의 성질상 대리인 자신에 의한 처리가 필요하지 아니한 경우에 본인이 복대리금지의 의사를 명시하지 않는 경우에 한하여 복대리인의 선임에 관하여 묵시적인 승낙이 있는 것으로 볼 수 있다(대판 1996.1.26, 94다30690).

15 복대리권의 소멸   정답 ②

본인의 성년후견 개시는 복대리권의 소멸원인이 아니다.

이론 ➕ 복대리권의 소멸원인

- 대리권의 일반적 소멸원인(제127조)
- 대리인과 복대리인 사이의 기초적 내부관계의 종료(제128조 전단)
- 복임행위의 하자
- 복임행위에 대한 대리인의 철회(제128조 후단)
- 모권인 대리권의 소멸

16 협의의 무권대리   정답 ⑤

① 제130조
② 제134조
③ 대판 1973.1.30, 72다2309·2310
④ 대판 1981.4.14, 81다151
⑤ 母가 子의 부동산에 가등기 및 소유권이전등기를 하고 금원을 차용한 데 대하여 子가 차용금을 갚아주겠다고 하면서 등기말소를 요청하였다는 사실만으로는 묵시적 추인으로 볼 수 없다(대판 1974.5.14, 73다148).

17 협의의 무권대리

① 본인 甲이 추인하면 무권대리행위는 **계약 시에 소급하여** 유효로 된다. 따라서 甲은 丙에게 대금지급청구를 할 수 있다.

② 대리권 없는 자가 타인의 대리인으로 계약을 한 경우에 상대방은 상당한 기간을 정하여 본인에게 그 추인 여부의 확답을 최고할 수 있다(제131조).

③ 다른 자의 대리인으로서 계약을 맺은 자가 그 대리권을 증명하지 못하고 또 본인의 추인을 받지 못한 경우에는 그는 **상대방의 선택에 따라** 계약을 이행할 책임 또는 손해를 배상할 책임이 있다(제135조 제1항).

④ 대리권 없는 자가 한 계약은 **본인의 추인이 있을 때까지** 상대방은 본인이나 그 대리인에 대하여 이를 철회할 수 있다. 그러나 계약 당시에 상대방이 대리권 없음을 안 때에는 그러하지 아니하다(제134조).

⑤ 대리권한 없이 타인의 부동산을 매도한 자가 그 부동산을 상속한 후 소유자의 지위에서 자신의 대리행위가 무권대리로 무효임을 주장하여 등기말소 등을 구하는 것은 금반언원칙이나 신의칙에 반하므로 허용될 수 없다(대판 1994.9.27, 94다20617).

18 협의의 무권대리

① 대리권 없는 자가 타인의 대리인으로 계약을 한 경우에 상대방은 상당한 기간을 정하여 본인에게 그 추인 여부의 확답을 최고할 수 있고, 본인이 그 기간 내에 확답을 발하지 아니한 때에는 **추인을 거절한 것으로 본다**(제131조).

② 대리권한 없이 타인의 부동산을 매도한 자가 그 부동산을 상속한 후 **소유자의 지위에서** 자신의 대리행위가 무권대리로 무효임을 주장하여 등기말소나 부당이득반환을 청구하는 것은 **신의칙에 반하므로 허용될 수 없다**(대판 1994.9.27, 94다20617).

③ 본인의 단독상속인은 상대방에 대하여 무권대리행위를 추인할 수 있다.

④ 대리인에게 대리권이 없음을 안 상대방은 무권대리행위를 철회할 수 없다(제134조).

⑤ 무권대리행위에 대해 본인이 추인을 거절하더라도 **무권대리인이 미성년자인 경우에는 상대방은 무권대리인에게 손해배상을 청구할 수 없다**(제135조).

19 협의의 무권대리

① 본인이 추인을 한 경우 무권대리행위는 계약을 맺은 때로 소급하여 유효로 되므로 처음부터 유권대리와 동일한 법률효과가 발생한다(제133조).

② 대리권한 없이 타인의 부동산을 매도한 자가 그 부동산을 상속한 후 소유자의 지위에서 자신의 대리행위가 무권대리로 무효임을 주장하여 등기말소나 부당이득반환을 청구하는 것은 금반언원칙이나 **신의칙에 반하므로 허용될 수 없다**(대판 1994.9.27, 94다20617).

③ 무권대리행위의 추인은 무권대리인, 무권대리행위의 직접의 상대방 및 그 무권대리행위로 인한 권리 또는 법률관계의 승계인에 대하여도 할 수 있다 (대판 1981.4.14, 80다2314). 따라서 甲은 乙과 丙 및 丁 모두에게 추인할 수 있다.

④ 본인이 무권대리인에 대해 추인을 한 경우 상대방이 추인사실을 알 때까지 는 상대방에게 대항할 수 없다(제132조).

⑤ 제131조

20 협의의 무권대리 　　　　　　　　　　　　　　　　　　정답 ④

㉠ 상대방 丙의 선택에 따라 계약의 이행 또는 손해배상의 책임을 진다(제135조).

㉡ 상대방 丙이 계약을 철회한 경우에는 확정적 무효로 되므로 본인 乙은 추인 할 수 없다(제134조).

㉢ 추인을 거절한 것으로 본다(제131조).

㉣ 묵시적 추인에 해당하므로 추인으로서의 효력이 있다.

㉤ 대리권한 없이 타인의 부동산을 매도한 자가 그 부동산을 상속한 후 소유자 의 지위에서 자신의 대리행위가 무권대리로 무효임을 주장하여 등기말소나 부당이득반환을 청구하는 것은 신의칙에 반하므로 허용될 수 없다(대판 1994.9.27, 94다20617).

㉥ 철회권은 선의의 상대방만 행사할 수 있다(제134조 단서).

21 협의의 무권대리 　　　　　　　　　　　　　　　　　　정답 ⑤

① 본인인 甲이 추인을 거절한 경우 무권대리행위는 확정적으로 무효가 된다 (제130조). 따라서 상대방 丙은 본인 甲에 대하여 매매대금지급을 청구할 수 없다. 또한 상대방 丙은 매매계약체결의 대리권이 없음을 알았으므로 무 권대리인인 乙에 대해서도 계약의 이행 또는 손해배상책임을 물을 수 없다 (제135조 제2항).

② 무권대리인의 상대방에 대한 책임이 성립하기 위해서는 무권대리인은 행위 능력자이어야 한다(제135조 제2항). 따라서 乙이 미성년자인 경우 丙은 乙 에게 이행 또는 손해배상을 청구할 수 없다.

③ 철회권은 선의자만 행사할 수 있다(제134조).

④ 민법 제126조의 표현대리가 성립할 수 있다.

⑤ 선의·악의를 불문하고 최고권을 행사할 수 있다.

22 표현대리 　　　　　　　　　　　　　　　　　　　　　정답 ③

① 표현대리가 성립하기 위해서는 대리행위 자체는 일단 유효하여야 하므로 대리행위가 강행법규에 위반되어 무효인 경우에는 표현대리의 법리가 준용 될 여지가 없다(대판 1996.8.23, 94다38199).

② 유권대리에 관한 주장 속에 무권대리에 속하는 표현대리의 주장이 포함되어 있다고 볼 수 없다(대판 전합체 1983.12.13, 83다카1489).

③ 대판 1978.3.28, 78다282 · 283

④ 복대리인이 자신의 대리권의 범위를 넘는 대리행위를 한 경우에도 민법 제126조의 표현대리가 성립할 수 있다. 또한 대리인이 대리권소멸 후 복대리인을 선임하여 복대리인으로 하여금 상대방과 사이에 대리행위를 하도록 한 경우에도 제129조의 표현대리가 성립할 수 있다(대판 1998.5.29, 97다55317).

⑤ 표현대리행위가 성립하는 경우에 본인은 표현대리행위에 기하여 전적인 책임을 져야 하는 것이고 상대방에게 과실이 있다고 하더라도 과실상계의 법리를 유추적용하여 본인의 책임을 감경할 수는 없다(대판 1994.12.22, 94다24985).

23 제126조의 표현대리   정답 ③

① 甲이 乙에게 소비대차계약과 저당권설정계약에 관한 대리권을 수여하였으므로 乙에게는 기본대리권이 인정된다.

② 표현대리가 성립하지 않는 경우 상대방은 본인에게 계약상의 이행책임을 물을 수 없으므로, 丙은 甲에게 소유권이전등기를 청구할 수 없다.

③ 표현대리가 성립하기 위해서는 대리행위 자체는 일단 유효하여야 한다. 따라서 대리행위가 강행법규에 위반되어 무효인 경우에는 표현대리의 법리가 준용될 여지가 없다(대판 1996.8.23, 94다38199).

④ 정당한 이유가 있는지의 여부는 대리행위 당시 존재하는 제반 사정을 객관적으로 판단하여 결정하여야 한다(대판 1989.4.11, 88다카13219). 따라서 丙은 매수 당시 정당한 이유가 있었으므로 계약성립 후에 대리권 없음을 알았더라도 표현대리를 주장할 수 있다.

⑤ 대리인이 자기 앞으로 소유권이전등기를 경료한 후 자기 소유물이라 하여 매각한 경우에는 표현대리의 법리가 적용되지 않는다(대판 1972.12.12, 72다1530).

24 표현대리   정답 ⑤

① 丙은 무권대리인이므로 丙이 甲을 위한 것임을 표시하였더라도 甲의 추인이 없는 한 매매계약의 효력은 甲에게 귀속되지 않는다.

② 무권대리행위의 효력은 유동적 무효이다.

③ 복대리인의 행위에도 표현대리규정을 적용할 수 있으므로 甲은 위 매매계약에 대한 책임을 질 수 있다.

④ 甲이 丙과 丁 사이의 대리행위를 추인한 경우 계약체결 시에 소급하여 유효하게 된다.

⑤ 대리인이 대리권소멸 후 복대리인을 선임하여 복대리인으로 하여금 상대방과 사이에 대리행위를 하도록 한 경우에도 민법 제129조에 의한 표현대리가 성립할 수 있다(대판 1998.5.29, 97다55317).

01	④	02	⑤	03	④	04	⑤	05	⑤
06	①	07	⑤	08	④	09	②	10	①
11	⑤	12	②	13	⑤	14	③	15	④

01 법률행위의 무효   정답 ④

㉠ 착오로 체결한 매매계약 : 취소
㉡ 사회질서에 위반한 조건이 붙은 법률행위 : 무효
㉢ 대리인의 사기에 의한 법률행위 : 취소
㉣ 원시적·객관적·전부불능을 목적으로 한 법률행위 : 무효

02 법률행위의 무효   정답 ⑤

① 이는 일부무효의 법리에 관한 내용이다(제137조 단서).
② 이는 무효행위의 전환에 관한 내용이다(제138조).
③ 이는 무효행위의 추인에 관한 내용이다(제139조).
④ 무효행위의 추인에 관한 제139조는 임의규정이므로 당사자의 약정에 의하여 소급효를 인정하는 것은 무방하다.
⑤ 처음부터 허가를 배제하거나 잠탈을 기도한 경우에는 확정적 무효이다(대판 2010.6.10, 2009다96328).

03 무효와 취소   정답 ④

㉡ 취소하면 법률행위 시에 소급하여 효력이 없는 것으로 된다(제141조).
㉣ 취소의 상대방은 취소할 수 있는 법률행위의 직접 상대방이므로 甲은 乙에게 취소의 의사표시를 하여야 한다.

04 일부무효의 법리   정답 ⑤

① 전부 무효가 원칙이다(제137조 본문).
② 가분성과 가상적 의사가 있으면 나머지 부분은 유효로 된다(제137조 단서).
③ 일부분이 유효로 되기 위해서는 당사자의 가상적 의사가 있어야 한다(제137조 단서).
④ 일정부분은 매매대상에서 제외하기로 하였으므로 이 부분은 법률행위로서 성립조차 하지 않아서 취소문제는 전혀 발생하지 않는다(대판 1999.3.26, 98다56607).

⑤ 하나의 법률행위의 일부분에만 취소사유가 있다고 하더라도 그 법률행위가 가분적이거나 그 목적물의 일부가 특정될 수 있다면, 그 나머지 부분이라도 이를 유지하려는 당사자의 가정적 의사가 인정되는 경우 그 **일부만의 취소도 가능하다**고 할 것이고, 그 일부의 취소는 법률행위의 일부에 관하여 효력이 생긴다(대판 2002.9.10, 2002다21509).

05 무효행위의 전환   정답 ⑤

무효행위의 전환의 경우도 일부무효의 법리와 마찬가지로 당사자의 의사는 가상적 의사이다.

06 무효행위의 추인   정답 ①

① 무효인 법률행위는 추인하여도 그 효력이 생기지 아니한다. 그러나 당사자가 그 무효임을 알고 추인한 때에는 '추인한 때로부터' 새로운 법률행위로 본다(제139조). 따라서 무효인 가등기를 유용하더라도 '유용한 때로부터' 유효한 등기로 된다.
② 대판 1959.10.29, 4292민상250 ; 대판 1967.4.18, 67다281
③ 무효행위의 추인은 소급효가 없으나(제139조), 당사자의 약정에 의한 소급효는 가능하다.
④ 대판 1998.12.22, 97다15715
⑤ 대판 2001.11.9, 2001다44291

07 토지거래허가구역 내의 토지거래계약의 효력   정답 ⑤

㉠㉡㉢㉣ 모두 확정적으로 무효로 되는 경우이다.
㉤ 「부동산 거래신고 등에 관한 법률」상 토지거래허가구역으로 지정된 토지에 대한 거래계약이 유동적 무효인 상태에서 그 토지에 대한 토지거래허가구역 지정이 해제되거나 허가구역 지정기간이 만료되었음에도 허가구역 재지정을 하지 아니한 경우, 그 토지거래계약은 **확정적으로 유효로 된다**(대판 전합체 1999.6.17, 98다40459).

08 토지거래허가구역 내의 토지거래계약의 효력   정답 ④

㉠ 매도인의 토지거래허가신청절차 협력의무와 매수인의 대금지급의무는 **동시이행관계가 아니므로 매도인이 그 대금지급채무의 변제 시까지 협력의무의 이행을 거절할 수 있는 것은 아니다**(대판 1993.8.27, 93다15366).
㉡ 매매의 당사자 일방이 계약 당시에 금전 기타 물건을 계약금, 보증금 등의 명목으로 상대방에게 교부한 때에는 당사자 간에 다른 약정이 없는 한 당사자의 일방이 이행에 착수할 때까지 교부자는 이를 포기하고 수령자는 그 배액을 상환하여 매매계약을 해제할 수 있다(제565조 제1항).

ⓒ 토지거래허가구역 지정기간이 만료되었으나 재지정이 없는 경우에는 더 이상 토기의 우려가 없으므로 위 계약은 확정적으로 유효로 된다.

09 토지거래허가구역 내의 토지거래계약의 효력   정답 ②

① 추후에 허가를 얻으면 법률행위 시에 소급하여 유효로 확정된다.

② 유동적 무효인 상태에서도 해약금에 의한 계약해제는 유효하다(대판 1997. 6.27, 97다9369).

③ 계약 당사자 사이에 허가신청에 협력할 의무는 인정되며, 협력의무는 소구(訴求)할 수 있다(대판 전합체 1991.12.24, 90다12243).

④ X토지 거래에 대한 허가 여부가 불확정한 상태에서는 甲은 이미 지급한 계약금과 중도금에 대해 부당이득반환청구를 할 수 없다(대판 1993.7.27, 91다33766).

⑤ 매도인의 토지거래허가신청절차 협력의무와 매수인의 대금지급의무는 동시이행관계가 아니므로 매도인이 그 대금지급채무의 변제 시까지 협력의무의 이행을 거절할 수 있는 것은 아니다(대판 1993.8.27, 93다15366).

10 법률행위의 취소   정답 ①

① 취소권은 추인할 수 있는 날로부터 3년 내에, 법률행위를 한 날로부터 10년 내에 행사하여야 한다(제146조).

② 제한능력자가 제한능력을 이유로 자신의 법률행위를 단독으로 취소할 수 있다(제140조). 따라서 취소 시에 법정대리인의 동의는 필요 없다.

③④ 취소된 법률행위는 특별한 사정이 없는 한 처음부터 무효인 것으로 본다(제141조 본문). 다만, 제한능력자는 그 행위로 인하여 받은 이익이 현존하는 한도에서 상환(償還)할 책임이 있다(제141조 단서).

⑤ 취소할 수 있는 법률행위를 추인하면 취소권을 포기한 것이므로 취소할 수 있는 법률행위는 확정적으로 유효하게 된다(제143조).

11 법률행위의 취소   정답 ⑤

① 매도인이 계약을 해제했더라도 매수인은 착오를 이유로 취소할 수 있다(대판 1996.12.6, 95다24982·24999).

② '추인할 수 있는 날'이란 취소의 원인이 소멸된 날을 말한다(대판 1998.11. 27, 98다7421).

③ 취소사유 자체가 없으면 취소의 효력이 생기지 않는다(대판 1994.7.29, 93다58431).

④ 이는 법정추인에 해당하며, 취소권을 포기한 것으로 간주된다(제145조 제1호).

⑤ 법정대리인은 취소의 원인이 종료하기 전이라도 취소할 수 있는 법률행위를 추인할 수 있다(제144조 제2항).

12 법률행위의 취소

㉠ 취소로 인한 각 당사자의 부당이득반환의무는 서로 동시이행관계에 있다.

㉡ 甲이 대금을 모두 생활비로 사용한 경우 이는 현존이익이 있으므로 甲은 대금 전액을 반환하여야 한다.

㉢ 제한능력을 이유로 한 취소는 절대적 취소로서 선의의 제3자에게도 대항할 수 있다. 따라서 乙이 선의의 丁에게 매도하고 이전등기하였더라도 丙이 취소로써 丁에게 대항할 수 있으므로 丁은 소유권을 취득할 수 없다.

13 법률행위의 취소

㉠ 제한능력자는 법정대리인의 동의 없이 취소할 수 있다(제140조).

㉡ 임의대리인은 본인으로부터 취소에 관한 특별수권이 있어야 취소할 수 있으므로 임의대리인은 본인의 취소권을 대리하는 것이다.

㉢ 특정승계인은 취소권만의 승계는 인정되지 않으므로 취소할 수 있는 행위에 의해 취득한 권리의 승계가 있는 경우에만 취소할 수 있다.

㉣ 법정대리인은 취소의 원인이 종료하기 전이라도 추인할 수 있다(제144조 제2항).

㉤ 제한능력자는 그 행위로 인하여 받은 이익이 현존하는 한도에서 상환할 책임이 있고(제141조 단서), 이는 의사무능력자의 경우에도 유추적용된다(대판 2009.1.15, 2008다58367).

14 취소할 수 있는 법률행위의 추인

① 취소할 수 있는 법률행위의 추인은 취소권의 포기라는 소극적 측면과 취소할 수 있는 법률행위를 확정적으로 유효로 하겠다는 적극적 측면이 있다(제143조). 새로운 법률행위로 보는 것은 무효행위의 추인의 경우이다. 즉, 당사자가 무효인 법률행위임을 알고 추인한 경우 추인한 때로부터 새로운 법률행위로 본다(제139조).

② 취소할 수 있는 법률행위를 추인하기 위해서는 원칙적으로 취소의 원인이 종료하여야 한다. 따라서 미성년자는 성년자가 된 후에 단독으로 추인할 수 있다.

③ 제144조 제1항

④ 취소할 수 있는 법률행위의 추인은 명시적으로뿐만 아니라 묵시적으로도 가능하다.

⑤ 추인권자는 취소권자에 한정된다. 따라서 추인권자 역시 제한능력자(능력자로 된 후에 추인할 수 있음), 착오로 인하거나, 사기나 강박에 의하여 의사표시를 한 자, 그의 대리인 또는 승계인이다(제143조 제1항).

15 법정추인

ⓒ 이행청구는 취소권자가 한 경우라야 법정추인사유로 된다(제145조). 따라서 취소권자 甲이 乙로부터 이행청구를 받은 경우는 법정추인사유가 아니므로 여전히 甲은 乙과의 매매계약을 취소할 수 있다.

ⓔ 취소권자의 상대방이 권리를 양도한 경우는 법정추인에 해당하지 않는다(제145조). 따라서 甲은 여전히 乙과의 매매계약을 취소할 수 있다.

CHAPTER 06 조건과 기한

01	①	02	②	03	①	04	③	05	④
06	②	07	⑤						

---

01 조건과 기한

① 조건은 법률행위로서 성립은 하였고 효력의 발생 또는 소멸을 장래의 불확실한 사실에 의존하게 하는 법률행위의 부관이다.

② 법률행위에 조건이 붙어 있는지 여부에 대한 입증책임은 사실인정의 문제이므로 조건의 존재를 주장하는 자에게 있다(대판 2006.11.24, 2006다35766).

③ 기성조건이 해제조건이면 그 법률행위는 무효이고, 기성조건이 정지조건이면 조건 없는 법률행위로 된다(제151조 제2항).

④ 기한은 채무자의 이익을 위한 것으로 추정한다(제153조 제1항).

⑤ 종기 있는 법률행위는 기한이 도래한 때로부터 그 효력을 잃는다(제152조 제2항).

---

02 조건부 법률행위

㉠ 조건이 법률행위의 당시에 이미 성취할 수 없는 것인 경우에는 그 조건이 해제조건이면 조건 없는 법률행위로 하고 정지조건이면 그 법률행위는 무효로 한다(제151조 제3항).

ⓛ 조건이 법률행위의 당시 이미 성취한 것인 경우에는 그 조건이 정지조건이면 조건 없는 법률행위로 하고 해제조건이면 그 법률행위는 무효로 한다(제151조 제2항).

ⓒ 기한이익 상실특약은 정지조건부 기한이익 상실특약으로 볼 만한 특별한 사정이 없는 한 형성권적 기한이익 상실특약으로 추정된다(대판 2002.9.4, 2002다28340).

03 조건부 법률행위

정답 ①

① 어음보증에 조건을 붙이는 것도 가능하다(대판 1986.9.9, 84다카2310).
② 단독행위에는 원칙적으로 조건을 붙일 수 없다.
⑤ 제544조

04 조건과 기한

정답 ③

① 해제조건 있는 법률행위는 조건이 성취한 때로부터 그 효력을 잃는다(제147조 제2항).
② 기한이익 상실특약은 정지조건부 기한이익 상실특약으로 볼 만한 특별한 사정이 없는 한 형성권적 기한이익 상실특약으로 추정된다(대판 2002.9.4, 2002다28340).
③ 제151조 제3항
④ 당사자가 불확정한 사실이 발생한 때를 이행기로 정한 경우에는 그 사실이 발생한 때는 물론 그 사실의 발생이 불가능하게 된 때에도 이행기는 도래한 것으로 보아야 한다(대판 2006.9.28, 2006다24353).
⑤ 상계와 같은 소급효가 있는 법률행위에 시기(始期)를 붙일 수 없다.

05 조건부 법률행위

정답 ④

ⓒ 기성조건이 해제조건이면 그 법률행위는 무효가 되고, 정지조건이면 조건 없는 법률행위가 된다.
ⓓ 조건은 법률행위 '효력'의 발생 또는 소멸을 장래의 불확실한 사실의 성부에 의존하게 하는 법률행위의 부관이다.

06 조건과 기한

정답 ②

① 단독행위라도 상대방의 동의가 있는 경우와 상대방에게 이익만 주는 경우(채무면제, 유증) 및 상대방이 결정할 수 있는 사실을 조건으로 하는 경우에는 조건을 붙일 수 있다.
② 조건을 붙이는 것이 허용되지 않는 법률행위에 조건을 붙인 경우, 조건뿐만 아니라 법률행위 전체가 무효로 된다.
③ 대판 1983.4.12, 81다카692
④ 임대차계약을 체결함에 있어서 임대기한을 '임차인에게 매도할 때까지'로 정하였다면 별다른 사정이 없는 한 기한을 정한 것이라고 볼 수 없으므로 위 임대차계약은 기간의 약정이 없는 것이라고 해석함이 상당하다(대판 1974.5.14, 73다631).
⑤ 대판 2005.10.7, 2005다38546

07 조건과 기한

① 법률행위의 부관이 조건인가 아니면 불확정기한인가 하는 것은 결국 법률행위의 해석문제이다(대판 2006.12.21, 2005다40754).

② 제153조 제1항

③ 채무자가 담보제공의 의무를 이행하지 아니한 때에는 기한의 이익을 상실한다(제388조 제2호). 기한이익을 상실하는 경우 채무자는 기한의 이익을 주장하지 못한다.

④ 단독행위에는 원칙적으로 조건을 붙일 수 없다.

⑤ 조건과 달리 기한은 당사자의 약정에 의한 소급효가 인정되지 않는다. 당사자의 약정에 의해 소급효를 인정하면 기한제도 자체가 무의미해지기 때문이다.

CHAPTER 01 물권법 일반

01	⑤	02	④	03	④	04	⑤	05	①
06	④	07	①						

01 물권의 종류　　　　　　　　정답 ⑤

㉠㉡㉢ 관습법상의 물권에 해당하지 않는다.
㉣ 미등기 무허가건물의 양수인이라도 그 소유권이전등기를 경료하지 않는 한 그 건물의 소유권을 취득할 수 없고, 소유권에 준하는 관습법상의 물권이 있다고도 할 수 없다(대판 2006.10.27, 2006다49000).

02 물권법정주의　　　　　　　　정답 ④

① 제185조
② 물권법정주의로 인해 물권법의 규정은 대부분 강행규정이다.
③ 관습법에 의한 물권창설도 허용이 되지만, 관습법은 법률의 규정이 없는 경우에 한해 보충적으로 적용된다.
④ 물권법정주의는 종류강제뿐만 아니라 내용강제도 포함한다. 따라서 법률 또는 관습법이 인정하는 종류의 물권이라도 그 내용이 법률 또는 관습법이 정하는 내용과 달라서는 안 된다.

03 물권의 객체　　　　　　　　정답 ④

① 입목은 소유권과 저당권의 객체가 될 수 있다(입목에 관한 법률 제3조). 그러나 명인방법을 갖춘 수목의 집단은 소유권의 객체만 될 수 있고 저당권의 객체는 될 수 없다.
② 현존하는 물건에 대해서만 물권이 성립할 수 있다.
③ 1동의 건물에 대하여 구분소유가 성립하기 위해서는 객관적·물리적인 측면에서 1동의 건물이 존재하고, 구분된 건물부분이 구조상·이용상 독립성을 갖추어야 할 뿐 아니라, 1동의 건물 중 물리적으로 구획된 건물부분을 각각 구분소유권의 객체로 하려는 구분행위가 있어야 한다(대판 전합체 2013.1.17, 2010다71578).

④ 물권변동에 있어서 형식주의를 채택하고 있는 현행 민법하에서는 소유권을 이전한다는 의사 외에 부동산에 있어서는 등기를, 동산에 있어서는 인도를 필요로 함과 마찬가지로 쪽파와 같은 수확되지 아니한 농작물에 있어서는 명인방법을 실시함으로써 그 소유권을 취득한다(대판 1996.2.23, 95도2754).

⑤ 제371조

04 물권의 종류
정답 ⑤

①④ 지상권·전세권을 목적으로 저당권을 설정할 수 있으나, 지역권과 임차권을 목적으로 저당권을 설정할 수 없다. 그리고 등기된 임차권도 대항력은 인정되나 저당권의 객체는 될 수 없다.

② 질권은 부동산 이외의 동산 또는 재산권에 성립한다.

③ 전세권은 1필 토지의 일부와 1동 건물의 일부를 목적으로 설정될 수 있다.

⑤ 소유권의 핵심적 권능에 속하는 배타적인 사용·수익권능이 소유자에게 존재하지 않는 경우는 물권법정주의에 반하여 특별한 사정이 없는 한 허용될 수 없다(대판 2012.6.28, 2010다81049).

05 물권적 청구권
정답 ①

① 민법 제214조의 규정에 의하면, 소유자는 소유권을 방해하는 자에 대하여 그 방해제거 내지 방해예방행위를 청구할 수 있으나, 소유자가 침해자에 대하여 방해제거행위 또는 방해예방행위를 하는 데 드는 비용을 청구할 수 있는 권리는 위 규정에 포함되어 있지 않으므로, 소유자가 민법 제214조에 기하여 방해배제비용 또는 방해예방비용을 청구할 수는 없다(대판 2014.11.27, 2014다52612).

② 불법원인급여의 경우 급여자는 부당이득반환을 청구할 수 없음은 물론 소유권에 기한 반환청구를 할 수 없다(대판 전합체 1979.11.13, 79다483).

③ 점유물반환청구는 악의의 특별승계인에게만 할 수 있으나(제204조 제2항), 소유자는 소유물을 불법점유한 사람의 특별승계인에 대해서도 그 반환을 청구할 수 있다.

④ 소유권에 기한 방해제거청구권은 현재 계속되고 있는 방해의 원인을 제거하는 것만을 내용으로 한다(대판 2003.3.28, 2003다5917).

⑤ 물권적 청구권은 물권에 부종하는 권리이므로 물권적 청구권만의 양도는 허용되지 않는다.

06 물권적 청구권
정답 ④

㉠ 무단으로 건물을 신축하였더라도 乙이 건물의 소유자이므로 甲은 乙을 상대로 Y건물에서의 퇴거를 청구할 수 없다.

㉡ 甲은 乙에게 건물의 철거를 청구할 수 있으므로 甲은 丙을 상대로 Y건물에서의 퇴거를 청구할 수 있다.

ⓒ 丁이 건물을 인도받은 경우에는 건물에 대한 처분권한을 취득하므로 甲은 丁을 상대로 Y건물의 철거를 청구할 수 있다.

07 물권적 청구권

정답 ①

㉠ 물권에 대한 침해 또는 침해의 염려만 있으면 되고 상대방의 귀책사유는 물권적 청구권의 행사요건이 아니다.

㉡ 소유권에 기한 물권적 청구권은 소유권과 분리하여 양도할 수 없으므로 소유권을 상실한 전 소유자는 소유권에 기한 물권적 청구권을 행사하지 못한다(대판 전합체 1969.5.27, 68다725).

㉢ 소유자는 소유권을 방해할 염려 있는 행위를 하는 자에 대하여 그 예방이나 손해배상의 담보를 청구할 수 있다(제214조 후단).

CHAPTER 02 물권의 변동

01	①	02	②	03	④	04	⑤	05	③
06	①	07	④	08	①	09	④	10	①
11	⑤	12	①	13	②	14	①	15	①
16	③								

01 등기의 유효요건

정답 ①

① 중간생략등기의 합의는 적법한 등기원인이 될 수 없다(대판 1999.2.26, 98다50999).

② 대판 2005.9.29, 2003다40651

③ 대결 2018.1.25, 2017마1093

④ 대판 1988.12.27, 87다카2431

⑤ 대판 2005.4.29, 2003다66431

02 등기청구권과 물권적 청구권

정답 ②

① 매매로 인한 이전등기청구권은 채권적 청구권에 해당한다.

② 점유취득시효의 완성으로 점유자가 소유자에 대해 갖는 소유권이전등기청구권은 통상의 채권양도 법리에 따라 양도될 수 있다. 따라서 소유자의 동의가 없어도 등기청구권 양도사실에 대한 시효완성자의 소유자에 대한 통지만으로 소유자에 대한 대항력이 생긴다(대판 2018.7.12, 2015다36167).

③ 부동산의 매수인이 부동산을 인도받아 사용·수익하고 있는 한 매수인의 등기청구권은 소멸시효에 걸리지 않는다(대판 전합체 1976.11.6, 76다148).

④ 토지에 대한 취득시효완성으로 인한 소유권이전등기청구권은 그 토지에 대한 점유가 계속되는 한 시효로 소멸하지 아니한다(대판 1995.2.10, 94다28468).

⑤ 부동산매매로 인한 소유권이전등기청구권은 이행과정에 신뢰관계가 따르고, 권리의 성질상 양도가 제한되며, 그 양도에 채무자(매도인)의 승낙이나 동의를 요한다고 할 것이므로 통상의 채권양도와 달리 양도인의 채무자에 대한 통지만으로는 채무자에 대한 대항력이 생기지 않으며 반드시 채무자의 동의나 승낙을 받아야 대항력이 생긴다(대판 2001.10.9, 2000다51216).

03 등기청구권   정답 ④

① 부동산의 매수인이 부동산을 인도받아 사용·수익하고 있는 한 매수인의 등기청구권은 소멸시효에 걸리지 않는다고 한다(대판 전합체 1976.11.6, 76다148).

② 소유권이전등기를 경료받기 전에 토지를 인도받은 매수인으로부터 다시 토지를 매수하여 점유·사용하고 있는 자에 대하여 매도인은 토지소유권에 기한 물권적 청구권을 행사할 수 없다(대판 1998.6.26, 97다42823). 이러한 법리는 대물변제 약정에 의하여 매매와 같이 부동산의 소유권을 이전받게 되는 자가 이미 당해 부동산을 점유·사용하고 있거나, 그로부터 다시 이를 임차하여 점유·사용하고 있는 경우에도 마찬가지로 적용된다(대판 2001.12.11, 2001다45355). 따라서 甲은 丙에게 소유물반환청구를 할 수 없다.

③ 당사자 사이에 X건물에 대하여 소유권을 이전하기로 약정하였음에도 불구하고 그와 전혀 별개인 Y건물에 대하여 소유권이전등기를 한 경우에는 Y건물에 대한 소유권취득의 효력이 없다(대판 1962.6.21, 62다51).

④ 중간생략등기의 합의가 있었다 하더라도 중간매수인의 소유권이전등기청구권이 소멸되지 않고, 부동산의 매수인이 그 부동산을 인도받은 이상 이를 사용·수익하는 경우에는 이전등기청구권의 소멸시효는 진행되지 않는다(대판 전합체 1999.3.18, 98다32175).

⑤ 최초매도인과 중간매수인, 중간매수인과 최종매수인 사이에 순차로 매매계약이 체결되고 이들 간에 중간생략등기의 합의가 있은 후에 최초매도인과 중간매수인 간에 매매대금을 인상하는 약정이 체결된 경우, 최초매도인은 인상된 매매대금이 지급되지 않았음을 이유로 최종매수인 명의로의 소유권이전등기의무의 이행을 거절할 수 있다(대판 2005.4.29, 2003다66431).

04 청구권보전의 가등기의 효력   정답 ⑤

① 가등기는 본등기 시에 본등기의 순위를 가등기의 순위에 의하도록 하는 순위보전적 효력만이 있을 뿐이고, 가등기만으로는 아무런 실체법상 효력을 갖지 아니하므로 본등기를 경료하기까지는 중복된 소유권보존등기가 무효이더라도 가등기권리자는 그 말소를 청구할 권리가 없다(대판 2001.3.23, 2000다51285).

② 대판 1979.5.22, 79다239

③ 대결 1962.12.24, 4294민재항675

④ 가등기는 그 성질상 본등기의 순위보전 효력만 있고 후일 본등기가 경료된 때에는 본등기의 순위가 가등기한 때로 소급함으로써 가등기 후 본등기 전에 이루어진 중간처분이 본등기보다 후순위로 되어 실효될 뿐, 본등기에 의한 **물권변동의 효력이 가등기한 때로 소급하여 발생하는 것은 아니다**(대판 1982.6.22, 81다1298·1299).

⑤ 가등기 이후에 부동산을 취득한 제3자는 가등기에 기한 소유권이전등기청구권이 시효완성으로 소멸되었다면, 가등기권리자에 대하여 본등기청구권의 소멸시효를 주장하여 그 가등기의 말소를 청구할 수 있다(대판 1991.3.12, 90다카27570).

05 청구권보전의 가등기의 효력 정답 ③

① 가등기에 의하여 순위보전의 대상이 되어 있는 물권변동청구권이 양도된 경우, 그 가등기상의 권리의 이전등기를 가등기에 대한 부기등기의 형식으로 경료할 수 있다(대판 전합체 1998.11.19, 98다24105).

② 부동산물권 및 그에 준하는 권리의 설정·이전·변경의 청구권을 보전하려고 하는 경우, 보전할 청구권이 **정지조건부** 권리 또는 시기부 권리인 경우, 청구권이 장래에 확정될 청구권(예약완결권 등)인 경우에 가등기를 할 수 있다(부동산등기법 제88조 참조).

③ 물권변동의 효력은 본등기를 한 때에 발생하고 **본등기의 순위만** 가등기한 때로 **소급한다.**

④ 물권적 청구권의 보전을 위한 가등기는 할 수 없다(대판 1982.11.23, 81다카1110).

⑤ 가등기권리자는 가등기의무자인 **전 소유자를** 상대로 본등기청구권을 행사할 것이고 제3자를 상대로 할 것이 아니다(대결 전합체 1962.12.24, 4294민재항675).

06 등기의 추정력 정답 ①

㉠ 소유권보존등기의 명의인이 부동산을 양수받은 것이라 주장하는데 **전소유자가 양도사실을 부인하는 경우 보존등기의 추정력은 깨어진다**(대판 1982.9.14, 82다카707).

㉡ 대판 2000.3.10, 99다65462

㉢ 대판 1995.5.9, 94다41010

㉣ 대판 1969.2.18, 68다2329

㉤ 대판 1995.4.28, 94다23524

07 등기의 추정력 정답 ④

① 등기의무자의 사망 전에 등기원인이 이미 존재한 상태이므로 이 경우는 추정력이 인정된다(대판 1997.11.28, 95다51991).

② 등기원인 행위의 태양이나 과정을 다소 다르게 주장하더라도 추정력이 인정된다(대판 2005.9.29, 2003다40651).

③ 등기원인에도 등기의 추정력이 인정된다(대판 1995.4.28, 94다23524).

④ 말소회복등기를 마치기 전이라도 원인 없이 말소된 소유권이전등기의 최종 명의인은 적법한 권리자로 추정된다(대판 1982.9.14, 81다카923).

⑤ 등기부상의 명의인과 매도인이 동일인인 경우 그를 소유자로 믿고 그 부동산을 매수한 경우에는 선의·무과실의 점유자에 해당한다(대판 1994.6.28, 94다7829).

08 등기와 점유의 추정력 정답 ①

㉠ 부동산에 관하여 소유권이전등기가 마쳐진 경우 그 등기명의자는 제3자에 대하여서뿐만 아니라, 그 전소유자에 대하여서도 적법한 등기원인에 의하여 소유권을 취득한 것으로 추정된다.

㉡ 대리에 의한 매매계약을 원인으로 소유권이전등기가 이루어진 경우, 대리인에게 대리권이 존재하는 것으로 추정된다.

㉢ 근저당권설정등기의 경우에도 피담보채권을 성립시키는 기본계약의 존재는 추정되지 않는다. 따라서 근저당권의 피담보채권을 성립시키는 법률행위가 있었는지 여부에 대한 증명책임은 그 존재를 주장하는 측에 있다(대판 2011.4.28, 2010다107408).

㉣ 소유권보존등기의 명의인이 부동산을 양수받은 것이라 주장하는데 전 소유자가 양도사실을 부인하는 경우 보존등기의 추정력은 깨어진다(대판 1982.9.14, 82다카707).

09 중간생략등기 정답 ④

① 중간생략등기의 합의가 있어야 직접 등기청구를 할 수 있다(대판 1994.5.24, 93다47738).

② 「부동산등기 특별조치법」상의 중간생략등기 금지규정은 단속법규이므로 이에 위반한 중간생략등기는 유효하다(대판 1993.1.26, 92다39112).

③ 중간생략등기의 합의가 없는 경우에는 직접 등기청구를 할 수는 없고 중간자의 등기청구권을 대위행사하여야 한다(대판 1969.10.28, 69다1351).

④ 중간생략등기의 합의는 등기상의 편의를 위한 것일 뿐 최초매도인과 최종매수인 사이에 매매계약이 체결되었다는 것을 의미하는 것은 아니다(대판 1997.3.14, 96다22464).

⑤ 이미 중간생략등기가 경료된 경우 그 등기는 유효하다(대판 1976.4.13, 75다1816).

10 중간생략등기

중간생략등기의 합의가 있었다 하더라도 중간매수인의 소유권이전등기청구권이 소멸된다거나 첫 매도인의 그 매수인에 대한 소유권이전등기의무가 소멸되는 것은 아니다(대판 1991.12.13, 91다18316).

11 중간생략등기

정답 ⑤

① 중간생략등기의 합의가 있는 경우에는 丙은 甲에게 직접 소유권이전등기를 청구할 수 있다(대판 1967.5.30, 67다588).
② 중간생략등기에 관한 합의가 있었다 하더라도 乙의 甲에 대한 소유권이전등기청구권은 소멸하지 않는다(대판 1991.12.13, 91다18316).
③ 중간생략등기에 관한 합의가 있었다 하더라도 甲의 乙에 대한 매매대금채권의 행사는 제한되지 않는다(대판 2005.4.29, 2003다66431).
④ 중간생략등기의 합의는 최종양수인으로 등기를 이전하더라도 당사자 모두 이의를 제기하지 않는다는 의미이므로 최초양도인과 최종양수인 사이에 매매계약이 체결되었다는 것을 의미하는 것은 아니다.
⑤ 중간생략등기의 합의가 없는 경우 최종양수인이 중간자로부터 소유권이전등기청구권을 양도받았다고 하더라도 최초양도인이 그 양도에 대하여 동의하지 않고 있다면 최종양수인은 최초양도인에 대하여 채권양도를 원인으로 하여 소유권이전등기절차이행을 청구할 수 없다(대판 1995.8.22, 95다15575).

12 물권변동의 원인

정답 ①

① 공유물분할의 소송절차 또는 조정절차에서 공유자 사이에 공유토지에 관한 현물분할의 협의가 성립하여 그 합의사항을 조서에 기재함으로써 조정이 성립하였다고 하더라도, 그와 같은 사정만으로 재판에 의한 공유물분할의 경우와 마찬가지로 그 즉시 공유관계가 소멸하고 각 공유자에게 그 협의에 따른 새로운 법률관계가 창설되는 것은 아니고, 공유자들이 협의한 바에 따라 토지의 분필절차를 마친 후 각 단독소유로 하기로 한 부분에 관하여 다른 공유자의 공유지분을 이전받아 등기를 마침으로써 비로소 그 부분에 대한 대세적 권리로서의 소유권을 취득하게 된다고 보아야 한다(대판 전합체 2013.11.21, 2011두1917).
② 법정지상권의 취득은 등기를 요하지 않는다.
③ 분묘기지권을 시효취득한 경우 등기를 요하지 않는다.
④ 경매로 인한 소유권 취득은 등기를 요하지 않는다.
⑤ 공용징수로 인한 소유권의 취득은 등기를 요하지 않는다.

13 법률규정에 의한 부동산물권변동 정답 ②

①③⑤ 상속, 공용징수, 판결, 경매 기타 법률의 규정에 의한 부동산에 관한 물권의 취득은 등기를 요하지 아니한다(제187조 본문). 건물의 신축에 의한 소유권취득은 제187조의 기타 법률의 규정에 의한 취득에 해당한다.
② 제187조의 판결은 형성판결에 한하고, 이행판결과 확인판결은 이에 포함되지 않는다(대판 1970.6.30, 70다568). 따라서 형성판결에 기한 부동산물권의 변동시기는 확정판결 시이지만, 이행판결과 확인판결에 기한 부동산물권의 변동시기는 확정판결 시가 아니라 판결에 기한 등기를 한 때이다.
④ 「민사집행법」 제135조

14 부동산물권변동 정답 ①

공유물분할판결은 민법 제187조에서 말하는 형성판결에 해당한다. 따라서 분할등기가 없어도 판결확정 시에 물권변동의 효력이 발생한다.

15 물권의 소멸 정답 ①

① 목적물이 멸실한 경우 물권은 원칙적으로 소멸한다. 그러나 목적물이 멸실하더라도 가치적 변형물이 있는 경우 질권과 저당권은 그 가치적 변형물 위에 효력이 미치므로 소멸하지 않는다.
③ 한 번 포락되어 해면 아래에 잠김으로써 복구가 심히 곤란하여 토지로서의 효용을 상실하면 종전의 소유권이 영구히 소멸되고, 그 후 포락된 토지가 다시 성토되어도 종전의 소유자가 다시 소유권을 취득할 수는 없다(대판 1992.9.25, 92다24677).

16 혼동에 의한 물권의 소멸 정답 ③

㉠ 甲의 토지 위에 乙이 1번 저당권, 丙이 2번 저당권을 가지고 있다가 乙이 증여를 받아 토지소유권을 취득하면 乙 본인의 이익보호를 위하여 乙의 1번 저당권은 소멸하지 않는다.
㉡ 乙이 甲의 토지 위에 지상권을 설정받고, 丙이 그 지상권 위에 저당권을 취득한 후 乙이 甲으로부터 그 토지를 매수한 경우, 乙의 지상권이 丙의 저당권의 목적으로 되어 있으므로 丙의 이익보호를 위하여 乙의 지상권은 소멸하지 않는다.
㉢ 소유권과 점유권은 병존하므로 점유권은 혼동으로 소멸하지 않는다.
㉣ 부동산에 대한 소유권과 임차권이 동일인에게 귀속되는 경우 임차권은 혼동에 의하여 소멸하는 것이 원칙이지만, 그 임차권이 대항요건을 갖추고 있고 또한 그 대항요건을 갖춘 후에 저당권이 설정된 때에는 혼동으로 인한 물권소멸 원칙의 예외규정인 민법 제191조 제1항 단서를 준용하여 임차권은 소멸하지 않는다(대판 2001.5.15, 2000다12693).

01	③	02	②	03	⑤	04	⑤	05	④
06	②	07	⑤	08	②	09	①	10	②

01 점유의 종류 　　　　　　　　　　　정답 ③

① 제194조
② 제195조
③ 甲이 乙로부터 임차한 건물을 乙의 동의 없이 丙에게 전대한 경우, 乙과 甲이 간접점유자에 해당한다.
④ 대판 1999.6.25, 99다5866
⑤ 대판 2000.9.29, 99다50705

02 점유의 개념과 점유권의 효력 　　　　　정답 ②

① 대판 1974.7.16, 73다923
② 10세에 불과한 상속인도 상속토지에 대한 **점유가 인정된다**(대판 1990. 12.26, 90다5733).
③ 점유와 소유는 전혀 별개의 권리이므로 점유권에 기인한 소와 본권에 기인한 소는 서로 영향을 미치지 아니한다(제208조).
④ 제207조
⑤ 제206조

03 점유권의 효력 　　　　　　　　　　　정답 ⑤

비용상환청구권은 선의·악의를 불문하고 인정된다(제203조).

04 점유의 종류 　　　　　　　　　　　　정답 ⑤

① **점유자는 자주점유로 추정되므로**(제197조 제1항) 입증책임이 상대방에게 전환된다.
②③ 대판 2000.3.24, 99다56765
④ 악의의 무단점유가 입증된 경우에는 자주점유의 추정이 깨어진다.
⑤ 민법 제198조 소정의 점유계속추정은 동일인이 전후 양 시점에 점유한 것이 증명된 때에만 적용되는 것이 아니고, **전후 양 시점의 점유자가 다른 경우에도 점유의 승계가 입증되는 한 점유계속은 추정된다**(대판 1996.9.20, 96다24279·24286).

05 점유의 종류

정답 ④

① 대판 전합체 1997.8.21, 95다28625
② 대판 1997.4.11, 97다5824
③ 대판 1991.12.10, 91다27655
④ 점유의 승계가 있는 경우 전점유자의 점유가 타주점유라 하여도 점유자의 승계인이 자기의 점유만을 주장하는 경우에는 현점유자의 점유는 자주점유로 추정된다(대판 2002.2.26, 99다72743).
⑤ 대판 전합체 1983.7.12, 82다708

06 점유권의 효력

정답 ②

㉠ 점유물이 점유자의 책임 있는 사유로 인하여 멸실 또는 훼손한 때에는 선의의 자주점유자는 이익이 현존하는 한도에서 배상하면 된다(제202조).
㉡ 과실취득권이 없는 악의의 점유자는 통상의 필요비를 청구할 수 있다(대판 2021.4.29, 2018다261889).
㉢ 유익비상환청구의 경우에만 법원은 회복자의 청구에 의하여 상당한 상환기간을 허여할 수 있고, 필요비상환청구에 대해서는 법원이 상환기간을 허여할 수 없다(제203조 제3항).

07 점유자와 회복자의 관계

정답 ⑤

① 대판 1996.1.26, 95다44290
② 민법 제201조 제1항의 선의의 점유자란 과실수취권을 포함하는 권원이 있다고 오신한 점유자를 말하고, 다만 그와 같은 오신을 함에는 오신할 만한 정당한 근거가 있어야 한다(대판 2000.3.10, 99다63350).
③ 대판 2003.11.14, 2001다61869
④ 대판 2000.3.10, 99다63350
⑤ 선의점유자의 과실취득권과 불법행위로 인한 손해배상책임은 병존할 수 있으므로 선의점유자에게 과실취득권이 있다 하더라도 불법행위로 인한 손해배상책임이 배제되는 것은 아니다(대판 1966.7.19, 66다994).

08 점유자와 회복자의 관계

정답 ②

① 선의의 점유자는 과실을 취득한 경우에는 통상의 필요비의 상환을 청구할 수 없다(제203조 제1항 단서).
② 계약해제로 인한 원상회복의무는 부당이득반환의무의 특칙에 해당하므로, 해제로 인한 원상회복의 범위는 이익의 현존 여부나 선의·악의에 불문하고 특단의 사유가 없는 한 받은 이익의 전부이다(대판 1998.12.23, 98다43175). 따라서 이행지체로 인해 매매계약이 해제된 경우, 선의의 점유자인 매수인은 과실을 반환하여야 한다(대판 2000.2.25, 97다30066).

③ 점유물이 점유자의 책임 있는 사유로 인하여 멸실 또는 훼손한 때에는 **악의의 점유자**는 그 **손해의 전부를 배상**하여야 한다(제202조 제1문 전단).

④ 점유자가 점유물을 개량하기 위하여 지출한 금액 기타 유익비에 관하여는 그 가액의 증가가 현존한 경우에 한하여 **회복자의 선택에 좇아** 그 지출금액이나 증가액의 상환을 청구할 수 있다(제203조 제2항).

⑤ 점유자의 비용상환청구권은 비용을 지출할 당시의 소유자가 누구이었는지 관계없이 **점유회복 당시의 소유자**에게 행사할 수 있다(대판 2003.7.25, 2001다64752). 따라서 위의 경우에는 점유자인 매수인은 현재의 소유자인 양수인에게 비용상환을 청구할 수 있다.

09 점유자와 회복자의 관계 정답 ①

① 점유물의 과실을 취득한 점유자는 통상의 필요비의 상환을 청구하지 못한다(제203조 제1항). 따라서 **특별필요비와 유익비에 대해서는 상환을 청구할 수 있다.**

② 제202조 제1문 전단

③ 대판 2003.11.14, 2001다61869

④ 대판 1966.7.19, 66다994

⑤ 대판 2003.7.25, 2001다64752

10 점유보호청구권 정답 ②

㉠ 점유자가 점유의 방해를 받은 때에는 그 방해의 제거 및 손해의 배상을 청구할 수 있다(제205조 제1항). 손해배상청구권은 불법행위로 인한 손해배상청구권이므로 침해자의 고의·과실이 필요하다.

㉡ 점유자가 점유의 방해를 받을 염려가 있는 때에는 그 **방해의 예방 '또는'손해배상의 담보를 청구**할 수 있다(제206조 제1항).

㉢ 사기는 점유침탈에 해당하지 않으므로(대판 1992.2.28, 91다17443), 점유물반환청구권이 인정되지 않는다.

㉣ 점유물반환청구권은 악의의 특별승계인에게만 할 수 있고, 선의의 특별승계인에게는 할 수 없다(제204조 제2항). 그 결과 **선의의 특별승계인으로부터 다시 악의의 특별승계인에게 점유가 이전된 경우 그 악의의 특별승계인에게도 반환청구를 할 수 없다**(이를 '엄폐물의 법칙'이라 함).

CHAPTER 04 소유권

01	⑤	02	①	03	①	04	①	05	①
06	⑤	07	③	08	④	09	②	10	②
11	④	12	③	13	①	14	④	15	⑤
16	⑤	17	③	18	④	19	③	20	③
21	②	22	②	23	⑤	24	③	25	⑤

01 소유권의 개념   정답 ⑤

①② 토지소유권의 범위는 원칙적으로 지적공부상의 경계를 기준으로 확정된다. 그러나 지적공부를 작성함에 있어 기점을 잘못 선택한 경우에는 실제의 경계에 의하여 토지소유권의 범위가 확정된다.
③ 경계표·담의 설치비용은 쌍방이 절반하여 부담한다(제237조 제2항 본문). 그러나 측량비용은 토지의 면적에 비례하여 부담한다(제237조 제2항 단서).
④ 포락으로 인한 소유권의 소멸은 절대적 소멸에 해당한다.
⑤ 토지의 소유권은 정당한 이익 있는 범위 내에서 토지의 상하에 미친다(제212조).

02 상린관계   정답 ①

① 건물을 축조함에는 특별한 관습이 없으면 경계로부터 반미터 이상의 거리를 두어야 한다. 인접지소유자는 이에 위반한 자에 대하여 건물의 변경이나 철거를 청구할 수 있다. 그러나 건축에 착수한 후 1년을 경과하거나 건물이 완성된 후에는 손해배상만을 청구할 수 있다(제242조).
② 제243조
③ 제244조 제1항
④ 제237조 제2항
⑤ 제240조 제3항

03 상린관계   정답 ①

① 측량비용은 토지의 면적에 비례하여 부담한다(제237조 제2항).
② 제238조
③ 제240조 제1항·제2항
④ 제240조 제3항
⑤ 제242조

04 주위토지통행권 정답 ①

오답 NOTE

① 민법 제219조는 통행권자로 하여금 통행지소유자의 손해를 보상하도록 규정하고 있으므로 주위토지소유자는 주위토지통행권자의 허락을 얻어 사실상 통행하고 있는 자에 대하여 손해의 보상을 청구할 수 없다(대판 1991. 9.10, 91다19623).
② 대판 2003.8.19, 2002다53469
③ 대판 1996.11.29, 96다33433·33440
④ 대판 2008.5.8, 2007다22767
⑤ 대판 1993.8.24, 93다25479

05 주위토지통행권 정답 ①

① 분할 또는 토지의 일부양도로 인하여 공로에 통하지 못하는 토지가 생긴 경우에 분할 또는 일부양도 전의 종전 토지소유자가 그 포위된 토지를 위하여 인정한 통행사용권은 직접 분할자, 일부양도의 당사자 사이에만 적용되므로, 포위된 토지 또는 피통행지의 특정승계인의 경우에는 주위토지통행권에 관한 일반원칙으로 돌아가 그 통행권의 범위를 따로 정하여야 한다(대판 1996.11.29, 96다33433·33440).
② 「건축법」에 건축과 관련하여 도로에 관한 폭 등의 제한규정이 있다 하더라도 이는 건물 신축이나 증·개축 허가 시 그와 같은 범위의 도로가 필요하다는 행정법규에 불과할 뿐 위 규정만으로 당연히 포위된 토지소유자에게 그 반사적 이익으로서 「건축법」에서 정하는 도로의 폭이나 면적 등과 일치하는 주위토지통행권이 바로 생긴다고 할 수 없다(대판 1991.6.11, 90다12007).
③ 대판 1995.6.13, 95다1088·1095
④ 대판 2008.5.8, 2007다22767
⑤ 대판 1998.3.10, 97다47118

06 취득시효 정답 ⑤

①②③④ 취득시효에 의하여 취득할 수 있는 권리가 아니다.
⑤ 소유권, 지상권, 지역권(계속되고 표현된 것에 한함), 전세권, 질권은 취득시효에 의하여 취득할 수 있는 권리이다.

07 점유취득시효 정답 ③

① 취득시효는 시효취득의 대상이 반드시 타인의 소유물이어야 하거나 그 타인이 특정되어 있어야만 하는 것은 아니므로, 성명불상자의 소유물에 대하여 시효취득을 인정할 수 있다(대판 1992.2.25, 91다9312).

② 국유재산 중 취득시효기간 동안 계속하여 일반재산인 경우 취득시효의 대상이 된다(대판 2010.11.25, 2010다58957).

③ 취득시효완성으로 인한 등기청구권은 통상의 채권양도 법리에 따라 양도할 수 있다. 따라서 등기청구권 양도사실에 대한 통지만 있으면 시효완성자로부터 등기청구권을 양수받은 자는 원소유자의 동의가 없더라도 직접 자기에게 소유권이전등기를 하여 줄 것을 청구할 수 있다.

④ 점유의 승계가 있는 경우 시효이익을 받으려는 자는 점유기산점으로 자기의 점유개시일이나 전점유자의 점유개시일을 임의로 선택할 수 있다(대판 1981.3.24, 80다2226).

⑤ 부동산에 대한 점유취득시효가 완성하였으나 아직 소유권이전등기를 경료하지 아니한 점유자에 대하여 소유명의자는 점유로 인한 부당이득반환청구를 할 수 없다(대판 1993.5.25, 92다51280).

08 취득시효의 법률관계   정답 ④

① 대판 1995.2.10, 94다28468

② 대판 1996.3.8, 95다34866

③④ 부동산을 취득시효기간 만료 당시의 점유자로부터 양수하여 점유를 승계한 현점유자는 자신의 전점유자에 대한 소유권이전등기청구권을 보전하기 위하여 전점유자의 소유자에 대한 소유권이전등기청구권을 대위행사할 수 있을 뿐, 전점유자의 취득시효완성의 효과를 주장하여 직접 자기에게 소유권이전등기를 청구할 권원은 없다(대판 전합체 1995.3.28, 93다47745).

⑤ 대판 2005.3.25, 2004다23899

09 취득시효의 법률관계   정답 ②

㉠ 국유재산 중 일반재산은 취득시효의 대상이 된다(대판 2010.11.25, 2010다58957). 그러나 일반재산(과거에는 잡종재산이라 함)에 대하여 취득시효가 완성된 후 그 일반재산이 행정재산으로 편입된 경우에는 취득시효완성을 원인으로 소유권이전등기를 청구할 수 없다(대판 1997.11.14, 96다10782).

㉡ 점유취득시효완성을 원인으로 한 소유권이전등기청구는 취득시효완성 당시의 소유자를 상대로 하여야 하므로 시효완성 당시의 소유권보존등기 또는 이전등기가 무효라면 원칙적으로 그 등기명의인은 시효취득을 원인으로 한 소유권이전등기청구의 상대방이 될 수 없고, 이 경우 시효취득자는 소유자를 대위하여 무효등기의 말소를 구하고 다시 소유자를 상대로 취득시효완성을 이유로 한 소유권이전등기를 구하여야 한다(대판 2007.7.26, 2006다64573).

㉢ 부동산에 대한 점유취득시효가 완성하였으나 아직 소유권이전등기를 경료하지 아니한 점유자에 대하여 소유명의자는 점유로 인한 부당이득반환청구를 할 수 없다(대판 1993.5.25, 92다51280).

10 점유취득시효

1필의 토지의 일부가 다른 부분과 구분되어 시효취득자의 점유에 속한다는 것을 인식하기에 족한 객관적인 징표가 계속하여 존재하는 경우에는 그 일부에 대한 시효취득을 인정할 수 있다(대판 1996.1.26, 95다24654).

11 취득시효의 법률관계

정답 ④

① 대판 2010.11.25, 2010다58957
② 대판 전합체 1996.10.17, 96다12511
③ 대판 2018.7.12, 2015다36167
④ 시효취득자는 원소유자에 의하여 취득시효가 완성된 토지에 설정된 근저당권의 피담보채무를 변제한 후 변제액 상당에 대하여 원소유자에게 구상권을 행사하거나 부당이득반환청구권을 행사할 수 없다(대판 2006.5.12, 2005다75910).
⑤ 대판 2001.10.26, 2000다8861

12 취득시효의 법률관계

정답 ③

취득시효가 완성된 점유자가 점유를 상실한 경우, 시효완성으로 인한 소유권이전등기청구권이 바로 소멸하는 것은 아니나 점유를 상실한 때로부터 소멸시효가 진행한다(대판 1996.3.8, 95다34866).

13 등기부취득시효

정답 ①

㉠ 등기부취득시효가 완성된 후 점유자 명의의 등기가 말소되거나 적법한 원인 없이 다른 사람 앞으로 소유권이전등기가 경료되더라도 점유자는 취득한 소유권을 상실하지 않는다(대판 2001.1.16, 98다20110).
㉡ 대판 1998.1.20, 96다48527
㉢ 대판 1990.1.25, 88다카22763
㉣ 대판 1981.6.23, 80다1642

14 첨부제도

정답 ④

① 제257조 제1문
② 제257조 제2문
③ 대판 1999.7.27, 99다14518
④ 타인의 동산에 가공한 경우 가공으로 인한 가액의 증가가 원재료의 가액보다 현저히 다액인 때에는 가공자의 소유로 한다(제259조 제1항).
⑤ 대판 1998.4.24, 97도3425

15 부동산에의 부합

증축한 부분이 독립성이 있는 경우에는 기존건물에 부합하지 않고, 임차인이
그 소유권을 취득한다(대판 1999.7.27, 99다14518).

16 부동산에의 부합

① 건물은 토지와 독립한 별개의 부동산이므로 건물은 토지에 부합하지 않는다.
② 제256조 단서
③ 대판 2002.10.25, 2000다63110
④ 대판 1989.7.11, 88다카9067
⑤ 매수인이 제3자와의 도급계약에 따라 매도인에게 소유권이 유보된 자재를
   제3자의 건물에 부합한 경우, 매도인은 선의·무과실의 제3자에게 보상을
   청구할 수 없다(대판 2018.3.15, 2017다282391).

17 소유권의 취득원인

① 제252조 제1항
② 제252조 제3항
③ 유실물은 법률에서 정한 바에 의하여 공고한 후 6개월 내에 그 소유자가
   권리를 주장하지 아니하면 습득자가 그 소유권을 취득한다(제253조).
④ 제254조 본문
⑤ 제254조 단서

18 공유의 법률관계

① 공유자의 지분은 균등한 것으로 추정한다(제262조 제2항).
② 공유자가 그 지분을 포기하거나 상속인 없이 사망한 때에는 그 지분은 다른
   공유자에게 각 지분의 비율로 귀속한다(제267조).
③ 각 공유자는 자유로이 공유물의 분할을 청구할 수 있다(제268조 본문). 공
   유물의 분할은 공유자의 협의에 의하거나 법원의 재판에 의하여 그 방법이
   정해진다(제268조, 제269조).
④ 공유물분할은 현물분할이든 재판분할이든 공유자 전원이 참여하여야 한다.
   판례도 공유물분할청구의 소는 분할을 청구하는 공유자가 원고가 되어 다른
   공유자 전부를 공동피고로 하여야 하는 고유필수적 공동소송으로 보고 있다
   (대판 2003.12.12, 2003다44615·44622).
⑤ 공유자가 다른 공유자의 지분권을 대외적으로 주장하는 것은 공유물의 보존
   행위에 속한다고 할 수 없다(대판 1994.11.11, 94다35008).

19 공유의 법률관계

공유물의 관리에 관한 사항은 공유자의 지분의 과반수로써 결정한다(제265조 본문).

20 공유의 법률관계

정답 ③

① 공유자가 공유물을 타인에게 임대하는 행위 및 그 임대차계약을 해지하는 행위는 공유물의 관리행위에 해당하므로 제265조 본문에 의하여 공유자의 지분의 과반수로써 결정하여야 한다(대판 2010.9.9, 2010다37905).
② 대판 2002.5.14, 2002다9738
③ 공유자 중 어느 한 사람이 공유물을 배타적으로 사용·수익하는 경우 그 특정된 부분이 그 지분 비율에 상당하는 면적의 범위 내라고 할지라도 다른 공유자는 그 지분에 상응하는 부당이득의 반환을 청구할 수 있다(대판 2001. 12.11, 2000다13948).
④ 공유지분의 포기는 상대방 있는 단독행위에 해당하고, 부동산 공유자의 공유지분 포기의 의사표시가 다른 공유자에게 도달하더라도 제186조에 의하여 등기를 하여야 공유지분 포기에 따른 물권변동의 효력이 발생한다(대판 2016.10.27, 2015다52978).
⑤ 공유물의 소수지분권자가 다른 공유자와의 협의 없이 공유물을 배타적으로 점유하는 경우 다른 소수지분권자는 공유물의 인도를 청구할 수는 없고, 공유물에 대한 공동점유·사용을 방해하는 소수지분권자의 행위에 대한 방해금지나 소수지분권자가 설치한 지상물의 제거 등 방해제거만을 청구할 수 있다(대판 전합체 2020.5.21, 2018다287522).

21 공유의 법률관계

정답 ②

① 대판 1993.5.11, 92다52870
② 수인의 공유로 된 부동산에 관하여 그 공유자 중의 1인이 부정한 방법으로 공유물 전부에 관한 소유권이전등기를 그 단독명의로 경료한 경우 공유자 중의 1인은 공유물의 보존행위로서 단독명의로 등기를 경료하고 있는 공유자에 대하여 그 공유자의 공유지분을 제외한 나머지 공유지분 전부에 관하여 소유권이전등기 말소등기절차의 이행을 구할 수 있다(대판 1988.2.23, 87다카961).
③ 공유물의 소수지분권자가 다른 공유자와의 협의 없이 공유물을 배타적으로 점유하는 경우 다른 소수지분권자는 공유물의 인도를 청구할 수는 없고, 공유물에 대한 공동점유·사용을 방해하는 소수지분권자의 행위에 대한 방해금지나 소수지분권자가 설치한 지상물의 제거 등 방해제거만을 청구할 수 있다(대판 전합체 2020.5.21, 2018다287522).
④ 대판 2002.5.14, 2002다9738

⑤ 공유자의 1인이 그 지분에 저당권을 설정한 후 공유물이 분할되더라도, 다른 약정이 없는 한 저당권은 그대로 존속하고 저당권설정자 앞으로 분할된 부분에 집중되는 것은 아니다(대판 1989.8.8, 88다카24868).

22 공유의 법률관계　　　　　　정답 ②

㉠ 손해배상청구는 자신의 지분범위 내에서만 가능하다.
㉣ 일부 공유자가 공유토지의 전부 또는 일부를 배타적으로 점유·사용하고 있는 경우, 공유토지를 전혀 사용·수익하지 않고 있는 다른 공유자에 대하여 그 지분에 상응하는 부당이득반환의무가 있다(대판 2002.10.11, 2000다17803).

23 합유의 법률관계　　　　　　정답 ⑤

① 제271조 제1항
② 제272조
③ 제273조
④ 제274조 제1항
⑤ 합유자가 지분을 포기한 경우 그 포기된 합유지분은 나머지 잔존 합유지분권자들에게 균분으로 귀속하게 되지만, 그와 같은 물권변동은 합유지분권의 포기라고 하는 법률행위에 의한 것이므로 등기하여야 효력이 있다(대판 1997.9.9, 96다16896).

24 합유의 법률관계　　　　　　정답 ③

①② 제271조 제1항
③ 합유물의 처분·변경은 합유자 전원의 동의가 있어야 하나, 합유물의 보존행위는 각자가 단독으로 할 수 있다(제272조).
⑤ 합유자가 사망하더라도 그 상속인이 합유자로서의 지위를 승계하지 않는다(대판 1994.2.25, 93다39225).

25 합유와 총유의 법률관계　　　　　　정답 ⑤

사원총회의 결의를 거쳐 사단 자신의 명의로 하거나 구성원 전원의 이름으로 하여야 한다.

01	④	02	③	03	①	04	⑤	05	④
06	③	07	③	08	⑤	09	①	10	③
11	③	12	③	13	②	14	④	15	②
16	②	17	⑤	18	⑤	19	⑤	20	⑤
21	④								

01 용익물권   정답 ④

㉠ 지료의 지급은 지상권의 성립요건이 아니다. 따라서 지료지급약정이 없더라도 乙은 지상권을 취득할 수 있다.

㉡ 지상권자는 지상권을 유보한 채 지상물소유권만을 양도할 수도 있고 지상물소유권을 유보한 채 지상권만을 양도할 수도 있는 것이어서 지상권자와 그 지상물의 소유권자가 반드시 일치하여야 하는 것은 아니다(대판 2006.6.15, 2006다6126).

㉢ 지상권자가 2년 이상의 지료를 지급하지 아니한 때에는 지상권설정자는 지상권의 소멸을 청구할 수 있다(제287조).

02 지상권의 효력   정답 ③

㉠ 지료의 지급은 지상권의 성립요건이 아니다(제279조).

㉡ 제283조 제1항

㉢ 지상권자의 지료지급 연체가 토지소유권의 양도 전후에 걸쳐 이루어진 경우 **토지양수인에 대한 연체기간이 2년이 되지 않는다면 양수인은 지상권소멸청구를 할 수 없다**(대판 2001.3.13, 99다17142).

㉣ 지상권이 저당권의 목적인 경우 지료연체를 이유로 한 지상권소멸청구는 저당권자로 하여금 채권을 회수할 수 있는 시간을 확보해 주어야 하므로 저당권자에게 통지한 후 상당한 기간이 경과한 후에 효력이 발생한다.

03 지상권의 존속기간과 효력   정답 ①

① 최단존속기간에 관한 규정(제280조)은 지상권자가 건물이나 수목 등의 소유를 목적으로 지상권을 설정하는 경우를 그 대상으로 하는 것이므로 기존건물의 사용을 목적으로 지상권을 설정하는 경우에는 그 적용이 없다(대판 1996.3.22, 95다49318).

② 대판 1999.9.3, 99다24874

③ 지료의 지급은 지상권의 성립요건이 아니며(제279조), 지상권에는 부종성이 없다(대판 1991.11.8, 90다15716).

④ 대판 1993.6.29, 93다10781
⑤ 제285조 제2항

04 지상권의 효력 정답 ⑤

① 지상권에는 부종성이 없다. 따라서 현재 건물 기타 공작물 또는 수목이 없더라도 지상권은 유효하게 성립하고, 기존의 건물 기타 공작물 또는 수목이 멸실하더라도 지상권은 존속한다.
② 지상권설정자가 상당한 가액을 제공하여 지상물의 매수를 청구하면 지상권자는 정당한 이유 없이 이를 거절하지 못한다(제285조 제2항).
③④ 지상권자는 지상권설정자의 동의 없이 지상권을 처분할 수 있다. 이에 위반하는 계약으로 지상권자에게 불리한 계약은 그 효력이 없다.
⑤ 구분지상권을 설정하려는 토지에 기존의 이용권이 존재하는 경우 구분지상권설정에 대해 이용권자 전원의 승낙을 얻어야 한다(제289조의2 제2항).

05 지상권의 존속기간과 효력 정답 ④

① 1필 토지의 일부에 대해서도 지상권, 지역권, 전세권이 성립할 수 있다.
② 대판 2001.3.13, 99다17142
③ 지상권이 존속기간의 만료로 소멸된 때에 지상권이 설정된 토지 위에 건물 기타 공작물이나 수목이 현존한 때에는 지상권자는 계약의 갱신을 청구할 수 있다(제283조 제1항). 갱신청구권은 청구권이다. 따라서 지상권자의 갱신청구로 곧 계약갱신의 효과가 발생하는 것이 아니라 지상권설정자가 갱신청구에 응하여 갱신계약을 체결하여야 갱신의 효과가 발생한다.
④ 토지양수인은 지상권자의 지료지급이 2년 이상 연체되었음을 이유로 지상권소멸청구를 함에 있어서 종전 소유자에 대한 연체기간의 합산을 주장할 수 없다. 따라서 지상권자의 지료지급 연체가 토지소유권의 양도 전후에 걸쳐 이루어진 경우 토지양수인에 대한 연체기간이 2년이 되지 않는다면 양수인은 지상권소멸청구를 할 수 없다(대판 2001.3.13, 99다17142).
⑤ 제280조·제281조 제2항

06 지상권의 성립과 효력 정답 ③

㉠ 지상권자는 지상권을 유보한 채 지상물소유권만을 양도할 수도 있고 지상물소유권을 유보한 채 지상권만을 양도할 수도 있는 것이어서 지상권자와 그 지상물의 소유권자가 반드시 일치하여야 하는 것은 아니다(대판 2006.6.15, 2006다6126).
㉡ 대판 1992.7.14, 92다527
㉢ 지료는 등기하여야 제3자에게 대항할 수 있으므로 토지소유자는 구지상권자의 지료연체 사실을 들어 지상권의 양수인에게 대항할 수 없다.

ⓔ 대판 1996.3.22, 95다49318

ⓜ 건물소유권이전의 합의에는 지상권이전의 합의도 포함되나, **지상권을 취득**하기 위해서는 **등기하여야 한다.**

07 구분지상권
정답 ③

① 설정행위로써 구분지상권의 행사를 위하여 토지소유자의 사용권을 제한할 수 있다(제289조의2 제1항 후단).

② 제290조 제2항

③ 구분지상권은 **지하 또는 지상의 공간**에 상하의 범위를 정하여 건물 기타 공작물을 소유하기 위한 지상권이므로(제289조의2 제1항), 수목을 소유하기 위한 구분지상권을 설정할 수는 없다.

④ 구분지상권은 제3자가 토지를 사용·수익할 권리를 가진 때에도 그 권리자 및 그 권리를 목적으로 하는 권리를 가진 자 **전원의 승낙**이 있으면 이를 설정할 수 있다(제289조의2 제2항).

⑤ 1필 토지의 일부에 대한 용익물권설정이 가능하므로 1필의 토지의 일부의 특정 구분층에 대하여 구분지상권이 성립할 수 있다.

08 분묘기지권
정답 ⑤

① 분묘기지권은 봉분 등 외부에서 분묘의 존재를 인식할 수 있는 형태를 갖추고 있는 경우에만 인정되고, 평장되어 있거나 암장되어 있어 객관적으로 인식할 수 있는 외형을 갖추고 있지 아니한 경우에는 인정되지 않는다(대판 1996.6.14, 96다14036).

② 대판 1986.3.25, 85다카2496

③ 대판 1982.1.26, 81다1220

④ 대판 전합체 2021.4.29, 2017다228007

⑤ 부부 중 일방이 먼저 사망하여 이미 그 분묘가 설치되고 그 분묘기지권이 미치는 범위 내에서 그 후에 사망한 다른 일방을 **단분 형태**로 합장하여 분묘를 설치하는 것은 허용되지 않는다(대판 2001.8.21, 2001다28367).

09 관습법상의 법정지상권
정답 ①

ㄱㄴㄷ 동일인의 소유에 속하였던 토지와 건물이 **매매, 증여, 통상의 강제경매,** **「국세징수법」에 의한 공매** 등으로 그 소유권자를 달리하게 된 경우에 그 건물을 철거한다는 특약이 없는 한 건물소유자는 그 건물의 소유를 위하여 그 부지에 관하여 관습법상의 법정지상권을 취득한다(대판 1988.4.12, 87다카2404).

ㄹ **환지처분으로** 인하여 토지와 그 지상건물의 소유자가 달라진 경우에는 **관습법상의 법정지상권이 성립하지 않는다**(대판 2001.5.8, 2001다4101).

ⓜ 담보권실행경매의 경우에는 관습법상의 법정지상권이 아니라 제366조의 법정지상권이 성립한다.

10 관습법상의 법정지상권   정답 ③

① 乙은 관습법상의 법정지상권을 등기 없이 취득한다(제187조).
② 법정지상권을 가진 건물소유자로부터 건물을 양수하면서 지상권까지 양도 받기로 한 자에 대하여 대지소유자가 건물철거청구를 하는 것은 신의칙에 반하므로 허용되지 않는다(대판 전합체 1985.4.9, 84다카1131·1132). 따라서 甲의 丙에 대한 건물철거 및 토지인도청구는 신의칙상 허용될 수 없다.
③ 丙은 乙을 대위하여 甲에게 관습법상의 법정지상권설정등기 절차의 이행을 청구할 수 있다 하더라도 대지의 점거·사용으로 얻은 실질적 이득을 대지소 유자에게 부당이득으로 반환하여야 한다. 따라서 甲은 丙에게 지료 상당의 부당이득반환을 청구할 수 있다.
④ 丙은 지상권에 관한 등기가 없으므로 乙이 여전히 관습법상의 법정지상권을 가지며, 관습법상의 법정지상권자는 그 대지의 소유자가 변경되었을 때 그 지상권의 등기 없이도 그 대지의 신소유자에게 대하여 지상권을 주장할 수 있다(대판 1967.11.28, 67다1831). 따라서 乙은 丁에게 관습법상의 법정지 상권을 주장할 수 있다.
⑤ 만약 丙이 경매에 의하여 건물의 소유권을 취득한 경우라면, 특별한 사정이 없는 한 丙은 등기 없이도 관습법상의 법정지상권을 취득한다(제187조).

11 지역권   정답 ③

㉠ 지역권은 요역지와 분리하여 양도하거나 다른 권리의 목적으로 하지 못한다 (제292조 제2항).
㉡ 공유자의 1인이 지역권을 취득한 때에는 다른 공유자도 이를 취득한다(제 295조 제1항).
㉢ 토지의 불법점유자는 통행지역권의 시효취득 주장을 할 수 없다(대판 1976. 10.29, 76다1694).

12 지역권   정답 ③

① 요역지는 반드시 1필의 토지이어야 하므로 1필 토지의 일부를 위한 지역권 은 인정되지 않는다.
② 대판 1976.10.29, 76다1694
③ 지역권은 요역지와 분리하여 양도하거나 다른 권리의 목적으로 하지 못한다 (제292조 제2항). 따라서 지역권은 요역지와 분리하여 양도할 수 없다.
④ 지역권은 요역지소유권에 부종하여 이전한다(제292조 제1항). 따라서 요역 지소유권이 이전하면 지역권은 등기 없이 함께 이전한다.
⑤ 제293조 제1항

13 지역권

정답 ②

① 지역권은 요역지와 분리하여 양도하거나 다른 권리의 목적으로 하지 못한다 (제292조 제2항).
② 승역지는 1필 토지의 일부이어도 무방하다. 따라서 1필 토지의 일부에 대해서도 지역권을 설정할 수 있다.
③ 공유자의 1인이 지역권을 취득한 때에는 다른 공유자도 이를 취득한다(제295조 제1항).
④ 지역권자에게는 승역지를 점유할 권능이 없으므로 승역지에 대한 반환청구권은 인정되지 않고, 방해제거 및 방해예방청구권만이 인정된다(제301조).
⑤ 지역권은 계속되고 표현된 것에 한해 취득시효가 인정된다(제294조).

14 지역권

정답 ④

①② 통행지역권은 요역지의 사용권자가 승역지 위에 통로를 개설하여 승역지를 사용하는 객관적 상태가 민법 제245조에 규정된 기간 동안 계속된 경우에 한하여 그 시효취득을 인정할 수 있다(대판 1995.6.13, 95다1088).
③ 제293조 제2항
④ 요역지가 수인의 공유인 경우에 그 1인에 의한 지역권소멸시효의 중단 또는 정지는 다른 공유자를 위하여 효력이 있다(제296조).
⑤ 제295조 제1항

15 전세권의 법률관계

정답 ②

㉠ 전세권은 용익물권적 성격과 담보물권적 성격을 겸비하고 있으며 목적물의 인도는 전세권의 성립요건이 아니다(대판 1995.2.10, 94다18508).
㉡ 타인의 토지에 있는 건물에 전세권을 설정한 때에는 전세권의 효력은 그 건물의 소유를 목적으로 한 지상권 또는 임차권에 미친다(제304조 제1항).
㉢ 당사자가 주로 채권담보의 목적으로 전세권을 설정하였더라도 장차 전세권자의 목적물에 대한 사용·수익권을 완전히 배제하는 것이 아니라면 그 효력은 인정된다(대판 1995.2.10, 94다18508).

16 전세권의 법률관계

정답 ②

㉡ 전세권자에게는 필요비상환청구권이 인정되지 않는다(제309조 참조).
㉤ 전세권의 법정갱신(제312조 제4항)은 법률규정에 의한 부동산물권변동이므로 전세권갱신에 관한 등기를 필요로 하지 아니하고, 전세권자는 등기 없이도 전세권설정자나 그 목적물을 취득한 제3자에 대하여 그 권리를 주장할 수 있다(대판 1989.7.11, 88다카21029).

17 전세권의 법률관계

① 지료의 지급은 지상권의 성립요건이 아니나(제279조), 전세금의 지급은 전세권의 성립요건이다(제303조 제1항).

② 농경지는 전세권의 목적으로 하지 못한다(제303조 제2항).

③ 전세권의 법정갱신(제312조 제4항)은 법률규정에 의한 부동산물권변동이므로, 전세권갱신에 관한 등기를 필요로 하지 아니하고 전세권자는 그 등기 없이도 전세권설정자나 그 목적물을 취득한 제3자에 대하여 그 권리를 주장할 수 있다(대판 1989.7.11, 88다카21029).

④ 전세권자는 자신이 직접 필요비를 부담하므로 필요비상환청구권은 인정되지 않는다(제309조). 그러나 전세목적물에 유익비를 지출한 경우에는 전세권설정자에게 그 상환을 청구할 수 있다(제310조).

⑤ 건물의 일부에 대하여 전세권이 설정되어 있는 경우 전세권자는 전세권의 목적물이 아닌 나머지 건물부분에 대하여는 우선변제권은 별론으로 하고 경매신청권은 없다(대결 1992.3.10, 91마256).

18 전세권의 법률관계

① 대판 1995.2.10, 94다18508

② 전세권의 법정갱신(제312조 제4항)은 법률규정에 의한 부동산물권변동이므로 전세권갱신에 관한 등기를 필요로 하지 아니하고 전세권자는 등기 없이도 전세권설정자나 그 목적물을 취득한 제3자에 대하여 그 권리를 주장할 수 있다(대판 1989.7.11, 88다카21029).

③ 제313조

④ 전세권만의 양도는 인정되지 않는다. 따라서 전세권을 전세금반환청구권과 분리하여 양도하는 것은 허용되지 않는다(대판 1997.11.25, 97다29790).

⑤ 전세권자는 전세목적물 인도의 이행제공 없이 전세금반환채권을 원인으로 한 경매절차청구를 할 수 없고, 우선 전세권설정자에 대하여 전세목적물의 인도의무 및 전세권설정등기말소의무의 이행제공을 완료하여 전세권설정자를 이행지체에 빠뜨려야 한다(대결 1977.4.13, 77마90).

19 전세권의 효력

㉠ 전세권양수인은 전세권설정자에 대하여 전세권양도인과 동일한 권리·의무가 있다(제307조). 따라서 전세권설정자인 甲은 전세권양수인 丙에 대하여 전세금을 반환할 의무가 있다.

㉡ 전세권이 존속하는 동안은 전세권을 존속시키기로 하면서 전세금반환청구만을 전세권과 분리하여 양도하는 것은 허용되지 않는다. 다만, 전세권의 존속 중에는 장래에 그 전세권이 소멸하는 경우에 전세금반환청구권이 발생하는 것을 조건으로 그 장래의 조건부 채권을 양도할 수 있을 뿐이다(대판 2002.8.23, 2001다69122).

ⓒ 전세권이 성립한 후 전세목적물의 소유권이 이전된 경우 전세권은 전세권자와 목적물의 소유권을 취득한 신소유자 사이에서 계속 동일한 내용으로 존속하고, 목적물의 신소유자는 전세권이 소멸하는 때에 전세권설정자의 지위에서 전세금반환의무를 부담한다(대판 2006.5.11, 2006다6072).

ⓔ 전세권이 기간만료로 종료된 경우 **전세권을 목적으로 한 저당권도 소멸하므**로 이 경우에는 더 이상 전세권 자체에 대하여 저당권을 실행할 수 없게 되고, 물상대위규정에 의하여 저당권의 목적물인 전세권에 갈음하여 존속하는 것으로 볼 수 있는 전세금반환채권에 대하여 압류 및 추심명령 또는 전부명령을 받거나 제3자가 전세금반환채권에 대하여 실시한 강제집행절차에서 배당요구를 하는 등의 방법으로 자신의 권리를 행사하여 전세권설정자에 대해 전세금의 지급을 구할 수 있게 된다(대판 1999.9.17, 98다31301).

20 전전세의 법률관계　　　　　　　　　　정답 ⑤

① 전세권은 설정자의 동의 없이도 처분할 수 있다.
② 전세권의 처분성은 설정행위로써 금지할 수 있다.
③ 전전세권자는 전세권자로서 **경매권과 우선변제권을 가진다.**
④ 전전세권자는 전세권자로서의 모든 권리를 가지나, 원전세권설정자에 대해서는 아무런 권리·의무를 가지지 않는다.
⑤ 전세권자는 전전세하지 아니하였으면 면할 수 있는 불가항력으로 인한 손해에 대하여 그 책임을 부담한다(제308조).

21 전세권의 법률관계　　　　　　　　　　정답 ④

① 제304조 제1항
② 제310조 제1항
③ 제313조
④ 설정행위로써 전세권의 처분성을 금지할 수 있다(제306조 단서).

CHAPTER 06 담보물권

01	⑤	02	③	03	⑤	04	①	05	①
06	③	07	②	08	⑤	09	①	10	③
11	③	12	③	13	②	14	①	15	②
16	③	17	④	18	④	19	④	20	⑤
21	⑤	22	③	23	⑤	24	⑤	25	⑤
26	③	27	⑤						

01 유치권의 효력 　　　　　　　　　　　　　　정답 ⑤

① 유치권은 물권이므로 유치권자는 채무자뿐만 아니라 모든 사람에 대해서도 유치권을 주장할 수 있다. 목적물의 소유권이 변동된 경우에도 유치권자는 새로운 소유자에 대해 유치권을 행사할 수 있다.

② 유치권에는 불가분성이 있다. 따라서 피담보채권 전액을 변제받을 때까지 유치권을 행사할 수 있다.

③ 유치권자는 선량한 관리자의 주의로 유치물을 점유하여야 한다(제324조 제1항).

④ 채권자가 유치권을 행사하더라도 '피담보채권의 소멸시효'는 그와 관계없이 진행한다(제326조). 즉, 유치권 행사는 피담보채권의 시효중단사유가 아니다.

⑤ 유치권자는 채무자의 승낙이 있는 때에는 유치물을 사용, 대여, 담보제공할 수 있다(제324조 제2항 본문). 또한 유치권자는 유치물의 과실을 수취하여 다른 채권보다 먼저 자기채권의 변제에 충당할 수 있다(제323조 제1항).

02 유치권의 성립요건 　　　　　　　　　　　　정답 ③

㉠ 임대인과 임차인 사이에 건물명도 시 권리금을 반환하기로 하는 약정이 있었다 하더라도 그와 같은 권리금반환청구권은 건물에 관하여 생긴 채권이라 할 수 없으므로, 그와 같은 채권을 가지고 건물에 대한 유치권을 행사할 수 없다(대판 1994.10.14, 93다62119).

㉡ 임대차에서 보증금반환청구권은 채권과 목적물 사이의 견련성이 인정되지 않으므로 유치권이 성립할 수 없다(대판 1976.5.11, 75다1305).

㉢ 甲의 말 2필이 乙의 밭에 들어가 농작물을 먹어치운 경우 乙은 손해배상청구권을 담보하기 위하여 말을 유치할 수 있다(대판 1969.11.25, 69다1592).

03 유치권의 효력

① 유치권에 관한 규정은 임의규정이므로 당사자의 특약으로 이를 배제할 수 있다(제320조).
② 제322조 제1항
③ 제324조 제1항
④ 유치권자가 보존에 필요한 사용으로써 이익을 얻은 경우 부당이득으로 채무자에게 반환하여야 한다. 그러나 유치권자의 점유는 적법한 점유이므로 불법행위로 인한 손해배상책임은 지지 않는다.
⑤ 유치권에는 물상대위성이 없다. 따라서 乙은 甲의 화재보험금청구권에 대하여 권리를 행사할 수 없다.

04 유치권의 효력

㉠ 유치권자는 채권을 변제받기 위하여 유치물을 경매할 수 있다(제322조 제1항).
㉡ 정당한 이유 있는 때에는 유치권자는 감정인의 평가에 의하여 유치물로 직접 변제에 충당할 것을 법원에 청구할 수 있는데, 이를 간이변제충당권이라 한다(제322조 제2항).
㉢ 유치권자에게는 법률상 우선변제권이 없다.
㉣ 유치물에 관하여 필요비를 지출한 경우에는 소유자에게 상환을 청구할 수 있고(제325조 제1항), 유치물에 관하여 유익비를 지출한 경우에는 그 가액의 증가가 현존한 때에 한하여 소유자의 선택에 좇아 그 지출금액이나 증가액의 상환을 청구할 수 있다(제325조 제2항).
㉤ 유치물의 점유를 침탈당한 경우 유치권 자체에 기한 반환청구권은 인정되지 않고, 점유권에 기한 반환청구권만 인정된다(제204조).
㉥ 유치권자는 채무자의 승낙을 받지 않더라도 유치물을 보존하기 위하여 필요한 사용은 할 수 있다(제324조 제2항 단서).

05 유치권의 성립요건

㉠ 보증금반환청구권은 채권과 목적물 사이의 견련성이 인정되지 않으므로 유치권이 성립할 수 없다(대판 1976.5.11, 75다1305).
㉡ 임대인과 임차인 사이에 건물명도 시 권리금을 반환하기로 하는 약정이 있었다 하더라도 그와 같은 권리금반환청구권은 건물에 관하여 생긴 채권이라 할 수 없으므로 그와 같은 채권을 가지고 건물에 대한 유치권을 행사할 수 없다(대판 1994.10.14, 93다62119).
㉢ 부속물매수청구권의 행사로 취득한 매매대금채권은 목적물과의 견련성이 인정되지 않으므로 유치권이 성립하지 않는다(대판 1977.12.13, 77다115).
㉣ 임대차종료 시에 임차인이 건물을 원상으로 복구하여 임대인에게 명도하기로 약정한 것은 건물에 지출한 각종 유익비 또는 필요비의 상환청구권을 미리 포기하기로 한 취지의 특약이라고 볼 수 있어 임차인은 유치권을 주장할 수 없다(대판 1975.4.22, 73다2010).

06 유치권의 성립요건

정답 ③

㉠ 권리금반환청구권은 채권과 목적물 사이의 견련성이 없으므로 권리금반환청구권을 담보하기 위하여 유치권을 행사할 수는 없다.

㉡ 유치권의 대상이 되는 물건은 타인 소유의 물건이기만 하면 되므로 반드시 채무자 소유의 물건일 필요는 없다. 따라서 채무자 이외의 제3자 소유의 물건에 대해서도 유치권이 성립할 수 있다.

㉢ 채권과 목적물 사이의 견련성이 인정되는 경우는 채권이 목적물 자체로부터 발생한 경우와 채권이 목적물반환청구권과 동일한 법률관계 또는 동일한 사실관계로부터 발생한 경우이다.

㉣ 대판 2007.9.7, 2005다16942

07 유치권의 성립과 효력

정답 ②

㉠ 유치권자가 유치물을 점유하기 전에 발생된 채권이라도 그 후 그 물건의 점유를 취득한 경우에는 유치권이 성립한다(대판 1965.3.30, 64다1977).

㉡㉣ 대판 1969.11.25, 69다1592

㉢ 유치권자는 경락인에 대하여 그 피담보채권의 변제가 있을 때까지 유치목적물인 부동산의 인도를 거절할 수 있을 뿐이고, 그 피담보채권의 변제를 청구할 수는 없다(대판 1996.8.23, 95다8713).

08 유치권과 동시이행의 항변권의 비교

정답 ⑤

㉠ 유치권자는 채권을 변제받기 위하여 유치물을 경매할 수 있다(제322조 제1항).

㉡ 건물신축공사를 도급받은 수급인은 사회통념상 독립한 건물이 되지 못한 정착물을 토지에 설치한 상태에서 공사가 중단된 경우, 그 정착물이나 토지에 대하여 유치권을 행사할 수 없다(대결 2008.5.30, 2007마98).

㉢ 피담보채권의 변제기 도래는 유치권의 성립요건이다. 따라서 유치권이 성립하기 위해서는 채권의 변제기가 도래하여야 한다.

09 저당권의 성립

정답 ①

㉠ 피담보채권이 변제, 소멸시효의 완성 기타 사유로 인하여 소멸한 때에는 저당권도 말소등기 없이 소멸한다.

㉡ 저당권자는 저당목적물의 소실로 인하여 저당권설정자가 취득한 화재보험금청구권에 대하여 물상대위권을 행사할 수 있다(대판 2004.12.24, 2004다52798).

㉢ 저당권은 종된 권리이므로 주된 권리인 피담보채권과 분리하여 타인에게 양도할 수 없다.

10 저당권의 성립과 효력범위

① 채권담보의 목적으로 채무자 소유의 부동산을 담보로 제공하여 저당권을 설정하는 경우에는 담보물권의 부종성의 법리에 비추어 원칙적으로 채권과 저당권이 그 주체를 달리할 수 없는 것이지만, 채권자 아닌 제3자의 명의로 저당권등기를 하는 데 대하여 채권자와 채무자 및 제3자 사이에 합의가 있었고, 나아가 제3자에게 그 채권이 실질적으로 귀속되었다고 볼 수 있는 특별한 사정이 있는 경우에는, 그 제3자 명의의 저당권등기도 유효하다(대판 2000.12.12, 2000다49879).

② 저당권의 효력은 저당부동산에 대한 **압류**가 있은 후에 저당권설정자가 그 부동산으로부터 수취한 과실 또는 수취할 수 있는 **과실에 미친다**(제359조).

③ 대판 1981.5.26, 80다2109

④ 토지를 목적으로 저당권을 설정한 후 그 설정자가 그 토지에 건물을 축조한 때에는 저당권자는 토지와 함께 그 건물에 대하여도 경매를 **청구할 수 있다**(제365조 본문). 일괄경매청구권은 권리이지 의무가 아니다.

⑤ 저당물의 제3취득자는 부동산의 보존·개량을 위해 **필요비** 또는 **유익비**를 지출한 때에는 그 저당물의 경매대가에서 우선상환을 받을 수 있다(제367조).

11 저당권의 성립

㉠ 전세권을 목적으로 **저당권을 설정할 수 있다**(제371조).

㉡ 토지를 목적으로 저당권을 설정한 후 그 설정자가 그 토지에 건물을 축조한 때에는 저당권자는 토지와 함께 그 건물에 대하여도 경매를 청구할 수 있으나, 그 건물의 경매대가에 대하여는 **우선변제를 받을 권리가 없다**(제365조).

㉢ 건물이 없는 토지에 관하여 저당권이 설정될 당시 근저당권자가 토지소유자에 의한 건물의 건축에 동의하였다고 하더라도 법정지상권이 성립되지 않는다(대판 2003.9.5, 2003다26051).

12 저당권의 효력범위

저당권의 효력은 원칙적으로 과실에는 미치지 않는다(제359조).

13 저당권의 효력범위

㉢㉣ 저당권은 원본, 이자, 위약금, 채무불이행으로 인한 손해배상 및 저당권의 실행비용을 담보한다. 그러나 지연배상에 대하여는 **원본의 이행기일을 경과한 후의 1년분**에 한하여 저당권을 행사할 수 있다(제360조). 따라서 저당물의 보존비용과 저당목적물의 하자로 인한 손해배상금은 피담보채권의 범위에 속하지 않는다.

14 저당권의 효력　　　　　　　　　　　　정답 ①

㉠ 채무자나 저당권설정자는 저당권자에 대하여 제360조 단서에 따른 피담보채권의 제한을 주장할 수 없다. 따라서 원본의 반환이 2년간 지체된 경우 채무자는 원본 및 지연배상금의 전부를 변제하여야 저당권등기의 말소를 청구할 수 있다.

㉡ 저당토지의 매각대금으로부터 충분히 피담보채권을 변제받을 수 있는 경우에도 일괄경매를 청구할 수 있다(대결 1961.3.20, 4294민재항50).

㉢ 제358조

㉣ 대판 2002.12.6, 2001다2846

15 법정지상권　　　　　　　　　　　　　정답 ②

① 대판 1978.8.22, 78다630

② 법정지상권이 붙은 건물의 소유자가 건물을 제3자에게 처분한 경우에는 법정지상권에 관한 등기를 경료하지 아니한 자로서는 건물의 소유권을 취득한 사실만 가지고는 법정지상권을 취득하였다고 할 수 없다(대판 1995.4.11, 94다39925).

③ 대판 2004.6.11, 2004다13533

④ 대판 전합체 2003.12.18, 98다43601

⑤ 제187조

16 법정지상권과 관습법상의 법정지상권　　　정답 ③

㉣ 미등기건물을 대지와 함께 매수하였으나 대지에 관하여만 소유권이전등기를 넘겨받고 대지에 대하여 저당권을 설정한 후 저당권이 실행된 경우, 저당권설정 당시에 이미 대지와 건물이 각각 다른 사람의 소유에 속하고 있었으므로 민법 제366조 소정의 법정지상권이 성립하지 않으며, 또한 건물소유자로 하여금 토지를 계속 사용하게 하려는 것이 당사자의 의사라고 인정되므로 관습법상의 법정지상권도 성립하지 않는다(대판 전합체 2002.6.20, 2002다9660).

17 법정지상권　　　　　　　　　　　　　정답 ④

① 대판 1993.6.25, 92다20330

② 대판 1988.9.27, 87다카279

③ 대판 1966.2.22, 65다2223

④ 법정지상권으로 토지의 소유권이 제한을 받는 사정을 참작해서는 안 된다(대판 1995.9.15, 94다61144).

⑤ 대판 2001.3.13, 2000다48517

18 법정지상권

① 법정지상권에 관한 규정은 강행규정이다(대판 1988.10.25, 87다카1564).
② 저당권설정 당시에 동일인 소유가 아니므로 법정지상권이 인정되지 않는다.
③ 저당권설정 당시에 토지 위에 건물이 없으므로 법정지상권이 인정되지 않는다.
④ 대판 1991.10.11, 91다23462
⑤ 제366조 소정의 법정지상권은 저당권설정 당시의 건물과 재건축 또는 신축된 건물 사이에 동일성이 없어도 성립한다(대판 2001.3.13, 2000다48517).

19 법정지상권과 일괄경매청구권

정답 ④

㉠ 甲이 저당권을 취득하기 전, 이미 X토지 위에 乙의 Y건물이 존재한 경우에는 일괄경매청구권이 인정되지 않는다(제365조).
㉡ 甲이 저당권을 취득한 후, 乙이 X토지 위에 Y건물을 축조하여 소유하고 있는 경우에는 일괄경매청구권이 인정된다(제365조).
㉢ 甲이 저당권을 취득한 후, 丙이 X토지에 지상권을 취득하여 Y건물을 축조하고 乙이 그 건물의 소유권을 취득한 경우에는 일괄경매청구권이 인정된다(대판 2003.4.11, 2003다3850).

20 저당부동산의 제3취득자

정답 ⑤

㉠ 제3취득자는 저당부동산에 대하여 소유권, 지상권 또는 전세권을 취득한 자를 말하므로, 후순위저당권자는 제364조의 저당권소멸청구권을 행사할 수 있는 제3취득자에 해당하지 않는다(대판 2006.1.26, 2005다17341).
㉡ 저당물의 제3취득자가 그 부동산의 보존·개량을 위하여 필요비 또는 유익비를 지출한 때에는 제203조에 따라 저당물의 경매대가에서 그 비용을 우선하여 상환받을 수 있다(제367조).
㉢ 저당물의 소유권을 취득한 제3자는 경매인(競買人)이 될 수 있다(제363조 제2항).
㉣ 제3취득자는 저당권실행 전에 저당부동산에 대해 이해관계를 맺은 자에 한하지 않는다. 따라서 피담보채권을 변제하고 저당권의 소멸을 청구할 수 있는 제3취득자에는 경매신청 후에 소유권, 지상권 또는 전세권을 취득한 자도 포함된다(대결 1974.10.26, 74마440).

21 저당권의 효력

① 일괄경매청구의 경우에도 건물에 대해서는 저당권이 없으므로 건물의 매각대금에 대해서는 우선변제권이 없다.

② 담보물보충청구권은 저당권설정자의 책임 있는 사유에 의한 경우에 행사할 수 있는 권리이다(제362조).

③ 저당권실행 시에 금전채권으로 전환될 수 있으면 모두 피담보채권이 될 수 있고, 이에 대한 저당권설정도 가능하다.

④⑤ 근저당권이 설정된 후에 그 부동산의 소유권이 제3자에게 이전된 경우, 현재의 소유자는 자신의 소유권에 기하여 피담보채무의 소멸을 원인으로 근저당권설정등기의 말소를 청구할 수 있고, 근저당권설정자인 종전의 소유자도 근저당권설정계약상의 권리에 기초하여 근저당권설정등기의 말소를 청구할 수 있다(대판 전합체 1994.1.25, 93다16338).

22 공동저당

① 공동저당은 동일한 채권을 수개의 부동산이 담보하는 경우이므로 동시배당에 관한 제368조 제1항 규정은 후순위저당권자의 존재 여부와 상관없이 적용된다.

② 대판 2010.4.15, 2008다41475

③ 동일한 채권의 담보로 부동산과 선박에 대하여 저당권이 설정된 경우에는 차순위자의 대위에 관한 민법 제368조 제2항 후문의 규정을 유추적용할 수 없다(대판 2002.7.12, 2001다53264).

④ 대판 2003.9.5, 2001다66291

⑤ 공동저당권자가 채권 전부를 변제받은 경우뿐만 아니라 일부를 변제받은 경우에도 후순위저당권자의 대위권(제368조 제2항 제2문)은 인정된다(대판 1997.12.23, 97다39780).

23 공동저당

동일한 채권의 담보로 수개의 부동산에 저당권을 설정한 경우에 그 부동산의 경매대가를 동시에 배당하는 때에는 각 부동산의 '경매대가에 비례'하여 그 채권의 분담을 정한다. 우선 A부동산, B부동산, C부동산의 분담비율은 3 : 2 : 1이다(각각 3천만원으로 나누면 된다). 따라서 乙이 C부동산으로부터 변제받게 되는 금액은 1억 5천만원 × 1 ÷ 6이므로 2천5백만원이다.

24 근저당

① 대판 2004.5.28, 2003다70041
② 대결 1971.5.15, 71마251
③ 대판 2002.11.26, 2001다73022
④ 대판 1999.9.21, 99다26085
⑤ 확정된 피담보채권액이 채권최고액을 초과하는 경우에 채무자 겸 근저당권설정자는 확정된 피담보채권액 전부를 변제하여야 근저당권의 소멸을 청구할 수 있고, 그 이외의 자(물상보증인이나 제3취득자)는 채권최고액까지만 변제하고 근저당권의 소멸을 청구할 수 있다(대판 1974.12.10, 74다998).

25 근저당

정답 ⑤

① 대결 1971.5.15, 71마251
② 제357조 제2항
③ 대판 1974.12.10, 74다998
④ 대판 1988.10.11, 87다카545
⑤ 근저당권자가 피담보채무의 불이행을 이유로 경매신청을 한 경우 근저당권의 피담보채무액은 경매신청 시에 확정되고, 경매개시결정이 있은 후 경매신청이 취하되더라도 채무확정의 효과는 번복되지 않는다(대판 2002.11.26, 2001다73022).

26 근저당

정답 ③

㉠ 원본, 이자, 위약금 모두 채권최고액에 포함된다.
㉡ 근저당권의 피담보채무가 확정되기 전에는 채무의 범위나 채무자를 변경할 수 있다(대판 1999.5.14, 97다15777).
㉢ 확정된 피담보채권액이 채권최고액을 초과하는 경우에 채무자 겸 근저당권설정자는 확정된 피담보채권액 전부를 변제하여야 근저당권의 소멸을 청구할 수 있고, 물상보증인과 제3취득자는 채권최고액까지만 변제하고 근저당권의 소멸을 청구할 수 있다(대판 1974.12.10, 74다998).

27 근저당

정답 ⑤

후순위근저당권자가 경매를 신청하는 경우 선순위근저당권자의 피담보채권은 매수인(경락인)이 매각대금(경락대금)을 완납한 때에 확정된다(대판 1999.9.21, 99다26085).

CHAPTER 01 계약법 총론

01	⑤	02	③	03	④	04	①	05	③
06	⑤	07	④	08	④	09	④	10	⑤
11	①	12	⑤	13	③	14	④	15	④
16	②	17	⑤	18	⑤	19	④	20	③
21	⑤	22	③	23	③	24	⑤	25	①
26	④	27	③	28	①	29	④	30	②
31	②	32	③	33	②	34	④		

01 계약의 종류   정답 ⑤

① 부동산매매계약은 유상, 낙성계약이다.
② 중개계약은 민법상의 전형계약이 아니다.
③ 부동산교환계약은 유상, 일시적 계약이다.
④ 증여계약은 편무, 무상계약이다.

02 계약의 종류   정답 ③

① 쌍무계약은 모두 유상계약에 해당하지만, 유상계약이 모두 쌍무계약에 해당하는 것은 아니다.
② 본계약은 채권계약·물권계약·가족법상의 계약일 수 있지만, 예약은 언제나 채권계약이다.
③ 위험부담은 쌍무계약에서 발생하는 것이 원칙이다. 사용대차는 일방 당사자만이 채무를 부담하는 편무계약에 해당하므로 위험부담의 문제가 생기지 않는다.
④ 15종의 전형계약 모두 불요식계약이다.
⑤ 이행상의 견련성이란 일방의 채무가 이행될 때까지는 타방의 채무도 이행하지 않아도 좋다는 것을 말한다. 이러한 이행상의 견련성으로부터 동시이행의 항변권이 도출된다.

03 요물계약

현상광고, 대물변제, 계약금계약, 보증금계약은 요물계약에 해당한다는 것이 다수설의 태도이다.

04 계약의 청약

① 계약의 청약은 청약자가 사전에 철회의 자유를 유보한 경우에는 철회할 수 있다.
② 승낙은 특정의 청약자에 대하여 하여야 한다. 불특정 다수인에 대한 승낙은 있을 수 없다.
③ 제529조
④ 제533조
⑤ 예금계약은 예금자가 예금의 의사를 표시하면서 금융기관에 돈을 제공하고 금융기관이 그 의사에 따라 그 돈을 받아 확인을 하면 그로써 성립하며, 금융기관의 직원이 그 받은 돈을 금융기관에 입금하지 아니하고 이를 횡령하였다고 하더라도 예금계약의 성립에는 아무런 소장이 없다(대판 1996.1. 26, 95다26919).

05 계약의 성립

② 승낙자는 청약에 대한 어떠한 법적 회답의무가 없다.
③ 乙이 8만원이면 사겠다고 하는 것은 변경을 가한 승낙에 해당한다. 따라서 승낙자가 변경을 가하여 승낙한 때에는 그 청약의 거절과 동시에 새로 청약한 것으로 보므로(제534조), 甲이 이에 대해 승낙하지 않으면 계약은 성립하지 않는다.
④ 보내온 책에 이름을 적는 행위는 의사실현에 의한 계약성립에 해당한다(제532조).
⑤ 제530조

06 계약의 성립

① 청약은 장차 계약의 일방 당사자가 될 특정인에 의하여 행해져야 한다.
② 격지자 간의 계약은 승낙의 통지를 발송한 때에 성립한다(제531조). 이때에 발신주의가 적용되는 것은 승낙이고, 격지자 간의 청약은 도달주의에 의한다(제111조 제1항).
⑤ 청약수령자는 청약을 받았다는 사실로부터 아무런 법률상의 의무를 부담하지 않는다. 즉, 청약수령자는 승낙 여부에 대한 자유를 가지고 있으며, 특별한 사정이 없는 한 법적 회답의무도 부담하지 않는다. 따라서 청약자가 "회답이 없으면 승낙한 것으로 본다."라는 문구를 덧붙여 청약하였더라도 이는 상대방을 구속하지 않는다. 또한 청약자가 물건을 송부하면서 "만약 구입하

지 않으면 반송하라. 반송하지 않으면 구입한 것으로 보겠다."라고 한 경우에도 물건을 수령하거나 반송할 의무가 생기지 않는다.

07 계약의 성립

정답 ④

㉠ 계약의 청약은 이를 철회하지 못한다(제527조).
㉡ 청약의 의사표시를 발신한 후 도달 전에 청약자가 사망하거나 제한능력자가 되어도 청약의 효력에는 영향을 미치지 않는 것이 원칙이다(제111조 제2항).
㉢ 제528조 제1항
㉣ 제530조
㉤ 승낙의 통지가 승낙기간 후에 도달한 경우에 보통 그 기간 내에 도달할 수 있는 발송인 때에는 청약자는 지체 없이 상대방에게 그 연착의 통지를 하여야 한다(제528조 제2항 본문).

08 계약의 성립

정답 ④

㉡ 청약자의 연착의 통지의무는 간접의무(책무)에 해당한다. 간접의무를 이행하지 않은 경우에는 법이 정한 불이익을 입을 뿐 강제이행하는 것이 허용되지 않는다.
㉣ 甲이 연착의 통지를 하지 않은 경우, 승낙은 연착되지 아니한 것으로 되므로 계약은 1월 10일에 성립하게 된다.

09 계약체결상의 과실책임

정답 ④

신뢰이익의 손해가 이행이익의 손해보다 큰 경우에는 이행이익의 손해까지만 배상하면 된다(제535조 제1항 단서).

10 계약체결상의 과실책임

정답 ⑤

판례는 원시적 불능의 경우에 한정하여 계약체결상의 과실책임을 인정하고 있다. 위의 경우에서 판례는 甲대학이 직원채용의 통지를 하여야 함에도 불구하고 통지를 하지 않은 과실을 인정하여 甲대학에게 불법행위에 의한 손해배상책임(제750조)을 인정하였다(대판 1993.9.10, 92다42897).

11 동시이행의 항변권

정답 ①

㉡ 동시이행의 항변권은 청구권의 존재를 부인하기 위한 권리가 아니라, 청구권의 행사를 일시적으로 저지하기 위한 권리이다.
㉢ 선이행의무자도 상대방의 재산상태가 악화되어 반대급부의 이행을 구하기 곤란할 현저한 사유가 있는 때에는 선이행의무자에게 동시이행의 항변권이

인정된다(제536조 제2항). 또한 선이행의무를 이행하지 않고 있는 동안 상대방채무의 변제기가 도래한 경우 이행을 지체한 선이행의무자도 상대방의 청구에 대하여 동시이행의 항변권을 행사할 수 있다.

ㄹ 이행지체책임을 면하기 위해서는 동시이행의 항변권을 행사할 필요가 없다.

ㅁ 동시이행의 항변권이 붙은 채권을 자동채권으로 상계하는 것이 금지된다(대판 1975.10.21, 75다48).

12 동시이행의 항변권   정답 ⑤

임대차계약 해제에 따른 임차인의 목적물반환의무와 임대인의 목적물을 사용·수익하게 할 의무불이행에 대하여 손해배상하기로 한 약정에 따른 의무는 동시이행관계가 아니다(대판 1990.12.26, 90다카25383).

13 동시이행의 항변권   정답 ③

ㄱ 가등기담보에 있어서 채권자의 청산금지급채무와 채무자의 목적물인도 및 등기의무는 동시이행관계이다.

ㄴ 피담보채권을 변제할 의무와 근저당권설정등기 말소의무는 동시이행관계가 아니며, 피담보채무의 변제가 선이행의무이다(대판 1981.6.23, 80다3108).

ㄷ 매도인의 토지거래허가신청절차에 협력할 의무와 매수인의 매매대금지급의무는 동시이행관계가 아니다(대판 1993.8.27, 93다15366).

ㄹ 토지임차인이 건물매수청구권을 행사한 경우, 토지임차인의 건물인도 및 소유권이전등기의무와 토지임대인의 건물대금지급의무는 동시이행관계이다(대판 1998.5.8, 98다2389).

14 동시이행의 항변권   정답 ④

① 가압류등기가 있는 부동산을 매매한 경우이므로 매도인은 소유권이전등기의무뿐만 아니라 가압류등기까지 말소해 주어야 한다. 따라서 매도인의 소유권이전등기의무와 아울러 가압류등기의 말소의무도 매수인의 대금지급의무와 동시이행관계에 있다.

② 부동산매매계약 해제 시 각 당사자에게는 원상회복의무가 있으므로 매도인은 매매대금을 받은 날로부터 법정이자를 부가하여 지급하여야 한다.

③ 임대차종료 후 임차인의 임차목적물명도의무와 임대인의 연체차임 기타 손해배상금을 공제하고 남은 임대차보증금반환채무와는 동시이행의 관계에 있다(대판 1989.2.28, 87다카2114).

④ 채무자가 자기채무의 이행을 거절하기 위해서는 동시이행의 항변권을 원용하여야 한다. 그러나 이행지체책임을 면하기 위해서는 항변권을 원용할 필요가 없다(대판 2001.7.10, 2001다3764). 동시이행의 항변권이 존재하는 것만으로 이행지체가 되지 않기 때문이다.

⑤ 토지임차인이 건물매수청구권을 행사한 경우에는 토지임대인의 승낙이 없더라도 건물에 관해 매매계약이 성립한다. 따라서 토지임차인의 건물명도 및 소유권이전등기의무와 토지임대인의 대금지급의무는 동시이행관계에 있다.

15 동시이행의 항변권 정답 ④

① 제317조
② 제549조
③ 「가등기담보 등에 관한 법률」 제4조 제3항
④ 임대인의 임대차보증금반환의무와 임차인의 「주택임대차보호법」 제3조의3에 의한 임차권등기말소의무는 동시이행관계가 아니라, 임대인의 임대차보증금반환의무가 임차인의 임차권등기말소의무보다 먼저 이행되어야 할 의무이다(대판 2005.6.9, 2005다4529).
⑤ 양자는 동시이행관계이다.

16 동시이행의 항변권 정답 ②

① 소비대차계약에 있어서 채무의 담보목적으로 저당권설정등기를 경료한 경우에 채무자의 채무변제는 저당권설정등기 말소등기에 앞서는 선행의무이며 채무의 변제와 동시이행관계에 있는 것이 아니다(대판 1969.9.30, 69다1173).
② 당사자 쌍방이 각각 별개의 약정으로 상대방에 대하여 채무를 지게 된 경우에는 자기의 채무이행과 상대방의 어떤 채무이행을 견련시켜 동시이행을 하기로 특약한 사실이 없다면 상대방이 자기에게 이행할 채무가 있다 하더라도 동시이행의 항변권이 생긴다고 볼 수 없다(대판 1990.4.13, 89다카23794).
③ 제549조
④ 임대인의 임대차보증금반환의무와 임차인의 「주택임대차보호법」 제3조의3에 따른 임차권등기말소의무는 동시이행관계가 아니라, 임대인의 임대차보증금반환의무가 임차인의 임차권등기말소의무보다 먼저 이행되어야 할 의무이다(대판 2005.6.9, 2005다4529).
⑤ 근저당권설정등기가 되어 있는 부동산을 매매하는 경우, 매수인이 근저당권의 피담보채무를 인수하여 그 채무금 상당을 매매잔금에서 공제하기로 하는 특약을 하는 등 특별한 사정이 없는 한 매도인의 근저당권 말소 및 소유권이전등기의무와 매수인의 잔금지급의무는 동시이행관계에 있다(대판 1991.11.26, 91다23103).

17 동시이행의 항변권

정답 ⑤

① 쌍무계약이 무효로 되어 각 당사자가 서로 취득한 것을 반환하여야 하는 경우에는 동시이행관계가 있고(대판 1993.8.13, 93다5871), 매매계약이 취소된 경우에 당사자 쌍방의 부당이득반환의무도 동시이행의 관계에 있다(대판 2001.7.10, 2001다3764).
② 채권양도·채무인수·상속 등으로 당사자가 변경되는 경우라 하더라도 채권·채무의 동일성이 유지되므로 동시이행의 항변권이 인정된다(대판 1989. 10.27, 89다카4298).
③ 제536조 제2항
④ 가압류등기가 있는 부동산을 매매한 경우이므로 매도인은 소유권이전등기의무뿐만 아니라 가압류등기까지 말소해 주어야 한다. 따라서 매도인의 소유권이전등기의무와 아울러 가압류등기의 말소의무도 매수인의 대금지급의무와 동시이행관계에 있다(대판 2000.11.28, 2000다8533).
⑤ 근저당권 실행을 위한 경매가 무효가 된 경우, 낙찰자의 채무자에 대한 소유권이전등기말소의무와 근저당권자의 낙찰자에 대한 배당금반환의무는 동시이행관계가 아니다(대판 2006.9.22, 2006다24049).

18 유치권과 동시이행의 항변권의 비교

정답 ⑤

유치권을 행사하는 경우와 동시이행의 항변권을 행사하는 경우 모두 상환이행판결을 한다.

이론➕ **유치권과 동시이행의 항변권**

구 분	유치권	동시이행의 항변권
공통점	• 공평의 원칙에 입각 • 채권의 변제를 촉구하는 기능(양자는 병존 가능) • 상환이행판결(원고일부승소판결)	
차이점	물권이므로 절대성과 배타성이 있음(대세권)	쌍무계약의 효력으로서 인정되는 것이므로 당사자 사이에서만 효력이 있음(대인권)
	그 물건에 관한 일체의 채권의 변제 확보가 목적(채권담보가 목적)	쌍무계약상의 채권의 이행이 목적(선이행방지가 목적)
	채권 전부를 변제받을 때까지 유치물 전부에 대해 권리행사 가능	일부를 제공한 경우 미제공부분에 대해서만 권리행사 가능
	채권의 변제를 받을 때까지 권리행사 가능	이행의 제공을 할 때까지 권리행사 가능
	물건의 인도를 거절	일체의 채무의 이행을 거절
	다른 담보를 제공하고 소멸청구 가능	다른 담보를 제공하고 권리행사 저지 불가

19 동시이행의 항변권   정답 ④

ⓐ 쌍무계약의 당사자 일방의 채무가 당사자 쌍방의 책임 없는 사유로 이행할수 없게 된 때에는 채무자는 상대방의 이행을 청구하지 못한다(제537조). 다만, 채무자가 이미 반대급부를 이행받았다면 이는 부당이득으로서 반환하여야 한다(제741조). 따라서 乙은 그 대금에 대해 부당이득반환청구를 할수 있다.

ⓑ 쌍무계약의 당사자 일방의 채무가 채권자의 책임 있는 사유로 이행할 수없게 된 때에는 채무자는 상대방의 이행을 청구할 수 있다(제538조 제1항제1문).

ⓒ 쌍무계약의 당사자 일방의 채무가 채권자의 수령지체 중에 당사자 쌍방의책임 없는 사유로 이행할 수 없게 된 때에도 채무자는 상대방의 이행을 청구할 수 있다(제538조 제1항 제2문).

20 위험부담   정답 ③

① 제537조와 제538조

② 쌍무계약의 당사자 일방의 채무가 당사자 쌍방의 책임 없는 사유로 이행할수 없게 된 때에는 채무자는 상대방의 이행을 청구하지 못한다(제537조).

③ 당사자 쌍방의 귀책사유 없는 이행불능으로 매매계약이 종료된 경우, 매도인은 이미 지급받은 계약금을 반환하여야 한다(제741조).

④ 제538조 제1항 제2문

⑤ 제538조 제2항

21 위험부담   정답 ⑤

① 채무자의 귀책사유로 후발적 불능이 된 경우에는 채무불이행(제390조)의문제로 다루어진다. 따라서 이 경우 甲의 乙에 대한 건물소유권이전채무는손해배상채무로 그 성질이 변경되므로 乙은 甲에게 채무불이행을 이유로손해배상을 청구할 수 있다. 한편, 채무자의 귀책사유 없이 후발적 불능으로된 경우에는 위험부담의 문제(제537조·제538조)로 다루어진다. 따라서이 경우 甲의 乙에 대한 건물소유권이전채무는 소멸하므로 乙은 甲에게 건물소유권이전청구를 할 수 없다. 결론적으로 후발적 불능의 경우에는 불능원인에 대해 채무자에게 귀책사유가 있든 없든 채권자는 본래의 급부를 청구할 수 없다.

② 쌍무계약의 당사자 일방의 채무가 당사자 쌍방의 책임 없는 사유로 이행할수 없게 된 때에는 채무자는 상대방의 이행을 청구하지 못한다(제537조). 따라서 甲은 乙에게 매매대금지급을 청구할 수 없다.

③ 쌍무계약의 당사자 일방의 채무가 채권자의 책임 있는 사유로 이행할 수없게 된 때에는 채무자는 상대방의 이행을 청구할 수 있다(제538조 제1항전단). 따라서 甲은 乙에게 매매대금지급을 청구할 수 있다.

④ 쌍무계약의 당사자 일방의 채무가 채권자의 수령지체 중에 당사자 쌍방의 **책임 없는** 사유로 이행할 수 없게 된 때에도 채무자는 상대방의 이행을 청구할 수 있다(제538조 제1항 후단). 따라서 甲은 乙에게 매매대금지급을 청구할 수 있다.

⑤ 채권자가 위험을 부담하는 경우에 채무자는 자기의 채무를 면함으로써 이익을 얻은 때에는 이를 채권자에게 **상환하여야 한다**(제538조 제2항). 따라서 甲은 자기채무를 면함으로써 얻은 이익을 乙에게 상환하여야 한다.

22 제3자를 위한 계약 　　　　　　　　　정답 ③

㉠ 낙약자는 요약자와의 계약에 기한 항변(보상관계에 기한 항변)으로써 그 계약의 이익을 받을 제3자에게 대항할 수 있다(제542조). 따라서 대가관계에 기한 항변으로는 제3자에게 대항할 수 없다.

㉡ 제3자는 계약의 당사자가 아니므로 계약당사자만이 행사할 수 있는 취소권, 해제권, 해지권 등을 행사할 수 없다.

㉢ 제3자를 위한 계약에서 요약자와 낙약자 사이의 법률관계(이른바 기본관계)를 이루는 계약이 해제된 경우, 낙약자는 이미 제3자에게 급부한 것에 대해 계약해제에 기한 원상회복 또는 부당이득을 원인으로 **제3자를 상대로 그 반환을 청구할 수 없다**(대판 2005.7.22, 2005다7566).

23 제3자를 위한 계약 　　　　　　　　　정답 ③

② 제3자가 수익의 의사표시를 한 후에는 당사자가 이를 변경 또는 소멸시킬 수 없는 것이 원칙이다. 그러나 제3자의 권리를 변경 또는 소멸시킬 수 있음을 유보한 경우에는 제3자의 권리를 변경 또는 소멸시킬 수 있다.

③ 채무자가 상당한 기간을 정하여 제3자에게 계약의 이익의 향수 여부의 확답을 최고하였는데, 채무자가 그 기간 내에 확답을 '**받지**' 못한 때에는 제3자가 계약의 이익을 받을 것을 거절한 것으로 본다(제540조).

⑤ 제3자는 계약체결 당시에 현존·특정되어야 하는 것은 아니다. 따라서 태아나 설립 중인 법인도 제3자가 될 수 있다. 다만, 수익의 의사를 표시할 때에는 현존·특정되어야 한다.

24 제3자를 위한 계약 　　　　　　　　　정답 ⑤

① 요약자 甲과 수익자 丙 사이의 관계를 대가관계라 하는데, 대가관계의 흠결이나 하자는 제3자를 위한 계약에 영향을 미치지 않는다(대판 2003.12.11, 2003다49771). 따라서 甲과 丙 사이의 채권관계가 소멸하더라도 甲과 乙 사이의 계약은 그대로 유효하다.

② 제3자를 위한 계약에 있어서 제3자가 수익의 의사표시를 함으로써 제3자에게 권리가 확정적으로 귀속된 경우에는, 요약자와 낙약자의 합의에 의하여 제3자의 권리를 변경·소멸시킬 수 있음을 미리 유보하였거나, 제3자의 동의

가 있는 경우가 아니면 요약자와 낙약자는 제3자의 권리를 변경·소멸시키지 못한다(대판 2002.1.25, 2001다30285). 丙의 수익의 의사표시가 있은 후에는 甲과 乙은 원칙적으로 丙의 권리를 변경할 수 없다.

③ 수익자 丙은 의사표시규정(제107조~제110조)에서 말하는 제3자에 해당되지 않는다. 따라서 乙은 취소로써 선의의 丙에게 대항할 수 있다.

④ 제3자 丙은 계약의 당사자가 아니므로 계약의 해제권이나 해제를 원인으로 한 원상회복청구권을 행사할 수 없다(대판 1994.8.12, 92다41559).

⑤ 낙약자는 요약자와의 계약에 기한 항변(보상관계에 기한 항변)으로 제3자에게 대항할 수 있다(제542조). 따라서 대가관계에 기한 항변으로는 제3자에게 대항하지 못한다.

25 제3자를 위한 계약 　　　　　　　　　　　　정답 ①

① 제3자의 권리는 그 제3자가 채무자에 대해 수익의 의사표시를 함과 동시에 발생한다(대판 1955.7.28, 4288민상165).

② 낙약자의 행위 자체가 불법행위가 되거나 보상관계가 무효인 경우에는 제3자는 특별한 사정이 없는 한 불법행위나 채무불이행을 이유로 손해배상을 청구할 수 없다(대판 1966.6.21, 66다674).

③ 채무자에게 수익의 의사표시를 한 제3자는 채무자에게 직접 그 이행을 청구할 수 있다(제539조 제1항).

④ 제3자를 위한 계약의 경우 요약자는 낙약자의 채무불이행을 이유로 제3자의 동의 없이 계약을 해제할 수 있다(대판 1970.2.24, 69다1410).

⑤ 채무자와 인수인의 계약으로 체결되는 병존적 채무인수는 채권자로 하여금 인수인에 대하여 새로운 권리를 취득하게 하는 것이므로 제3자를 위한 계약에 해당한다(대판 1997.10.24, 97다28698).

26 계약의 해제 　　　　　　　　　　　　　　정답 ④

㉠ 매매계약이 해제된 경우 계약은 소급적으로 무효가 된다.

㉡ 매매계약 해제에 따른 원상회복의 대상에는 매매대금과 매매계약의 존속을 전제로 수령한 지연손해금도 포함된다(대판 2022.4.28, 2017다284236).

㉢ 계약 해제에 따른 원상회복의무의 이행으로서 매매대금 기타 급부의 반환을 구하는 경우에는 과실상계가 적용되지 않는다(대판 2014.3.13, 2013다34143).

27 법정해제 　　　　　　　　　　　　　　　정답 ③

보통의 이행지체의 경우에는 원칙적으로 최고를 하여야 계약을 해제할 수 있다(제544조).

28 계약의 해제

정답 ①

① 이행거절의 의사표시가 적법하게 철회된 경우 상대방으로서는 상당한 기간을 정하여 이행을 최고한 후가 아니면 채무불이행을 이유로 계약을 해제할 수 없다(대판 2003.2.26, 2000다40995).
② 대판 전합체 1999.6.17, 98다40459
③ 제546조
④ 대결 1990.3.27, 89다카14110
⑤ 제547조 제1항

29 계약해제의 효과

정답 ④

① 대판 1977.5.24, 75다1394
② 계약해제로 인한 원상회복의무는 부당이득반환의무의 특칙에 해당하므로, 해제로 인한 원상회복의 범위는 이익의 현존 여부나 선의·악의에 불문하고 특단의 사유가 없는 한 받은 이익의 전부이다(대판 1998.12.23, 98다43175). 따라서 이행지체로 인해 매매계약이 해제된 경우, 선의의 점유자인 매수인은 과실을 반환하여야 한다(대판 2000.2.25, 97다30066).
③ 대판 1983.1.18, 81다89
④ 채무불이행을 이유로 계약해제와 아울러 손해배상을 청구하는 경우에 그 계약이행으로 인하여 채권자가 얻을 이익, 즉 이행이익의 배상을 구하는 것이 원칙이다(대판 2002.6.11, 2002다2539).
⑤ 해제계약(합의해제)은 기존계약을 해소하기로 하는 당사자 사이의 계약으로, 해제계약의 요건과 효력은 합의의 내용에 따라 결정되므로 단독행위를 전제로 하는 민법의 해제권에 관한 규정은 적용되지 않는다(대판 1997.11.14, 97다6193).

30 계약의 해제

정답 ②

② 본래 이행하여야 할 채무액을 초과하는 최고를 '과다최고'라고 한다. 과다최고는 과다한 정도가 현저하고 채권자가 청구한 금액을 제공하지 않을 것이라는 의사가 분명한 경우에 그 최고는 부적법하고 이러한 최고에 터잡은 계약해제는 그 효력이 없지만, 본래 급부의 범위 내에서 최고로서의 효력이 있다(대판 1994.5.10, 93다47615).
⑤ 제548조 제2항

31 계약의 해제

정답 ②

① 대결 1990.3.27, 89다카14110
② 계약이 해제되기 전에 계약상의 채권을 양수하고 이를 피보전권리로 하여 처분금지가처분결정을 받은 자는 제548조 제1항 단서의 제3자에 해당하지 않는다(대판 2000.8.22, 2000다23433).

③ 대판 1977.5.24, 75다1394

④ 매수인에게 동시이행의 항변권이 있으므로 매도인은 자기채무를 이행하면서 매수인에게 이행을 최고하여야 하고, 상당한 기간이 경과하도록 이행되지 않을 때 비로소 계약을 해제할 수 있다.

⑤ 대판 1993.8.24, 93다7204

32 계약해제의 소급효로부터 보호되는 제3자   정답 ③

㉠ 부동산에 대한 매매계약이 해제되기 전에 그 부동산을 매수하고 소유권이전등기를 경료한 자는 제548조 제1항 단서에서 말하는 제3자에 해당한다(대판 1999.9.7, 99다14877).

㉡ 매수인과 매매예약을 체결한 후 그에 기한 소유권이전청구권 보전을 위한 가등기를 마친 사람도 제548조 제1항 단서의 제3자에 해당한다(대판 2014. 12.11, 2013다14569).

㉢ 소유권을 취득하였다가 계약해제로 인하여 소유권을 상실하게 된 임대인으로부터 그 계약이 해제되기 전에 주택을 임차받아 주택의 인도와 주민등록을 마침으로써 같은 법 소정의 대항요건을 갖춘 임차인은 등기된 임차권자와 마찬가지로 제548조 제1항 단서 소정의 제3자에 해당된다(대판 1996. 8.20, 96다17653).

㉣ 토지를 매도하였다가 대금지급을 받지 못하여 그 매매계약을 해제한 경우에 있어 그 토지 위에 신축된 건물의 매수인은 제548조 제1항 단서에서 말하는 제3자에 해당하지 않는다(대판 1991.5.28, 90다카16761).

33 계약해제의 소급효로부터 보호되는 제3자   정답 ②

① 대판 1996.8.20, 96다17653

② 매도인의 매매대금수령 이전에 해제조건부로 임대권한을 부여받은 매수인으로부터 그 계약이 해제되기 전에 주택을 임차하여 「주택임대차보호법」상의 대항요건을 갖춘 임차인은 민법 제548조 제1항 단서에서 말하는 제3자에 해당하지 않는다(대판 1995.12.12, 95다32037).

③ 대판 2005.1.14, 2003다33004

34 합의해제   정답 ④

① 계약의 합의해제로 인하여 반환할 금전에는 그 받은 날로부터 이자를 가하여야 할 의무가 없다(대판 1996.7.30, 95다16011 ; 대판 2003.1.24, 2000다5336).

② 해제, 계약해제, 약정해제, 법정해제는 모두 단독행위에 해당한다. 한편 합의해제 또는 해제계약은 계약에 해당한다.

③ 계약의 합의해제에 있어서도 제3자의 권리를 해하지 못한다(대판 2005. 6.9, 2005다6341).

④ 계약이 합의해제된 경우에는 그 해제 시에 당사자 일방이 상대방에게 손해배상을 하기로 특약하거나 손해배상청구를 유보하는 의사표시를 하는 등 다른 사정이 없는 한 채무불이행으로 인한 손해배상을 청구할 수 없다(대판 1989.4.25, 86다카1147).

⑤ 계약의 합의해제는 명시적으로뿐만 아니라 당사자 쌍방의 묵시적인 합의에 의하여도 할 수 있다. 따라서 매도인이 잔금기일 경과 후 해제를 주장하며 수령한 대금을 공탁하고 매수인이 이의 없이 수령한 경우, 특별한 사정이 없는 한 매매계약은 합의해제된 것으로 본다(대판 1979.10.30, 79다1455).

CHAPTER 02 매 매

01	②	02	⑤	03	②	04	③	05	⑤
06	⑤	07	③	08	②	09	④	10	③
11	③	12	①	13	④	14	④	15	②
16	②	17	⑤	18	①	19	④	20	①
21	⑤								

01 매매의 일방예약
정답 ②

㉠ 매매의 예약은 당사자의 일방이 매매를 완결할 의사를 표시한 때에 매매의 효력이 생기는 것이므로 적어도 일방예약이 성립하려면 그 예약에 터잡아 맺어질 본계약의 요소가 되는 매매목적물, 이전방법, 매매가액 및 지급방법 등의 내용이 확정되어 있거나 확정할 수 있어야 한다(대판 1993.5.27, 93다4908).

㉡ 예약완결권은 일종의 형성권으로서 당사자 사이에 그 행사기간을 약정한 때에는 그 기간 내에, 그러한 약정이 없는 때에는 예약이 성립한 때부터 10년 내에 이를 행사하여야 하고, 그 기간을 도과한 때에는 상대방이 예약목적물인 부동산을 인도받은 경우라도 예약완결권은 제척기간의 경과로 인하여 소멸된다(대판 2000.10.13, 99다18725).

㉢ 백화점 점포에 관하여 매매예약이 성립한 이후 일시적으로 법령상의 제한으로 인하여 분양이 금지되었다가 다시 그러한 금지가 없어진 경우, 그 매매예약에 기한 매매예약완결권의 행사가 이행불능이라고 할 수 없다(대판 2000.10.13, 99다18725).

02 매매의 의의

㉠ 매매는 당사자간의 의사표시의 합치만으로 성립하는 낙성계약이다. 또한 특별한 방식을 필요로 하지 않는 **불요식계약**이다.

㉡ 타인 소유의 물건이나 권리도 매매의 목적물이 될 수 있다. 다만, 매도인은 그 물건 또는 권리를 취득하여 매수인에게 이전하여야 할 의무가 있다.

㉢ 매매계약에 관한 비용은 **당사자 쌍방이 균분하여 부담**한다(제566조).

03 해약금에 의한 계약해제

㉠ 이행기의 약정이 있더라도 당사자가 채무의 이행기 전에는 착수하지 아니하기로 하는 특약을 하는 등의 특별한 사정이 없는 한 이행기 전에 이행에 착수할 수 있다(대판 1993.1.19, 92다31323). 따라서 乙은 2024.6.25. 중도금 2억원을 甲에게 지급할 수 있다.

㉡ 이행기의 약정이 있더라도 당사자가 채무의 이행기 전에는 착수하지 아니하기로 하는 특약을 하는 등의 특별한 사정이 없는 한 이행기 전에 이행에 착수할 수 있다(대판 1993.1.19, 92다31323). 따라서 이 경우에는 해약금에 의한 계약해제를 할 수 없다. 따라서 乙이 2024.6.25. 중도금 2억원을 甲에게 지급한 경우, 甲은 2024.6.27. 계약금의 배액을 상환하더라도 **계약을 해제할 수 없다.**

㉢ 매매계약 당시 매수인이 중도금 일부의 지급에 갈음하여 매도인에게 제3자에 대한 대여금채권을 양도하기로 약정하고, 그 자리에 제3자도 참석한 경우에는 매수인이 매매계약과 함께 채무의 일부 이행에 착수한 경우에 해당한다(대판 2006.11.24, 2005다39594). 따라서 甲은 2024.6.27. 계약금의 배액을 상환하더라도 계약을 해제할 수 없다.

04 해약금에 의한 계약해제

① 제565조
② 대판 2008.10.23, 2007다72274
③ 토지거래허가구역 내 토지에 관하여 매매계약을 체결하고 **계약금만 주고받은 상태에서 토지거래허가를 받은 경우, 이는 이행에 착수한 것이 아니므로** 매도인은 제565조의 규정에 의하여 **계약을 해제할 수 있다**(대판 2009.4.23, 2008다62427).
④ 대판 2010.4.29, 2007다24930
⑤ 대판 2009.4.23, 2008다50615

05 해약금에 의한 계약해제   정답 ⑤

① 대판 1991.5.28, 91다9251
② 대판 1987.2.24, 86누438
③ 대판 2000.2.11, 99다62074
④ 대판 1993.1.19, 92다31323
⑤ 매도인이 계약금의 배액을 상환하고 계약을 해제하려면 계약해제 의사표시 이외에 계약금 배액의 이행의 제공이 있으면 족하고 상대방이 이를 수령하지 않더라도 이를 공탁하여야 유효한 것은 아니다(대판 1992.5.12, 91다2151).

06 해약금에 의한 계약해제   정답 ⑤

① 계약금계약은 금전 기타 유가물의 교부를 요건으로 하는 **요물계약**이므로 현실적으로 계약금을 전부 지급하여야 계약금계약이 성립한다(대판 2008. 3.13, 2007다73611). 따라서 乙이 계약금으로 2천만원만 지급한 경우 계약금계약은 성립하지 않는다.
② 잔금지급의 지체에 따른 정당한 사유가 없다면 지연배상을 청구할 수 있다.
③ 계약금계약은 매매계약에 종된 계약이므로 매매계약이 무효·취소되면 계약금계약도 당연히 실효된다.
④ 쌍방 중 어느 일방이 **이행에 착수**하면 더 이상 해약금에 의한 계약해제를 할 수 없다(제565조). 따라서 乙이 甲에게 중도금을 지급한 경우에는 甲은 자신의 채무에 관해 이행에 착수하지 않았더라도 계약금의 배액을 乙에게 상환하고 계약을 해제할 수 없다.
⑤ 매도인이 계약금의 배액을 상환하고 계약을 해제하려면 계약해제 의사표시 이외에 계약금 배액의 이행의 제공을 하면 족하고 매수인이 이를 수령하지 않더라도 **공탁까지 할 필요는 없다**(대판 1992.5.12, 91다2151).

07 매매의 효력   정답 ③

㉠ 매매목적물의 인도 전이라도 매수인이 매매대금을 완납한 때에는 그 이후의 과실수취권은 매수인에게 귀속된다(대판 1993.11.9, 93다28928).
㉡ 매수인이 대금지급을 거절할 정당한 사유가 있는 경우에는 매매목적물을 미리 인도받았더라도 매매대금에 대한 이자를 지급할 의무는 없다(대판 2013.6.27, 2011다98129).
㉢ 쌍무계약이 취소된 경우 선의의 매도인은 대금의 운용이익 내지 법정이자를 반환할 필요가 없다(대판 1993.5.14, 92다45025).

08 매매의 효력

① 매도인은 완전한 재산권을 이전해야 하므로 주물 또는 주된 권리를 매매한 경우 각각 종물 또는 종된 권리도 함께 이전하여야 한다(제568조 제1항).
② 인도 전의 과실은 매도인에게 속한다(제587조 전단).
③ 인도 전의 과실이더라도 매수인이 대금을 완납하면 매수인에게 귀속한다.
④ 매도인의 재산권이전의무와 매수인의 대금지급의무는 특별한 약정이나 관습이 없으면 동시에 이행하여야 한다(제568조 제2항).
⑤ 목적물은 인도받았으나 대금을 지급하지 않은 매수인은 목적물을 인도받은 날로부터 대금의 이자를 지급하여야 한다(제587조).

09 매도인의 담보책임

① 대판 2000.1.18, 98다18506
② 대판 1980.3.11, 80다78
③ 대판 1957.10.31, 4290민상552
④ 부동산매매계약에 있어서 실제면적이 계약면적에 미달하는 경우에는 그 매매가 수량지정매매에 해당할 때에 한하여 담보책임규정상의 대금감액청구권을 행사함은 별론으로 하고, 그 매매계약이 그 미달부분만큼 일부 무효임을 들어 이와 별도로 일반 부당이득반환청구를 하거나 그 부분의 원시적 불능을 이유로 민법 제535조가 규정하는 계약체결상의 과실에 따른 책임의 이행을 구할 수 없다(대판 2002.4.9, 99다47396).
⑤ 매매의 목적물이 거래통념상 기대되는 객관적 성질·성능을 결여하거나, 당사자가 예정 또는 보증한 성질을 결여한 경우에 매도인은 매수인에 대하여 그 하자로 인한 담보책임을 부담한다(대판 2000.1.18, 98다18506).

10 매도인의 담보책임

① 매도인은 그 권리를 취득하여 매수인에게 이전할 의무를 진다(제569조).
② 계약해제는 선의·악의 불문하고 행사할 수 있다.
③ 손해배상청구권은 선의의 매수인만 행사할 수 있다.
④ 손해배상액의 산정기준 시점은 불능 당시의 시가를 표준으로 결정해야 한다(대판 전합체 1967.5.18, 66다2618).
⑤ 전부 타인의 권리의 경우 제척기간의 적용이 없다.

11 매도인의 담보책임

선의의 매수인만 계약해제권을 행사할 수 있다(제572조 제2항).

12 매도인의 담보책임

일부 타인의 권리의 경우 악의의 매수인도 대금감액청구권을 갖는다(제572조 제1항).

13 매도인의 담보책임

ⓒ 담보책임에 대한 권리행사기간은 매수인이 그 사실을 안 날로부터 1년 이내 이다(제573조).
ⓔ 잔존한 부분만이면 매수인이 이를 매수하지 않았을 경우, 매수인은 선의인 경우에 한해 계약 전부를 해제할 수 있다(제574조).

14 매도인의 담보책임

① 전부 타인의 권리의 경우에는 매수인은 선의·악의를 불문하고 계약해제권을 행사할 수 있다(제570조).
② 일부 타인의 권리의 경우에는 매수인은 선의·악의를 불문하고 대금감액청 구권을 행사할 수 있다(제572조 제1항).
③ 용익권에 의한 제한의 경우에는 선의의 매수인만 계약해제권, 손해배상청 구권을 행사할 수 있다(제575조 제1항).
④ 수량부족·일부멸실의 경우에는 선의의 매수인만 대금감액청구권을 갖는다 (제574조).
⑤ 저당권이 실행되어 매수인이 자신의 권리를 잃은 때에 담보책임의 문제가 생긴다(제576조 제1항).

15 매도인의 담보책임

㉠ 매도인의 담보책임은 무과실책임이다. 따라서 甲은 A회사 측에 과실이 없 다 하더라도 계약을 해제할 수 있다.
ⓒ 완전물급부청구권은 계약해제권과 병존하는 것이 아니다. 즉, **계약해제권 또는 손해배상청구권을 행사하지 않고 이에 갈음하여 완전물급부청구권을 행사하는 것**이다.
ⓔ 제척기간의 법적 성질에 대해 판례는 행사기간설을 취하여 그 기간 내에 권리를 재판상 행사하는 경우는 물론 **재판 외에서 행사하는 것도 가능하다** 고 한다.

16 매도인의 담보책임

정답 ②

① 대판 2002.11.8, 99다58136
② 가등기의 목적이 된 부동산의 매수인이 그 뒤 가등기에 기한 본등기가 경료됨으로써 소유권을 상실하게 된 경우 이는 저당권 또는 전세권의 행사로 인하여 매수인이 취득한 소유권을 상실한 경우와 유사하므로 제576조 규정(저당권에 의한 제한)이 준용된다(대판 1992.10.27, 92다21784).
③ 대판 2002.9.4, 2002다11151
④ 대판 2000.1.18, 98다18506
⑤ 타인권리의 매매에 있어서 매도인의 귀책사유로 이행불능이 된 경우 매수인은 채무불이행규정(제546조 · 제390조)에 따라 계약을 해제하고 손해배상을 청구할 수 있다(대판 1993.11.23, 93다37328).

17 매도인의 담보책임

정답 ⑤

① 대판 1996.12.10, 94다56098
② 매도인의 하자담보책임에 관한 매수인의 권리행사기간은 재판상 또는 재판외의 권리행사기간이고 재판상 청구를 위한 출소기간은 아니다(대판 1985.11.12, 84다카2344).
③ 가압류 목적이 된 부동산을 매수한 사람이 그 후 가압류에 기한 강제집행으로 부동산소유권을 상실하게 되었다면 이는 매매의 목적 부동산에 설정된 저당권 또는 전세권의 행사로 인하여 매수인이 취득한 소유권을 상실한 경우와 유사하므로, 이와 같은 경우 매도인의 담보책임에 관한 민법 제576조의 규정(저당권에 의한 제한)이 준용된다(대판 2011.5.13, 2011다1941).
④ 대판 1997.5.7, 96다39455
⑤ 이행이익의 손해를 배상하여야 한다는 것이 판례의 태도이다(대판 1993.1.19, 92다37727).

18 매도인의 담보책임

정답 ①

① 가등기의 목적이 된 부동산의 매수인이 그 뒤 가등기에 기한 본등기가 경료됨으로써 소유권을 상실하게 된 경우 이는 저당권 또는 전세권의 행사로 인하여 매수인이 취득한 소유권을 상실한 경우와 유사하므로 민법 제576조 규정(저당권에 의한 제한)이 준용된다(대판 1992.10.27, 92다21784). 따라서 매수인 乙은 선의 · 악의를 불문하고, 계약을 해제할 수 있고 손해배상을 청구할 수 있다.
② 매수인이 매도인과의 특약으로 저당권에 의하여 담보된 채권을 인수하기로 한 때에는 매도인은 민법 제576조 소정의 담보책임을 부담하지 않는다(대판 2002.9.4, 2002다11151).
③ 매도인이 계약 당시에 매매의 목적이 된 권리가 자기에게 속하지 아니함을 알지 못한 경우에 그 권리를 취득하여 매수인에게 이전할 수 없는 때에는 매도인은 손해를 배상하고 계약을 해제할 수 있다(제571조 제1항).

④ 매매의 목적이 된 부동산을 위하여 존재할 지역권이 없거나 그 부동산에 등기된 임대차계약이 있는 경우 매수인은 선의인 경우에 한하여 계약을 해제할 수 있다(제575조 제2항).

⑤ 매매의 목적이 된 권리의 전부가 타인에게 속한 경우에 매도인이 그 권리를 취득하여 매수인에게 이전할 수 없는 때에는 매수인은 선의·악의를 불문하고 계약을 해제할 수 있다(제570조 본문).

19 경매에 있어서의 담보책임　　　　　정답 ④

① 제578조 제1항

　➕ 경매의 경우 물건에 하자가 있는 경우에는 담보책임이 발생하지 않는다.

② 제578조 제1항

③ 제578조 제2항

④ 법률상의 장애에 대해 판례는 물건의 하자로 보므로 경매에 있어서의 담보책임규정이 적용되지 않는다(대판 2000.1.18, 98다18506).

⑤ 제578조 제3항

20 환매　　　　　정답 ①

㉠ 환매권은 재산권이므로 양도성과 상속성이 있다.

㉡ 환매특약은 종된 행위이므로 주된 행위인 매매계약이 무효가 되면 환매특약도 무효가 된다.

㉢ 환매기간을 정한 때에는 다시 이를 연장하지 못한다(제591조 제2항).

21 환매　　　　　정답 ⑤

① 목적물의 과실과 대금의 이자는 특별한 약정이 없으면 이를 상계한 것으로 본다(제590조 제3항).

② 환매기간을 정하지 아니한 때에는 그 기간은 부동산은 5년, 동산은 3년으로 한다(제591조 제3항). 따라서 각각 5년, 3년 내에 한하여 환매할 수 있다.

③ 환매기간을 정한 때에는 다시 이를 연장하지 못한다(제591조 제2항).

④ 나대지상에 환매특약의 등기가 마쳐진 상태에서 대지소유자가 그 지상에 건물을 신축하고 환매권의 행사에 따라 토지와 건물의 소유자가 달라진 경우, 건물소유자는 관습법상의 법정지상권을 취득할 수 없다(대판 2010.11. 25, 2010두16431).

⑤ 제593조

CHAPTER 03 교 환

01	①	02	④	03	④	

01 교환의 의의
정답 ①

① 교환은 낙성계약이므로 당사자 쌍방이 금전 이외의 재산권을 서로 이전할 것을 약정함으로써 성립한다(제596조).

②③ 교환은 유상·쌍무·낙성·불요식계약이다. 교환은 불요식계약이므로 일정한 서면의 작성은 필요 없다.

④⑤ 교환에 있어서 목적물의 가격이 같지 않을 때에는 보충금지급에 관한 약정을 할 수 있고, 보충금에 대해서는 매매대금에 관한 규정이 준용된다.

02 교환의 성립과 효력
정답 ④

ⓒ 교환목적물의 가액으로 시가를 묵비하거나 허위로 시가보다 높은 가액을 시가라고 고지하는 것은 특별한 사정이 없는 한 기망행위에 해당하지 않는다(대판 2002.9.4, 2000다54406).

ⓔ 교환계약을 체결하면서 보충금을 지급하기로 한 경우 그 후 목적물이 당사자 쌍방의 책임 없는 사유로 소실한 때에는 보충금지급의무도 소멸한다(제537조).

03 교환의 효력
정답 ④

①② 타인 소유의 물건도 교환의 목적물이 될 수 있다. 따라서 甲과 乙 간의 교환계약은 유효하고, 甲은 丙으로부터 X토지의 소유권을 취득하여 乙에게 이전할 의무를 진다.

③④ 교환에 관하여는 매매에 관한 규정이 준용된다(제567조). 따라서 교환의 목적물에 하자가 있는 경우 담보책임 규정이 준용된다. 甲이 丙으로부터 X토지의 소유권을 취득하여 乙에게 이전할 수 없게 된 때에는 乙은 '선의·악의를 불문'하고 계약을 해제할 수 있으며, '선의인 경우'에는 손해배상을 청구할 수 있다.

⑤ 선의의 甲은 손해를 배상하고 계약을 해제할 수 있다(제571조 제1항).

01	③	02	②	03	⑤	04	③	05	③
06	⑤	07	④	08	③	09	②	10	⑤
11	⑤	12	④	13	②	14	②	15	⑤
16	⑤	17	④	18	③	19	④	20	④
21	①	22	①						

01 임대차의 존속기간과 효력 정답 ③

① 임차인은 임대인에 대하여 필요비의 상환을 청구할 수 있다(제626조 제1항).
② 임대차가 묵시로 갱신된 경우, 전임대차에 대하여 제3자가 제공한 담보는 원칙적으로 기간의 만료로 소멸한다(제639조 제2항).
④ 임차인이 임대인의 동의 없이 전대한 경우, 임대인은 임대차를 해지하지 않고 전차인에게 불법점유를 이유로 손해배상을 청구할 수 없다(대판 2008. 2.28, 2006다10323).
⑤ 법정갱신의 경우 전임대차에 대하여 제3자가 제공한 담보는 기간의 만료로 소멸한다.

02 임대차의 존속기간 정답 ②

㉠ 리스(시설대여)계약은 형식에서는 임대차계약과 유사하나 실질은 물적 금융이므로 민법의 임대차에 관한 규정이 바로 적용되지 않는다(대판 1996. 8.23, 95다51915).
㉡ 임대차의 최장존속기간을 제한했던 제651조는 삭제되었다. 따라서 당사자는 건물임대차의 존속기간을 20년 넘게 약정할 수 있다.
㉢ 법정갱신(묵시적 갱신) 규정인 민법 제639조는 강행규정이다(대판 1964. 12.8, 64누62).
㉣ 타인 소유의 부동산을 임대한 것이 임대차계약을 해지할 사유는 될 수 없고, 목적물이 반드시 임대인의 소유일 것을 특히 계약의 내용으로 삼은 경우라야 착오를 이유로 임차인이 임대차계약을 취소할 수 있다(대판 1975.1.28, 74다2069).

03 임대차의 효력

정답 ⑤

㉠ 임대인에게 임대목적물에 대한 소유권 기타 임대권한이 없더라도 임대차계약은 성립할 수 있다(대판 1996.9.6, 94다54641).

㉡ 임대차기간을 영구로 정한 임대차약정은 특별한 사정이 없는 한 계약자유의 원칙에 의하여 허용된다(대판 2023.6.1, 2023다209045).

㉢ 임대차종료로 인한 임차인의 원상회복의무에는 임차인이 사용하고 있던 부동산의 점유를 임대인에게 이전하는 것은 물론 임대인이 임대 당시의 부동산 용도에 맞게 다시 사용할 수 있도록 협력할 의무도 포함된다(대판 2008. 10.9, 2008다34903).

04 임대차의 존속기간

정답 ③

③ 법정갱신의 경우 전임대차와 동일한 조건으로 다시 임대차한 것으로 보나, 다만 존속기간은 정하지 않은 것으로 본다. 따라서 전임대차와 임차물·차임·사용수익의 방법 등은 동일하나, 기간은 정하지 않은 것으로 본다는 점에서는 다르다.

⑤ 법정갱신의 경우에만 제3자가 제공한 담보가 기간만료로 소멸하는 것이고, 약정갱신의 경우에는 제3자가 제공한 담보는 기간이 만료하더라도 소멸하지 않는다(대판 2005.4.14, 2004다63293).

05 임대차의 효력

정답 ③

① 임대인은 목적물이 통상의 사용·수익에 필요한 상태를 유지하여 주면 족하고, 계약 당시 예상하지 아니한 임차인의 특별한 용도를 위한 사용·수익에 적합한 상태를 유지하게 할 의무는 없다(대판 1996.11.26, 96다28172).

② 건물소유를 목적으로 하는 토지임차인이 그 지상건물을 등기하기 전에 제3자가 토지에 관하여 물권취득의 등기를 한 경우, 그 이후에 그 지상건물을 등기하더라도 제3자에 대해 임대차의 효력이 발생하지 않는다(대판 2003. 2.28, 2000다65802).

③ 목적물에 파손 또는 장해가 생긴 경우 그것이 임차인이 별 비용을 들이지 않고도 손쉽게 고칠 수 있을 정도의 사소한 것이어서 임차인의 사용·수익을 방해할 정도의 것이 아니라면 임대인은 수선의무를 부담하지 않는다(대판 2008.3.27, 2007다91336).

④ 건물 기타 공작물의 소유 또는 식목, 채염, 목축을 목적으로 한 토지임대차의 경우에도 민법 제640조의 규정이 준용되므로, 차임연체액이 2기의 차임액에 달하는 때에는 임대인은 계약을 해지할 수 있다(제641조).

⑤ 차임은 금전에 한하지 않고, 물건으로 지급하여도 무방하다.

06 임대차의 효력 정답 ⑤

오답 NOTE

① 차임불증액의 특약이 있더라도 그 특약을 그대로 유지시키는 것이 신의칙에 반한다고 인정될 정도의 **사정변경이 있는** 경우에는 형평의 원칙상 임대인에게 차임증액청구를 인정할 수 있다(대판 1996.11.12, 96다34061).
② 임차물의 일부가 임차인의 과실 없이 멸실 기타 사유로 인하여 사용·수익할 수 없는 때에는 임차인은 그 부분의 비율에 의한 차임의 **감액을 청구할 수 있다**(제627조 제1항). 따라서 당연히 차임이 감액되는 것이 아니라 차임감액청구권을 행사하여야 감액된다.
③ 임대인의 수선의무불이행에 대해 임차인은 계약해지(제544조)와 손해배상청구(제551조) 외에 차임지급의 거절 또는 차임감액청구를 할 수 있다.
④ 간이음식점을 경영하기 위하여 지출한 간판설치비는 필요비 또는 유익비에 해당하지 않는다(대판 1968.12.17, 68다1923 ; 대판 1993.10.8, 93다25738 ; 대판 1994.9.30, 94다20389).
⑤ 임대인의 귀책사유로 임대차계약이 해지된 경우에도 임차인은 원상회복의무를 부담한다(대판 2002.12.6, 2002다42278).

07 임대차의 효력 정답 ④

㉠ 수선의무 면제특약에서 수선의무의 범위를 명시하지 않은 경우 **임대인이 수선의무를 면하게 되는 것은 소규모의 수선에 한한다.** 따라서 **대규모 수선비용은 여전히 임대인이 부담한다**(대판 1994.12.9, 94다34692).
㉡ 임차권의 양도 또는 임차물의 전대의 경우 **임차권의 등기 유무와 관계없이 임대인의 동의를 얻어야 한다**(제629조 제1항).
㉢ 임차인이 임차물에 유익비를 지출한 경우 그 가액의 증가가 현존한 경우에 한하여 **임대인의 선택에 따라** 그 지출금액이나 증가액의 상환을 청구할 수 있다(제626조).
㉣ 제624조

08 임차인의 비용상환청구권 정답 ③

① 제626조 제1항
②④ 제626조 제2항
③ 비용상환청구권에 관한 규정은 **임의규정**이므로 이와 다른 내용의 특약은 유효하다.
⑤ 제654조·제617조

09 임대차의 효력 정답 ②

① 통상의 임대차관계에 있어서 임대인은 임차인에 대하여 안전배려 또는 도난방지 등의 보호의무까지 부담한다고 볼 수 없다(대판 1999.7.9, 99다10004).

② 기존 건물과 분리되어 독립한 소유권의 객체가 될 수 없는 증축부분은 부속물매수청구의 대상이 될 수 없다(대판 1982.1.19, 81다1001).

③ 건물의 소유를 목적으로 한 토지임대차가 종료한 경우 토지임차인의 지상물매수청구권은 그 행사에 특정의 방식을 요하지 않으므로 재판상으로뿐만 아니라 재판 외에서도 행사할 수 있으며 그 행사시기에 대하여도 제한이 없다(대판 2002.5.31, 2001다42080).

④ 임차인이 가구전시장으로 임차하여 사용하던 건물 바닥에 결로현상이 발생한 경우 임대인은 제습기 또는 공조시설 등을 설치하거나 바닥공사를 하여주는 등 조치를 취함으로써 임차인이 사용·수익할 수 있는 상태를 유지하여줄 의무가 있다(대판 2012.6.14, 2010다89876).

⑤ 민법 제643조 소정의 지상물매수청구권은 지상물의 소유자에 한하여 행사할 수 있다(대판 1993.7.27, 93다6386). 그리고 지상물매수청구의 상대방은 임차권소멸 당시의 토지소유자인 임대인이다(대판 1996.6.14, 96다14517).

10 임대차의 효력 정답 ⑤

① 임차물의 일부가 임차인의 과실 없이 멸실 기타 사유로 인하여 사용, 수익할 수 없는 때에는 임차인은 그 부분의 비율에 의한 차임의 감액을 청구할 수 있다(제627조 제1항). 이를 차임감액청구권이라 한다.

② 제654조·제616조

③ 통상의 임대차관계에 있어서 임대인은 임차인에 대하여 안전배려 또는 도난방지 등의 보호의무까지 부담한다고 볼 수 없다(대판 1999.7.9, 99다10004). 그러나 일시사용을 위한 임대차에 해당하는 숙박계약에 있어서는 숙박업자는 투숙객에 대해 안전을 배려하여야 할 보호의무를 부담한다(대판 2000.11.24, 2000다38718·38725).

④ 임대차가 종료한 때에는 임차인은 목적물을 임대인에게 반환하여야 한다. 임차인이 목적물을 반환하는 때에는 이를 원상에 회복하여야 하고, 이에 부속시킨 물건은 철거할 수 있다(제654조·제615조).

⑤ 임대인은 목적물을 임차인에게 인도하고 계약존속 중 그 사용·수익에 필요한 상태를 유지하게 할 의무를 부담한다(제623조).

11 임대차의 효력　　　　　　　　　　　　　정답 ⑤

① 임대인은 목적물이 통상의 사용·수익에 필요한 상태를 유지하여 주면 족하고, 계약 당시 예상하지 아니한 **임차인의 특별한 용도**를 위한 사용·수익에 적합한 상태를 유지하게 할 의무는 없다(대판 1996.11.26, 96다28172).

② 차임불증액의 특약이 있더라도 그 특약을 그대로 유지시키는 것이 신의칙에 반한다고 인정될 정도의 사정변경이 있는 경우에는 형평의 원칙상 임대인에게 차임증액청구를 인정할 수 있다(대판 1996.11.12, 96다34061).

③ 삼계탕집을 경영하기 위하여 지급한 비용, 간이음식점을 경영하기 위하여 지출한 간판설치비는 필요비 또는 유익비에 해당하지 않는다(대판 1968.12.17, 68다1923 ; 대판 1993.10.8, 93다25738 ; 대판 1994.9.30, 94다20389).

④ 임차인은 목적물을 인도할 때까지 선량한 관리자의 주의로 목적물을 보관하여야 한다(제374조).

⑤ 임차인의 차임연체액이 2기의 **차임액**에 달함에 따라 임대인이 임대차계약을 해지하는 경우에는 전차인에 대하여 그 사유를 통지하지 않더라도 해지로써 전차인에게 대항할 수 있다(대판 2012.10.11, 2012다55860).

12 임대차의 효력　　　　　　　　　　　　　정답 ④

① 제626조 제2항

② 제630조 제1항

③ 제635조

④ 건물 기타 공작물의 임대차와 식목, 채염, 목축을 목적으로 한 토지임대차 모두 **차임연체액이 2기의 차임액**에 달하는 때에는 임대인은 계약을 해지할 수 있다(제640조·제641조).

⑤ 제647조

13 임대차의 효력　　　　　　　　　　　　　정답 ②

① 乙이 임대차의 등기를 한 경우에는 대항력이 있으므로(제621조), 丙의 **명도를 거부할 수 있다.**

② 임대차기간이 만료된 경우 목적물반환의무와 보증금반환의무는 동시이행관계에 있다. 따라서 甲의 목적물반환청구권을 丙이 대위행사하는 경우 乙은 丙에게 동시이행의 항변권을 주장할 수 있다.

③ **임차주택의 양수인**은 임대인의 지위를 승계하므로 乙은 **丙에 대하여 임대차 보증금의 반환을 청구하여야 한다.**

④ 비용상환청구권 규정은 임의규정이므로 당사자의 특약에 의해 이를 배제할 수 있다. 따라서 甲·乙 사이의 임대차계약에서 유익비포기특약은 유효하다.

⑤ 유익비란 물건의 '객관적 가치'를 증가시키기 위해 지출된 비용을 말하므로 인테리어비, 간판비 등은 유익비에 해당되지 않는다.

14 임대차의 효력과 임차권의 승계 정답 ②

① 필요비상환청구는 필요비 지출 즉시, 즉 임대차존속 중에도 할 수 있다(제 626조 제1항).

② 점유자가 유익비를 지출할 당시 계약관계 등 적법한 점유권원을 가진 경우 에는 계약관계 등의 상대방이 아닌 점유회복 당시의 상대방에 대하여 민법 제203조 제2항에 따른 지출비용의 상환을 청구할 수 없다(대판 2003. 7.25, 2001다64752).

③ 목적물에 파손 또는 장해가 생긴 경우 그것이 임차인이 별 비용을 들이지 않고도 손쉽게 고칠 수 있을 정도의 사소한 것이어서 임차인의 사용·수익을 방해할 정도의 것이 아니라면 임대인은 수선의무를 부담하지 않는다(대판 2008.3.27, 2007다91336).

④ 제626조 제2항 제2문

⑤ 유익비상환청구는 임대차가 종료하고 그 가액의 증가가 현존한 경우에 한하 여 청구할 수 있다(제626조 제2항).

15 토지임차인의 지상물매수청구권 정답 ⑤

① 임차인의 건물매수청구권은 재판상으로뿐만 아니라 재판 외에서도 행사할 수 있다(대판 2002.5.31, 2001다42080).

② 지상물매수청구권의 요건은 토지임대차의 기간이 만료하고 지상물이 현존 하면 된다(제643조). 따라서 그 지상건물이 임대인에게 경제적 가치가 있 는지의 여부 또는 임대인에게 소용이 있는지의 여부는 요건이 아니다.

③ 대판 1994.2.22, 93다44104

④ 대판 1995.12.26, 95다42195

⑤ 무허가 또는 미등기건물이라도 매수청구의 대상이 된다(대판 1997.12.23, 97다37753).

16 토지임차인의 갱신청구권과 지상물매수청구권 정답 ⑤

① 제643조

② 대판 1996.6.14, 96다14517

③ 대판 2002.5.31, 2001다42080

④ 대판 전합체 1995.7.11, 94다34265

⑤ 임대인과 임차인의 합의로 임대차계약을 해지하고 임차인이 지상건물을 철 거하기로 약정한 경우에는 지상물매수청구권을 행사할 수 없다(대판 1969. 6.24, 69다617).

17 토지임차인의 갱신청구권과 지상물매수청구권   정답 ④

① 건물 기타 공작물의 소유 또는 식목, 채염, 목축을 목적으로 한 토지임대차의 기간이 만료한 경우에 건물, 수목 기타 지상시설이 현존한 때에는 임차인은 계약의 갱신을 청구할 수 있다(제643조).
② 임차인의 채무불이행을 이유로 토지임대차계약이 해지된 경우 토지임차인은 지상물매수청구권을 행사할 수 없다(대판 2003.4.22, 2003다7685).
③ 건물의 소유를 목적으로 한 토지임차인이 임대차가 종료하기 전에 임대인과의 사이에 건물 기타 지상시설 일체를 포기하기로 한 약정은 특별한 사정이 없는 한 임차인에게 불리한 것으로서 민법 제652조에 의하여 효력이 없다(대판 2002.5.31, 2001다42080).
④ 지상건물의 객관적인 경제적 가치나 임대인에 대한 효용 여부는 민법 제643조 소정의 토지임차인의 지상물매수청구권의 행사요건이 아니다(대판 2002.5.31, 2001다42080).
⑤ 지상물매수청구권은 이른바 형성권으로서 그 행사로 임대인·임차인 사이에 지상물에 관한 매매가 성립하게 되며, 임차인이 지상물매수청구권을 행사한 경우에는 임대인은 그 매수를 거절하지 못한다(대판 전합체 1995. 7.11, 94다34265).

18 토지임차인의 갱신청구권과 지상물매수청구권   정답 ③

㉠ 미등기·무허가건물도 토지의 임대목적에 반하여 축조되고 임대인이 예상할 수 없을 정도의 고가의 것이라는 등의 특별한 사정이 없는 한 제643조 소정의 토지임차인의 건물매수청구권의 대상이 될 수 있다(대판 1997.12.23, 97다37753).
㉡ 토지임대인과 임차인 사이에 임대차기간 만료 시에 임차인이 지상건물을 양도하거나 이를 철거하기로 하는 약정은 특별한 사정이 없는 한, 제643조 소정의 임차인의 지상물매수청구권을 배제하기로 하는 약정으로서 임차인에게 불리한 것이므로 제652조의 규정에 의하여 무효라고 보아야 한다(대판 1998.5.8, 98다2389).
㉢ 임차인 소유 건물이 임차토지 외에 임차인 또는 제3자 소유의 토지 위에 걸쳐 있는 경우 임차인은 임차지상에 서 있는 건물부분 중 구분소유의 객체가 될 수 있는 부분에 한하여 매수청구권을 행사할 수 있다(대판 전합체 1996.3.21, 93다42634).

19 임차물의 전대   정답 ④

① 임대인의 동의가 없더라도 전대인과 전차인 사이의 채권계약으로서 특별한 사정이 없는 한 유효하다(대판 1986.2.25, 85다카1812 참조).
② 제629조 제2항
③ 제630조 제1항

④ 임대인은 임대차계약을 해지하지 않는 동안에는 여전히 임차인에 대하여 차임의 지급을 청구할 수 있으므로, 전차인에 대하여 불법행위로 인한 손해배상청구권이나 부당이득반환청구권을 행사할 수 없다(대판 2008.2.28, 2006다10323).

⑤ 제647조 제1항

20 임차물의 전대 정답 ④

① 임대인의 동의가 없더라도 전대인(임차인)과 전차인 사이의 전대차계약은 유효하다. 따라서 乙은 X토지를 인도하여 丙이 사용·수익할 수 있도록 할 의무를 부담한다(제618조).

②③ 임대인은 임대차계약을 해지하지 않는 동안에는 여전히 임차인에 대하여 차임의 지급을 청구할 수 있으므로, 전차인에 대하여 불법행위로 인한 손해배상청구나 부당이득반환청구권을 행사할 수 없다(대판 2008.2.28, 2006다10323).

④ 전차인의 임대청구권과 매수청구권은 토지임차인이 토지임대인의 승낙하에 적법하게 그 토지를 전대한 경우에만 인정되는 권리이다(대판 1993. 7.27, 93다6386).

⑤ 대판 2007.11.29, 2005다64255

21 임대차에 있어서 임의규정 정답 ①

① 임대인의 수선의무에 관한 규정은 임의규정이므로 당사자의 특약으로 이를 배제할 수 있다(대판 1994.12.9, 94다34692).

②③④⑤ 제627조(②), 제643조(③), 제646조(④), 제635조(⑤)는 제652조에 따라 임차인에게 불리한 약정은 효력이 없다.

22 일시사용을 위한 임대차 정답 ①

① 일시사용을 위한 임대차의 경우에도 임대인은 수선의무를 부담한다.

②③④⑤ 제628조, 제638조, 제640조, 제646조~제648조, 제650조 및 제652조의 규정은 일시사용하기 위한 임대차 또는 전대차인 것이 명백한 경우에는 적용하지 아니한다(제653조).

이론+ 일시사용을 위한 임대차에 적용되지 않는 것

차임증감청구권(제628조), 해지통고의 전차인에 대한 통지(제638조), 차임연체와 해지(제640조), 건물임차인의 부속물매수청구권(제646조), 건물전차인의 부속물매수청구권(제647조), 토지임대인의 법정질권(제648조), 건물임대인의 법정질권(제650조), 편면적 강행규정(제652조)

CHAPTER 01 주택임대차보호법

01	③	02	⑤	03	③	04	⑤	05	④
06	①	07	④	08	④	09	⑤	10	④
11	①	12	④	13	④	14	②	15	④

01 주택임대차   정답 ③

㉠ 주택임차인에게 대항력이 발생하는 시점은 주택의 인도와 주민등록을 모두 갖춘 다음 날의 오전 0시부터이다(대판 1999.5.25, 99다9981).

㉡ 「주택임대차보호법」상의 임차보증금반환채권은 배당요구가 필요한 배당요 구채권에 해당한다(대판 1998.10.13, 98다12379). 따라서 배당요구를 하 지 않은 甲은 보증금을 우선변제받을 수 없다.

㉢ 주택임차인이 제3자에 대한 대항력을 갖춘 후 임차주택의 소유권이 양도되 어 그 양수인이 임대인의 지위를 승계하는 경우에는, 보증금반환채무도 부 동산소유권과 결합하여 일체로서 이전하는 것(면책적 채무인수에 해당함) 이므로 양도인의 임대인으로서의 지위나 보증금반환채무는 소멸한다(대판 1996.2.27, 95다35616).

02 주택임대차   정답 ⑤

① 임차인 乙이 대항력을 취득한 후이므로 丙은 임차주택의 양수인으로서 임대 인의 지위를 승계한다. 따라서 丙은 乙에게 주택의 인도를 청구할 수 없다.

② 「주택임대차보호법」 제9조 제1항

③ 건물 기타 공작물의 임대차에서 임차인의 차임연체액이 2기의 차임액에 달 하는 때에는 임대인은 계약을 해지할 수 있다(민법 제640조). 이때의 '2기' 란 연속된 2기의 차임연체를 의미하는 것이 아니라 연체한 차임의 합산액이 2기분에 달하면 된다는 의미이다. 따라서 임대인 甲은 임대차계약을 해지할 수 있다.

④ 임대차계약 체결 전에 저당권이 설정된 경우에는 저당권이 주택임차권보다 우선하므로 매각대금(경락대금)에 대해서는 丙이 우선배당을 받고 남는 금 액이 있으면 乙이 배당받는다.

⑤ 주택임차인이 제3자에 대한 대항력을 갖춘 후 임차주택의 소유권이 양도되어 그 양수인이 임대인의 지위를 승계하는 경우에는, 임대차보증금의 반환채무도 부동산소유권과 결합하여 일체로서 이전하는 것이므로 양도인의 임대인으로서의 지위나 보증금반환채무는 소멸한다(대판 1996.2.27, 95다35616). 따라서 乙은 丙에게만 보증금반환청구를 할 수 있다.

03 주택임대차의 대항력   정답 ③

① 「주택임대차보호법」상의 대항력은 임차인이 당해 주택에 거주하면서 이를 직접점유하는 경우뿐만 아니라 타인의 점유를 매개로 하여 이를 간접점유하는 경우에도 인정될 수 있다(대판 1994.6.24, 94다3155).
② 주택임차인이 그 지위를 강화하고자 별도로 전세권설정등기를 마친 경우, 주택임차인이 「주택임대차보호법」상의 대항요건을 상실하면 이미 취득한 「주택임대차보호법」상의 대항력과 우선변제권을 상실한다(대판 2007.6.28, 2004다69741).
③ 자기 명의의 주택을 매도하면서 동시에 그 주택을 임차하는 경우 매도인이 임차인으로서 가지는 대항력은 매수인 명의의 소유권이전등기가 경료된 다음 날부터 효력이 발생한다(대판 2000.2.11, 99다59306).
④ 대항요건은 효력발생요건이 아니라 존속요건이다. 따라서 대항력의 취득 시에만 구비하면 충분한 것이 아니고 대항력을 유지하기 위하여 계속 존속하여야 한다.
⑤ 주민등록의 신고를 통해 막대한 법률효과가 발생하므로 이는 행정청에 도달하기만 하면 신고로서의 효력이 발생하는 것이 아니라 행정청이 수리한 경우에 비로소 신고의 효력이 발생한다.

04 주택임대차의 대항력   정답 ⑤

자기 명의의 주택을 매도하면서 동시에 그 주택을 임차하는 경우 매도인이 임차인으로서 가지는 대항력은 매수인 명의의 소유권이전등기가 경료된 다음 날부터 효력이 발생한다(대판 2000.2.11, 99다59306).

05 주택임대차의 효력   정답 ④

① 주택임대차가 법정갱신된 경우 임대차의 존속기간은 2년으로 본다(주택임대차보호법 제6조 제2항).
② 건물 기타 공작물의 임대차에는 임차인의 차임연체액이 2기의 차임액에 달하는 때에는 임대인은 계약을 해지할 수 있다(민법 제640조).
③ 임대차계약이 묵시적으로 갱신된 경우, 임차인 乙만 甲에게 계약해지를 통지할 수 있다(주택임대차보호법 제6조의2 제1항).
④ 「주택임대차보호법」 제3조의3 제1항

⑤ 차임 등의 증액청구는 임대차계약 또는 약정한 차임 등의 증액이 있은 후 1년 이내에는 할 수 없다(주택임대차보호법 시행령 제8조 제2항).

오답 NOTE

06 주택임대차의 대항력   정답 ①

① 甲의 배우자나 자녀의 주민등록도 「주택임대차보호법」상의 대항요건인 주민등록에 해당한다(대판 1996.1.26, 95다30338).
② 대판 2002.10.11, 2002다20957
③ 대판 2002.9.4, 2001다64615
④ 대판 2001.1.19, 2000다55645
⑤ 대판 2000.2.11, 99다59306

07 주택임대차의 효력   정답 ④

㉠ 대판 1986.1.21, 85다카1367
㉡ 대판 1994.6.24, 94다3155
㉢ 임차인이 보증금을 수령하기 위하여는 임차주택을 명도한 증명을 하여야 한다는 의미이지 주택인도의무가 보증금반환의무보다 선이행되어야 한다는 의미가 아니라는 것이 판례의 태도이다(대판 1994.2.22, 93다55241).
㉣ 대판 1997.8.22, 96다53628
㉤ 실제 임대차계약의 주된 목적이 주택을 사용·수익하려는 것에 있는 것이 아니고 실제적으로 소액임차인으로 보호받아 선순위담보권자에 우선하여 채권을 회수하려는 것에 주된 목적이 있었던 경우에는 「주택임대차보호법」상 소액임차인으로 보호받을 수 없다는 것이 판례의 태도이다(대판 2001. 5.8, 2001다14733).

08 주택임대차의 효력   정답 ④

대항력 발생시점은 7월 6일 오전 0시이고, 우선변제권 발생시점도 7월 6일이다.

09 임차권등기명령제도   정답 ⑤

① 「주택임대차보호법」 제3조의3 제1항
②③ 임차권등기명령의 집행에 의한 임차권등기가 경료되면 임차인은 대항력 및 우선변제권을 취득한다. 다만, 임차인이 임차권등기 이전에 이미 대항력 또는 우선변제권을 취득한 경우에는 그 대항력 또는 우선변제권은 그대로 유지되며, 임차권등기 이후에는 대항요건을 상실하더라도 이미 취득한 대항력 또는 우선변제권을 상실하지 아니한다(동법 제3조의3 제5항).
④ 동법 제3조의3 제8항

⑤ 임차권등기명령의 집행에 의한 임차권등기가 경료된 주택을 그 이후에 임차한 임차인에게는 '최우선변제권'이 인정되지 않는다(동법 제3조의3 제6항).

10 주택임차인의 계약갱신요구권   정답 ④

㉠ 임차인은 임대차기간이 끝나기 6개월 전부터 2개월 전까지의 기간 이내에 임대인에게 계약갱신을 요구할 수 있다(주택임대차보호법 제6조의3 제1항).
㉡ 동법 제6조의3 제2항
㉢ 임차인이 2기의 차임액에 해당하는 금액에 이르도록 차임을 연체한 사실이 있는 경우 임대인은 임차인의 계약갱신요구를 거절할 수 있다(동법 제6조의3 제1항 제1호).

11 주택임대차의 효력   정답 ①

① 대항력과 우선변제권을 겸유하고 있는 임차인이 배당요구를 하였으나 보증금 전액을 배당받지 못한 경우, 후행 경매절차에서는 우선변제권에 의한 배당을 받을 수 없다(대판 2001.3.27, 98다4552).
② 대판 2005.6.9, 2005다4529
③ 대판 1999.4.13, 99다4207
④ 대판 1999.5.25, 99다9981
⑤ 대판 1998.4.10, 98다3276

12 주택임대차의 효력   정답 ④

㉠ 대항력을 취득하는 시점은 주택의 인도와 주민등록을 마친 다음 날이므로 위와 같은 경우에는 저당권이 우선하게 된다. 따라서 임차인은 제3자에 대하여 자신의 임차권을 주장할 수 없다.
㉡ 「주택임대차보호법」상의 대항력과 우선변제권을 모두 가지고 있는 임차인이 보증금을 반환받기 위하여 보증금반환청구소송의 확정판결 등 집행권원을 얻어 임차주택에 대하여 '스스로 강제경매를 신청하였다면' 특별한 사정이 없는 한 대항력과 우선변제권 중 우선변제권을 선택하여 행사한 것으로 보아야 하고, 이 경우 우선변제권을 인정받기 위하여 배당요구의 종기까지 별도로 배당요구를 하여야 하는 것은 아니다(대판 2013.11.14, 2013다27831).
㉢ 「주택임대차보호법」 소정의 소액임차보증금의 임차인이라 할지라도 당해 목적물의 경매절차에서 소액보증금의 지급을 받지 못한 이상 그 임차주택의 '경락인에 대하여' 소액보증금의 우선변제를 요구할 수는 없다(대판 1988.4.12, 87다카844).
㉣ 주거용 건물의 일부가 비주거용으로 사용되는 경우에도 「주택임대차보호법」이 적용된다.

13 주택임대차의 효력

① 대판 1999.7.23, 99다25532

④ 임차권등기명령에 의하여 임차권등기를 한 임차인은 「민사집행법」 제148 조 제4호에 정한 채권자에 준하여 배당요구를 하지 않아도 배당을 받을 수 있다(대판 2005.9.15, 2005다33039).

14 주택임대차의 효력

정답 ②

① 대판 2004.8.30, 2003다23885

② 정확한 지번과 동·호수로 주민등록 전입신고서를 작성·제출하였는데 담당 공무원이 착오로 수정을 요구하여, 잘못된 지번으로 수정하고 동·호수 기 재를 삭제한 주민등록 전입신고서를 다시 작성·제출하여 그대로 주민등록 이 된 경우 그 주민등록이 임대차의 공시방법으로서 유효하지 않으므로 대 항력이 인정되지 않는다(대판 2009.1.30, 2006다17850).

③ 「주택임대차보호법」 제3조의3 제8항

④ 동법 제6조 제2항

⑤ 대판 2001.5.8, 2001다14733

15 주택임대차의 효력

정답 ④

① 주택임차인의 대항력이 저당권자의 등기보다 선순위이므로 甲은 丁에 대하 여 자신의 임차권을 주장할 수 있다.

② 임차주택의 양수인은 임대인의 지위를 승계하므로 丁은 乙의 임대인으로서 의 지위를 이전받는다.

④ 「주택임대차보호법」상의 대항요건을 갖춘 임차인은 임차주택의 양수인에 게 대항하여 보증금의 반환을 받을 때까지 임대차관계의 존속을 주장할 수 있는 권리와 보증금에 관하여 임차주택의 가액으로부터 우선변제를 받을 수 있는 권리를 겸유하므로 위 두 가지 권리 중 하나를 선택하여 행사할 수 있다(대판 1993.12.24, 93다39676).

⑤ 후순위저당권의 실행으로 목적부동산이 경락된 경우에는 선순위저당권까 지도 당연히 소멸하는 것이므로 소멸된 선순위저당권보다 뒤에 등기되었거 나 대항력을 갖춘 임차권은 함께 소멸한다. 따라서 그 경락인은 「주택임 차보호법」 제3조에서 말하는 임차주택의 양수인 중에 포함된다고 할 수 없 을 것이므로 임차인은 경락인에 대하여 그 임차권의 효력을 주장할 수 없다 (대판 2000.2.11, 99다59306).

CHAPTER 02 상가건물 임대차보호법

01	②	02	②	03	③	04	④	05	⑤
06	⑤	07	④	08	⑤	09	⑤	10	⑤

01 「상가건물 임대차보호법」의 적용범위   정답 ②

㉠ 사실행위와 더불어 영리를 목적으로 하는 활동이 함께 이루어진 경우에는 「상가건물 임대차보호법」 적용대상인 상가건물에 해당한다. 따라서 임차인이 상가건물의 일부를 임차하여 도금작업을 하면서 임차부분에 인접한 컨테이너 박스에서 도금작업의 주문을 받고 완성된 도금제품을 고객에 인도하여 수수료를 받는 등 영업활동을 해 온 경우 그 임차부분은 「상가건물 임대차보호법」이 적용되는 상가건물에 해당한다(대판 2011.7.28, 2009다40967).

㉡ 임대차종료 시에 임차인이 건물을 원상으로 복구하여 임대인에게 명도하기로 약정한 경우에 이는 건물에 지출한 각종 유익비 또는 필요비의 상환청구권을 미리 포기하기로 한 취지의 특약이라고 인정되고(대판 1975.4.22, 73다2010), 비용상환청구권 규정은 임의규정이므로 임차인에게 불리하더라도 유효하다(대판 1996.8.20, 94다44705).

㉢ 임차권등기명령에 따라 임차권등기가 경료된 후에 건물을 임차한 자에게는 최우선변제권이 인정되지 않는다(상가건물 임대차보호법 제6조 제6항).

㉣ 사업자등록은 우선변제권의 취득요건일 뿐만 아니라 존속요건이기도 하므로 배당요구의 종기까지 존속하고 있어야 한다(대판 2006.1.13, 2005다64002).

02 상가건물 임대차보호법   정답 ②

① 상가건물임대차는 그 등기가 없는 경우에도 임차인이 건물의 인도와 「부가가치세법」 제8조, 「소득세법」 제168조 또는 「법인세법」 제111조에 따른 사업자등록을 신청하면 그 다음 날부터 제3자에 대하여 효력이 생긴다(상가건물 임대차보호법 제3조 제1항).

② 동법 제10조 제1항 각 호의 계약갱신거절사유가 있는 경우, 임대인은 권리금회수 기회 보호의무를 부담하지 않는다(동법 제10조의4 제1항 단서).

③ 임차인의 계약갱신요구권은 최초의 임대차기간을 포함한 전체 임대차기간이 10년을 초과하지 아니하는 범위에서만 행사할 수 있다(동법 제10조 제2항).

④ 임차인이 임차건물에 대하여 보증금반환청구소송의 확정판결, 그 밖에 이에 준하는 집행권원에 의하여 경매를 신청하는 경우에는 「민사집행법」 제41조에도 불구하고 반대의무의 이행이나 이행의 제공을 집행개시의 요건으로 하지 않는다(동법 제5조 제1항).

⑤ 상가건물 임대차가 법정갱신된 경우 임차인은 언제든지 임대인에게 계약해지의 통고를 할 수 있고, 임대인이 통고를 받은 날부터 3개월이 지나면 효력이 발생한다(동법 제10조 제5항).

03 상가건물 임대차의 효력

정답 ③

① 대판 2011.7.28, 2009다40967
② 대판 2006.1.13, 2005다64002
③ 대항요건을 갖추고 임대차계약서상의 확정일자를 받은 임차인은 「민사집행법」에 따른 경매 또는 「국세징수법」에 따른 공매 시 임차건물의 환가대금에서 후순위권리자나 그 밖의 채권자보다 우선하여 보증금을 변제받을 권리가 있다(상가건물 임대차보호법 제5조 제2항).
④ 대판 2007.6.28, 2007다25599
⑤ 「상가건물 임대차보호법」이 적용되는 상가건물의 공유자인 임대인이 같은 법 제10조 제4항에 의하여 임차인에게 갱신거절의 통지를 하는 행위는 실질적으로 임대차계약의 해지와 같이 공유물의 임대차를 종료시키는 것이므로 공유물의 관리행위에 해당하여 공유자의 지분의 과반수로써 결정하여야 한다(대판 2010.9.9, 2010다37905).

04 상가건물 임대차의 효력

정답 ④

① 위 사안의 경우 보증금이 10억원이므로 위 임대차는 「상가건물 임대차보호법」이 적용되지 않는다(상가건물 임대차보호법 제2조 제1항·제3항). 다만, 이 경우에도 임차인의 계약갱신요구권은 인정된다(동법 제10조 제2항).
② 위 사안의 경우 보증금이 10억원이므로 위 임대차는 「상가건물 임대차보호법」이 적용되지 않는다(동법 제2조 제1항·제3항). 따라서 임대인도 6개월의 기간이 유효함을 주장할 수 있다.
③ 임차인의 계약갱신요구권 행사에 의하여 갱신되는 임대차는 전임대차와 동일한 조건으로 다시 임대차한 것으로 본다(동법 제10조 제3항).
④ 위 사안의 경우 보증금이 10억원이므로 위 임대차는 「상가건물 임대차보호법」이 적용되지 않는다(동법 제2조 제1항·제3항). 따라서 X건물이 경매로 매각된 경우라도 甲은 특별한 사정이 없는 한 보증금에 대해 일반채권자보다 우선하여 변제받을 수는 없다.
⑤ 위 사안의 경우 보증금이 10억원이므로 위 임대차는 「상가건물 임대차보호법」이 적용되지 않는다(동법 제2조 제1항·제3항). 따라서 임차인은 임차권등기명령을 신청할 수 없다.

05 상가건물 임대차보호법

정답 ⑤

㉠ 위 사안의 경우 보증금이 10억원이므로 위 임대차는 「상가건물 임대차보호법」이 적용되지 않는다(상가건물 임대차보호법 제2조 제1항·제3항). 다만, 이 경우에도 대항력은 인정된다(동법 제10조 제2항).
㉡ 기간을 정하지 아니하거나 기간을 1년 미만으로 정한 상가건물의 임대차는 그 기간을 1년으로 본다(동법 제9조 제1항). 그러나 위 사안의 경우 보증금이 10억원이므로 위 임대차는 「상가건물 임대차보호법」상의 최단존속기간

제한규정이 적용되지 않는다(동법 제2조 제1항·제3항). 따라서 임차인은 1년의 존속기간을 주장할 수 없다.

ⓒ 보증금이 10억원인 경우에도 임차인의 계약갱신요구권은 인정된다(동법 제10조 제2항). 그러나 기간을 정하지 않은 경우에는 임차인은 계약갱신요구권을 행사할 수 없다(대판 2021.12.30, 2021다233730).

06 상가건물 임대차의 효력   정답 ⑤

ⓐ 「상가건물 임대차보호법」 제10조의8
ⓑ 1년이다(동법 제9조 제1항).
ⓒ 동법 제10조 제2항
ⓓ 다음 날부터이다(동법 제3조 제1항).
ⓔ 동법 제10조의4 제4항

07 상가건물 임대차의 효력   정답 ④

청구권보전의 가등기의 경우 본등기를 하게 되면 순위보전의 효력이 생긴다. 따라서 소유권이전등기청구권을 보전하기 위한 가등기가 경료된 후에 「상가건물 임대차보호법」상 대항력을 취득한 임차인은 그 가등기에 기하여 본등기를 경료한 자에 대하여 임대차의 효력으로써 대항할 수 없다(대판 2007.6.28, 2007다25599).

08 상가건물 임차인의 계약갱신요구권   정답 ⑤

ⓐ 3기의 차임액에 달하도록 차임을 연체한 사실이 있어야 거절할 수 있다.
ⓔ 임차인이 임차한 건물의 전부 또는 일부를 고의나 중대한 과실로 파손한 경우이어야 거절할 수 있다.
ⓜ 임대인이 목적건물의 전부 또는 대부분을 철거하거나 재건축하기 위해 목적건물의 점유회복이 필요한 경우이어야 거절할 수 있다.
ⓗ 임차한 건물의 일부멸실로 임대차의 목적을 달성할 수 없어야 거절할 수 있다.

09 상가건물 임대차의 효력   정답 ⑤

① 임대차가 종료된 후 보증금을 돌려받지 못한 임차인은 임차건물의 소재지를 관할하는 지방법원, 지방법원지원 또는 시·군법원에 임차권등기명령을 신청할 수 있다(상가건물 임대차보호법 제6조 제1항).
② 사업자등록은 대항력 또는 우선변제권의 취득요건일 뿐만 아니라 존속요건이기도 하다(대판 2006.1.13, 2005다64002).

③ 임차인이 임차한 건물의 전부 또는 일부를 **고의나 중대한 과실**로 파손한 경우에는 임대인이 임차인의 계약갱신요구를 거절할 수 있다(동법 제10조 제1항 제5호). 따라서 경과실로 파손한 경우에는 임대인이 임차인의 계약갱신요구를 거절할 수 없다.

④ 임차인의 계약갱신요구권은 최초의 임대차기간을 포함한 전체 임대차기간이 10년을 초과하지 아니하는 범위에서만 행사할 수 있다(동법 제10조 제2항).

⑤ 임차인은 보증금 중 일정액을 다른 담보물권자보다 우선하여 변제받을 권리가 있다. 이 경우 임차인은 건물에 대한 '경매신청의 등기 전'에 대항요건을 갖추어야 한다(동법 제14조 제1항).

오답 NOTE

10 상가건물 임대차의 권리금 보호　　　　정답 ⑤

다음의 어느 하나에 해당하는 경우에는 「상가건물 임대차보호법」 제10조의4 제1항 제4호의 정당한 사유가 있는 것으로 본다(상가건물 임대차보호법 제10조의4 제2항).

> 1. 임차인이 주선한 신규임차인이 되려는 자가 보증금 또는 차임을 지급할 자력이 없는 경우(ⓛ)
> 2. 임차인이 주선한 신규임차인이 되려는 자가 임차인으로서의 의무를 위반할 우려가 있거나 그 밖에 임대차를 유지하기 어려운 상당한 사유가 있는 경우(ⓔ)
> 3. 임대차 목적물인 상가건물을 1년 6개월 이상 영리목적으로 사용하지 아니한 경우(ⓖ)
> 4. 임대인이 선택한 신규임차인이 임차인과 권리금계약을 체결하고 그 권리금을 지급한 경우(ⓒ)

이론＋ 제10조의4(권리금 회수기회 보호 등) 제1항

> 임대인은 임대차기간이 끝나기 6개월 전부터 임대차 종료 시까지 다음의 어느 하나에 해당하는 행위를 함으로써 권리금 계약에 따라 임차인이 주선한 신규임차인이 되려는 자로부터 권리금을 지급받는 것을 방해하여서는 아니 된다. 다만, 제10조(계약갱신 요구 등) 제1항 각 호의 어느 하나에 해당하는 사유가 있는 경우에는 그러하지 아니하다.
> 1. 임차인이 주선한 신규임차인이 되려는 자에게 권리금을 요구하거나 임차인이 주선한 신규임차인이 되려는 자로부터 권리금을 수수하는 행위
> 2. 임차인이 주선한 신규임차인이 되려는 자로 하여금 임차인에게 권리금을 지급하지 못하게 하는 행위
> 3. 임차인이 주선한 신규임차인이 되려는 자에게 상가건물에 관한 조세, 공과금, 주변 상가건물의 차임 및 보증금, 그 밖의 부담에 따른 금액에 비추어 현저히 고액의 차임과 보증금을 요구하는 행위
> 4. 그 밖에 정당한 사유 없이 임대인이 임차인이 주선한 신규임차인이 되려는 자와 임대차계약의 체결을 거절하는 행위

CHAPTER 03 집합건물의 소유 및 관리에 관한 법률

01	④	02	③	03	①	04	③	05	①
06	③	07	①	08	①	09	③	10	①
11	④	12	⑤	13	③	14	②	15	②
16	③	17	⑤	18	⑤	19	③		

01 「집합건물의 소유 및 관리에 관한 법률」의 내용 　　정답 ④

㉠ 「집합건물의 소유 및 관리에 관한 법률」 제11조
㉡ 전유부분에 관한 담보책임의 존속기간은 구분소유자에게 인도한 날부터 기산한다(동법 제9조의2 제2항 제1호).
㉢ 공용부분에 관한 물권의 득실변경은 등기가 필요하지 않다(동법 제13조 제3항).
㉣ 구분소유권의 특별승계인은 구분소유권을 다시 제3자에 이전한 경우에도 이전 구분소유자들의 채무를 중첩적으로 인수하므로, 여전히 자신의 전(前) 구분소유자의 공용부분에 대한 체납관리비를 지급할 책임을 진다(대판 2008. 12.11, 2006다50420).

02 「집합건물의 소유 및 관리에 관한 법률」의 내용 　　정답 ③

① 이를 분리처분금지라 한다(집합건물의 소유 및 관리에 관한 법률 제13조 제2항).
② 동법 제8조
③ 구분소유자 전원의 동의로 소집된 관리단집회는 소집절차에서 통지되지 않은 사항에 대해서도 결의할 수 있다(동법 제36조 제3항).
④ 관리단집회 소집청구를 하기 위해서는 구분소유자의 5분의 1 이상이면 되고 의결권의 5분의 1 이상일 필요는 없다(동법 제33조 제2항).
⑤ 규약의 설정·변경 및 폐지는 관리단집회에서 구분소유자의 4분의 3 이상 및 의결권의 4분의 3 이상의 찬성을 얻어서 한다(동법 제29조 제1항).

03 「집합건물의 소유 및 관리에 관한 법률」의 내용 　　정답 ①

① 각 공유자는 공용부분을 그 용도에 따라 사용할 수 있다(집합건물의 소유 및 관리에 관한 법률 제11조).
② 동법 제12조 제1항
③ 동법 제32조
④ 동법 제13조 제1항·제2항
⑤ 동법 제22조

04 「집합건물의 소유 및 관리에 관한 법률」의 내용　　정답 ③

㉠ 집합건물의 공용부분은 별도로 취득시효의 대상이 되지 않는다(대판 2013. 12.12, 2011다78200).

㉡ 각 공유자는 공용부분을 그 용도에 따라 사용할 수 있다(동법 제11조).

㉢ 대지사용권은 특별한 사정이 없는 한 전유부분과 일체성이 있으므로 이에 반하는 대지사용권의 처분은 법원의 강제경매절차에 의한 것이라 하더라도 무효이다(대판 2009.6.23, 2009다26145).

05 「집합건물의 소유 및 관리에 관한 법률」의 내용　　정답 ①

① 구분소유권이 성립하기 위해서는 독립성과 구분행위가 있어야 하는바, 구분행위로 인정되기 위해서 구분의사를 외부에 표시하면 되므로 구분건물로 등기할 필요도 없고 건축물대장에 구분건물로 등록하여야 하는 것도 아니라는 것이 판례의 태도이다(대판 전합체 2013.1.17, 2010다71578).

② 「집합건물의 소유 및 관리에 관한 법률」 제10조 제1항 본문 · 제13조 제2항

③ 동법 제17조

④ 동법 제7조

⑤ 동법 제6조

06 「집합건물의 소유 및 관리에 관한 법률」의 내용　　정답 ③

① 분양자와 시공자 모두 구분소유자에 대하여 담보책임을 진다(집합건물의 소유 및 관리에 관한 법률 제9조).

② 공동주택의 공용부분인 공동대피소로 건축된 부분을 주거용 방실로 개조하여 주거용으로 사용하게 하더라도 구분소유의 목적이 될 수 없다(대판 1992.4.10, 91다46151).

③ 동법 제13조 제2항

④ 각 공유자는 공용부분을 그 용도에 따라 사용할 수 있다(동법 제11조).

⑤ 공용부분의 변경에 관한 사항은 관리단집회에서 구분소유자의 3분의 2 이상 및 의결권의 3분의 2 이상의 결의로써 결정하는 것이 원칙이다(동법 제15조 제1항 본문).

07 「집합건물의 소유 및 관리에 관한 법률」의 내용　　정답 ①

① 전유부분만에 관하여 설정된 저당권 또는 압류의 효력은, 대지사용권의 분리처분이 가능하도록 규약으로 정하였다는 등의 특별한 사정이 없는 한 대지사용권에까지 미친다(대판 2001.9.4, 2001다22604).

② 「집합건물의 소유 및 관리에 관한 법률」 제17조

③ 동법 제18조

④ 대판 2006.6.29, 2004다3598 · 3604

⑤ 대판 2002.12.27, 2002다45284

08 「집합건물의 소유 및 관리에 관한 법률」의 내용   정답 ①

① 입주자대표회의는 공동주택의 관리에 관한 사항을 결정하여 시행하는 등의 관리권한만을 가질 뿐으로, 입주자대표회의가 공동주택의 구분소유자를 대리하여 공용부분 등의 구분소유권에 기초한 방해배제청구 등의 권리를 행사할 수 있다고 규정한 공동주택관리규약은 무효이다(대판 2003.6.24, 2003다17774).

② 「집합건물의 소유 및 관리에 관한 법률」 제20조 제1항

③ 대판 2004.5.13, 2004다2243

④ 동법 제20조 제2항

⑤ 대판 1999.7.27, 98다35020

09 「집합건물의 소유 및 관리에 관한 법률」의 내용   정답 ③

① 구분소유자가 10인 이상일 때에는 관리단을 대표하고 관리단의 사무를 집행할 관리인을 선임하여야 한다(집합건물의 소유 및 관리에 관한 법률 제24조 제1항).

② 집합건물의 공용부분에 대해서는 분할청구권이 인정되지 않는다(민법 제268조 제3항).

③ 「집합건물의 소유 및 관리에 관한 법률」 제23조 제1항

④ 법정공용부분은 등기할 필요가 없으나, 규약공용부분은 등기가 필요하다(집합건물의 소유 및 관리에 관한 법률 제3조 제4항).

⑤ 담보책임을 물을 수 있는 자는 수분양자이나, 수분양자가 집합건물을 양도한 경우 양도 당시 양도인이 이를 행사하기 위하여 유보하였다는 등의 특별한 사정이 없는 한 하자담보추급권은 현재의 집합건물의 구분소유자에게 귀속한다(대판 2003.2.11, 2001다47733).

10 「집합건물의 소유 및 관리에 관한 법률」의 내용   정답 ①

① 「집합건물의 소유 및 관리에 관한 법률」 제49조에 의하여 의제된 합의내용인 재건축결의의 내용의 변경을 위해서는 조합원 5분의 4 이상의 결의가 필요하고, 재건축결의내용을 변경하는 결의는 서면결의로도 가능하다(대판 전합체 2005.4.21, 2003다4969).

② 「집합건물의 소유 및 관리에 관한 법률」 제13조 제1항

③ 동법 제13조 제2항

④ 대판 1995.3.10, 94다49687

⑤ 동법 제15조 제1항

11 「집합건물의 소유 및 관리에 관한 법률」의 내용   정답 ④

① 「집합건물의 소유 및 관리에 관한 법률」 제5조 제1항
② 동법 제10조 제1항
③ 동법 제36조 제3항
④ 공유자의 특별승계인에게 그 승계의사의 유무에 관계없이 청구할 수 있도록 「집합건물의 소유 및 관리에 관한 법률」 제18조에서 특별규정을 두고 있는 바, 위 관리규약 중 공용부분 관리비에 관한 부분은 위 규정에 터잡은 것으로서 유효하다고 할 것이므로, 아파트의 특별승계인은 전입주자의 체납관리비 중 **공용부분**에 관하여는 이를 승계하여야 한다고 봄이 타당하다(대판 전합체 2001.9.20, 2001다8677).
⑤ 동법 제29조 제1항

12 「집합건물의 소유 및 관리에 관한 법률」의 내용   정답 ⑤

㉠ 「집합건물의 소유 및 관리에 관한 법률」 제3조 제4항
㉡ 동법 제13조 제1항
㉢ 동법 제13조 제2항
㉣ 동법 제13조 제3항
㉤ 동법 제36조 제3항

13 「집합건물의 소유 및 관리에 관한 법률」의 내용   정답 ③

① 「집합건물의 소유 및 관리에 관한 법률」 제16조 제1항
② 동법 제20조 제1항
③ 민법 제267조(지분포기 등의 경우의 귀속) 규정은 대지사용권에는 적용하지 아니한다(집합건물의 소유 및 관리에 관한 법률 제22조).
④ 동법 제11조
⑤ 동법 제45조 제2항

14 「집합건물의 소유 및 관리에 관한 법률」의 내용   정답 ②

「집합건물의 소유 및 관리에 관한 법률」 제9조의 담보책임은 **건물의 건축상 하자** 외에 대지부분의 권리상 하자에까지 적용되는 것은 아니다(대판 2002. 11.8, 99다58136).

15 「집합건물의 소유 및 관리에 관한 법률」의 내용   정답 ②

㉠ 규약의 설정·변경 및 폐지는 관리단집회에서 구분소유자의 4분의 3 이상 및 의결권의 4분의 3 이상의 찬성을 얻어서 한다(집합건물의 소유 및 관리에 관한 법률 제29조 제1항).

ⓛ 재건축의 결의는 **구분소유자의 5분의 4 이상** 및 **의결권의 5분의 4 이상**의 결의에 따른다(동법 제47조 제2항).
ⓒ 공용부분의 관리에 관한 사항은 원칙적으로 통상의 집회결의(**구분소유자의 과반수 및 의결권의 과반수**)로써 결정한다(동법 제16조 제1항).
ⓔ 구분소유자의 전유부분에 대한 사용금지청구는 구분소유자의 4분의 3 이상 및 의결권의 4분의 3 이상의 관리단집회 결의가 있어야 한다(동법 제44조 제2항).

16 집합건물의 관리단과 관리인
정답 ③

ⓣ 건물에 대하여 구분소유관계가 성립되면 구분소유자 전원을 구성원으로 하여 건물과 그 대지 및 부속시설의 관리에 관한 사업의 시행을 목적으로 하는 **관리단이 설립된다**(집합건물의 소유 및 관리에 관한 법률 제23조 제1항).
ⓛ 동법 제24조 제1항
ⓒ 동법 제24조 제3항
ⓔ 관리인에게 부정한 행위나 그 밖에 그 직무를 수행하기에 적합하지 아니한 사정이 있을 때에는 **각 구분소유자는 관리인의 해임을 법원에 청구할 수 있다**(동법 제24조 제5항).

17 관리인해임청구
정답 ⑤

관리인해임청구는 각 구분소유자가 할 수 있다(집합건물의 소유 및 관리에 관한 법률 제24조 제5항).

18 집합건물의 재건축
정답 ⑤

재건축결의내용을 변경하는 결의는 서면결의로도 가능하다(대판 전합체 2005. 4.21, 2003다4969).

19 집합건물의 재건축
정답 ③

① 「집합건물의 소유 및 관리에 관한 법률」 제47조 제2항
② 동법 제48조 제1항
③ 재건축에 **참가하지 않겠다는 뜻을 회답한 것으로 본다**(동법 제48조 제3항).
④ 동법 제47조 제3항 제4호
⑤ 대판 2008.2.1, 2006다32217

<CHAPTER 04> 가등기담보 등에 관한 법률

01	①	02	④	03	③	04	①	05	③

01 「가등기담보 등에 관한 법률」의 적용범위   정답 ①

㉠ 동산의 양도담보에 대해서는 「가등기담보 등에 관한 법률」이 적용되지 않는다(대판 1994.8.26, 93다44739).

㉡ 「가등기담보 등에 관한 법률」은 소비대차에 기초한 채권에 대하여 적용된다. 따라서 매매대금채권을 담보하기 위한 경우에는 「가등기담보 등에 관한 법률」이 적용되지 않는다.

㉢ 「가등기담보 등에 관한 법률」은 차용물의 반환에 관하여 차주가 차용물을 갈음하여 다른 재산권을 이전할 것을 예약할 때 그 재산의 예약 당시 가액이 차용액과 이에 붙인 이자를 합산한 액수를 초과하는 경우에 적용된다.

㉣ 재산권 이전의 예약 당시 재산에 대하여 선순위근저당권이 설정되어 있는 경우에는 재산의 가액에서 피담보채무액을 공제한 나머지 가액이 차용액과 이에 붙인 이자를 합한 액수를 초과하는 경우에만 적용된다(대판 2006.8.24, 2005다61140).

02 가등기담보권의 실행   정답 ④

① 청산금의 평가액이 채권액에 미달하여 청산금이 없다고 인정되는 때에는 그 뜻을 통지하여야 한다(가등기담보 등에 관한 법률 제3조 제1항).

② 채권자가 주관적으로 평가한 청산금 액수가 객관적인 청산금 평가액에 미치지 못하는 경우라도 담보권실행통지로서의 효력은 있다(대판 1996.7.30, 96다6974).

③ 채무자 등은 청산금채권을 변제받을 때까지 그 채무액을 채권자에게 지급하고 그 채권담보의 목적으로 경료된 소유권이전등기의 말소를 청구할 수 있다(동법 제11조 본문). 따라서 청산기간이 경과된 후에도 채무자는 피담보채무 전액 등을 지급하고 가등기의 말소를 구할 수 있다(대판 1994.6.28, 94다3087·94다3094).

④ 동법 제12조 제2항

⑤ 담보가등기를 마친 부동산에 대하여 강제경매 등이 행하여진 경우에는 담보가등기권리는 그 부동산의 매각에 의하여 소멸한다(동법 제15조).

03 가등기담보권의 실행   정답 ③

① 「가등기담보 등에 관한 법률」 제12조 제1항

② 민법 제363조 제1항

③ 가등기담보권자는 목적부동산의 소유권을 취득하기 위해서는 **청산절차를 거쳐야 한다**(가등기담보 등에 관한 법률 제4조 제2항).

④ 가등기담보권자와 저당권자는 채무자의 일반채권자에 의하여 개시된 강제집행에 참가하여 우선변제를 받을 수 있다. 이때 우선변제의 순위는 가등기담보권자, 저당권자, 일반채권자 순이다.

⑤ 「가등기담보 등에 관한 법률」 제15조

04 가등기담보권의 실행
정답 ①

① 채권자가 나름대로 평가한 청산금의 액수가 객관적인 청산금의 평가액에 미치지 못한다고 하더라도 **담보권실행통지로서의 효력은 인정된다**(대판 1996.7.30, 96다6974).

② 대판 2010.8.19, 2009다90160

③ 「가등기담보 등에 관한 법률」 제7조 제1항

④ 후순위권리자는 **청산기간에 한정하여** 그 피담보채권의 변제기 도래 전이라도 담보목적부동산의 경매를 청구할 수 있다(동법 제12조 제2항).

⑤ 乙의 채무변제의무와 甲의 가등기말소의무는 동시이행의 관계가 아니므로 乙의 채무변제의무는 선이행의무이다(대판 1969.9.30, 69다1173).

05 가등기담보권의 실행
정답 ③

후순위저당권자는 청산기간 내에는 자기채권의 변제기가 도래하기 전이라도 경매를 청구할 수 있다(가등기담보 등에 관한 법률 제12조 제2항).

CHAPTER 05 부동산 실권리자명의 등기에 관한 법률

01	③	02	⑤	03	④	04	⑤	05	④
06	①								

01 「부동산 실권리자명의 등기에 관한 법률」의 적용범위
정답 ③

㉠ 배우자 간의 명의신탁이더라도 법령상의 제한회피를 목적으로 한 경우이므로 「부동산 실권리자명의 등기에 관한 법률」이 적용되고, 이 경우에는 신탁자가 소유권을 보유한다. 따라서 신탁자는 수탁자를 상대로 진정명의회복을 원인으로 한 소유권이전등기를 청구할 수 있다.

㉡ 이자 간 등기명의신탁에 있어서 명의신탁자는 명의수탁자를 상대로 부당이득반환을 원인으로 한 소유권이전등기를 청구할 수 없다(대판 2014.2.13, 2012다97864).

ⓒ 명의신탁약정이 무효이므로 신탁자는 명의신탁 해지를 원인으로 수탁자에게 소유권이전등기를 청구할 수는 없다(대판 1999.1.26, 98다1027).

02 「부동산 실권리자명의 등기에 관한 법률」의 적용범위   정답 ⑤

① 「부동산 실권리자명의 등기에 관한 법률」 제8조 제2호 소정의 '배우자'에 사실혼관계의 배우자는 포함되지 않는다(대판 1999.5.14, 99두35). 따라서 사실혼 배우자와의 명의신탁약정은 무효이다.
② 명의신탁등기가 「부동산 실권리자명의 등기에 관한 법률」에 따라 무효가 된 후 신탁자와 수탁자가 혼인하여 그 등기명의자가 배우자로 된 경우에는 **혼인한 때로부터 같은 법 제8조 제2호의 특례가 적용**된다(대판 2002.10. 25, 2002다23840).
③ 명의신탁약정이 무효이므로 신탁자는 수탁자에게 명의신탁해지를 원인으로 이전등기를 청구할 수는 없다(대판 1998.12.11, 98다43250).
④ 강제집행을 면할 목적으로 부동산을 명의신탁하는 것은 반사회적 법률행위(불법원인급여)에 해당하지 않는다(대판 1994.4.15, 93다61307).
⑤ 「부동산 실권리자명의 등기에 관한 법률」 시행 후에 이른바 계약명의신탁약정을 한 경우, 명의수탁자가 명의신탁자에게 반환하여야 할 **부당이득의 대상은 매수자금이다**(대판 2005.1.28, 2002다66922).

03 「부동산 실권리자명의 등기에 관한 법률」의 적용특례   정답 ④

㉠ 신탁자와 수탁자 사이의 내부관계에 있어서 그 목적물의 소유권은 언제나 신탁자가 보유한다(대판 1996.5.31, 94다35985).
㉡ 대외적인 관계에 있어서는 수탁자만이 소유권자로서 그 재산에 대한 제3자의 침해에 대하여 배제를 구할 수 있으며, 신탁자는 수탁자를 대위하여 수탁자의 권리를 행사할 수 있을 뿐 **직접 제3자에게 신탁재산에 대한 침해의 배제를 구할 수 없다**(대판 전합체 1979.9.25, 77다1079).
㉢ 명의신탁재산이 처분된 경우 수탁자로부터 부동산을 양수한 제3자는 선의·악의를 불문하고 소유권을 취득한다(대판 1987.3.10, 85다카2508).
㉣ 대내적인 관계에 있어서 **신탁자가 소유자**이므로 명의신탁자가 신탁부동산을 매도하더라도 **타인 권리의 매매에 해당하지 않는다**(대판 1996.8.20, 96다18656).

04 등기명의신탁   정답 ⑤

甲은 乙을 대위하여 丙에 대하여 소유권이전등기의 말소를 청구할 수 있을 뿐 직접 丙에 대하여 소유권이전등기의 말소를 청구할 수는 없다(대판 2002.3.15, 2001다61654).

05 계약명의신탁

㉠㉡ 대판 2000.3.24, 98도4347

㉢ 계약명의신탁에 있어서 매도인이 선의인 경우라도 명의신탁약정은 무효이다.

㉣ 대판 2005.1.28, 2002다66922

㉤ 등기명의신탁의 경우에는 신탁자는 매도인을 대위하여 수탁자 앞으로 된 등기의 말소를 청구할 수 있다. 그러나 계약명의신탁의 경우에는 신탁자와 매도인 사이에는 아무런 법률관계가 없으므로 甲은 乙을 대위하여 丙 명의의 소유권등기의 말소를 청구할 수 없다.

06 경매와 명의신탁

① 부동산경매절차에서 부동산을 매수하려는 사람이 매수대금을 자신이 부담하면서 다른 사람의 명의로 매각허가결정을 받기로 약정하여 그에 따라 매각허가가 이루어진 경우, 경매목적 부동산의 소유권을 취득하는 자는 명의인이고, 매수대금의 실질적 부담자와 명의인 간에는 명의신탁관계가 성립한다(대판 2005.4.29, 2005다664). 또한 이 경우에는 경매목적물의 소유자가 명의신탁약정 사실을 알았더라도 명의인의 소유권취득은 무효로 되지 않는다(대판 2012.11.15, 2012다69197).

② 사안의 경우 乙이 소유권을 취득하므로 甲은 乙에 대하여 X건물에 관한 소유권이전등기말소를 청구할 수 없다.

③ 甲은 乙에 대하여 매매대금에 대한 부당이득반환청구는 할 수 있으나, X건물에 대한 반환청구는 할 수 없다.

④ 사안의 경우에는 매매대금에 대한 부당이득반환청구권과 X건물 사이에 견련성이 없으므로 甲은 유치권을 행사할 수 없다.

⑤ 타인 소유 물건도 매매계약의 목적물이 될 수 있으므로, X건물을 점유하는 甲이 丁에게 X건물을 매도하는 계약을 체결하더라도 그 계약은 유효하다.

2024 에듀윌 공인중개사 1차 기출응용 예상문제집 민법 및 민사특별법

발 행 일	2024년 4월 15일 초판
편 저 자	심정욱
펴 낸 이	양형남
펴 낸 곳	(주)에듀윌
등록번호	제25100-2002-000052호
주　　소	08378 서울특별시 구로구 디지털로34길 55
	코오롱싸이언스밸리 2차 3층

www.eduwill.net

대표전화 1600-6700

여러분의 작은 소리
에듀윌은 크게 듣겠습니다.

본 교재에 대한 여러분의 목소리를 들려주세요.
공부하시면서 어려웠던 점, 궁금한 점,
칭찬하고 싶은 점, 개선할 점, 어떤 것이라도 좋습니다.

에듀윌은 여러분께서 나누어 주신 의견을
통해 끊임없이 발전하고 있습니다.

에듀윌 도서몰 book.eduwill.net
• 부가학습자료 및 정오표: 에듀윌 도서몰 → 도서자료실
• 교재 문의: 에듀윌 도서몰 → 문의하기 → 교재(내용, 출간) / 주문 및 배송

2024

에듀윌 공인중개사
기출응용 예상문제집

1차 민법 및 민사특별법

고객의 꿈, 직원의 꿈, 지역사회의 꿈을 실현한다

펴낸곳 (주)에듀윌 **펴낸이** 양형남 **출판총괄** 오용철 **에듀윌 대표번호** 1600-6700
주소 서울시 구로구 디지털로 34길 55 코오롱싸이언스밸리 2차 3층 **등록번호** 제25100-2002-000052호
협의 없는 무단 복제는 법으로 금지되어 있습니다.

에듀윌 도서몰
book.eduwill.net

- 부가학습자료 및 정오표: 에듀윌 도서몰 > 도서자료실
- 교재 문의: 에듀윌 도서몰 > 문의하기 > 교재(내용, 출간) / 주문 및 배송

에듀윌 부동산 아카데미 강의 듣기

성공 창업의 필수 코스
부동산 창업 CEO 과정

1 튼튼 창업 기초

- 창업 입지 컨설팅
- 중개사무 문서작성
- 성공 개업 실무TIP

2 중개업 필수 실무

- 온라인 마케팅
- 세금 실무
- 토지/상가 실무
- 재개발/재건축

3 실전 Level-Up

- 계약서작성 실습
- 중개영업 실무
- 사고방지 민법실무
- 빌딩 중개 실무

4 부동산 투자

- 시장 분석
- 투자 정책

부동산으로 성공하는
컨설팅 전문가 3대 특별 과정

마케팅 마스터

- 데이터 분석
- 블로그 마케팅
- 유튜브 마케팅
- 실습 샘플 파일 제공

디벨로퍼 마스터

- 부동산 개발 사업
- 유형별 절차와 특징
- 토지 확보 및 환경 분석
- 사업성 검토

빅데이터 마스터

- QGIS 프로그램 이해
- 공공데이터 분석 및 활용
- 컨설팅 리포트 작성
- 토지 상권 분석

경매의 神과 함께 '중개'에서
'경매'로 수수료 업그레이드

- 공인중개사를 위한 경매 실무
- 투자 및 중개업 분야 확장
- 고수들만 아는 돈 되는 특수 물권
- 이론(기본) - 이론(심화) -
  임장 3단계 과정
- 경매 정보 사이트 무료 이용

실전 경매의 神
안성선
이주왕
장석태

에듀윌 부동산 아카데미 | uland.eduwill.net
문의 | 온라인 강의 1600-6700, 학원 강의 02)6736-0600

꿈을 현실로 만드는 에듀윌

DREAM

공무원 교육
- 선호도 1위, 신뢰도 1위! 브랜드만족도 1위!
- 합격자 수 2,100% 폭등시킨 독한 커리큘럼

자격증 교육
- 8년간 아무도 깨지 못한 기록 합격자 수 1위
- 가장 많은 합격자를 배출한 최고의 합격 시스템

직영학원
- 직영학원 수 1위
- 표준화된 커리큘럼과 호텔급 시설 자랑하는 전국 21개 학원

종합출판
- 온라인서점 베스트셀러 1위!
- 출제위원급 전문 교수진이 직접 집필한 합격 교재

어학 교육
- 토익 베스트셀러 1위
- 토익 동영상 강의 무료 제공
- 업계 최초 '토익 공식' 추천 AI 앱 서비스

콘텐츠 제휴 · B2B 교육
- 고객 맞춤형 위탁 교육 서비스 제공
- 기업, 기관, 대학 등 각 단체에 최적화된 고객 맞춤형 교육 및 제휴 서비스

부동산 아카데미
- 부동산 실무 교육 1위!
- 상위 1% 고소득 창업/취업 비법
- 부동산 실전 재테크 성공 비법

학점은행제
- 99%의 과목이수율
- 16년 연속 교육부 평가 인정 기관 선정

대학 편입
- 편입 교육 1위!
- 업계 유일 500% 환급 상품 서비스

국비무료 교육
- '5년우수훈련기관' 선정
- K-디지털, 산대특 등 특화 훈련과정
- 원격국비교육원 오픈

에듀윌 교육서비스 **공무원 교육** 9급공무원/7급공무원/경찰공무원/소방공무원/계리직공무원/기술직공무원/군무원 **자격증 교육** 공인중개사/주택관리사/감정평가사/노무사/전기기사/경비지도사/검정고시/소방설비기사/소방시설관리사/사회복지사급/건축기사/토목기사/직업상담사/전기기능사/산업안전기사/위험물산업기사/위험물기능사/유통관리사/물류관리사/행정사/한국사능력검정/한경TESAT/매경TEST/KBS한국어능력시험/실용글쓰기/IT자격증/국제무역사/무역영어 **어학 교육** 토익 교재/토익 동영상 강의/인공지능 토익 앱 **세무/회계** 회계사/세무사/전산세무회계/ERP정보관리사/재경관리사 **대학 편입** 편입 교재/편입 영어·수학/경찰대/의치대/편입 컨설팅·면접 **직영학원** 공무원학원/소방학원/공인중개사 학원/주택관리사 학원/전기기사학원/세무사·회계사 학원/편입학원 **종합출판** 공무원·자격증 수험교재 및 단행본 **학점은행제** 교육부 평가인정기관 원격평생교육원(사회복지사2급/경영학/CPA)/교육부 평가인정기관 원격 사회교육원(사회복지사2급/심리학) **콘텐츠 제휴·B2B 교육** 교육 콘텐츠 제휴/기업 맞춤 자격증 교육/대학 취업역량 강화 교육 **부동산 아카데미** 부동산 창업CEO/부동산 경매 마스터/부동산 컨설팅 **국비무료 교육 (국비교육원)** 전기기능사/전기(산업)기사/소방설비(산업)기사/IT(빅데이터/자바프로그램/파이썬)/게임그래픽/3D프린터/실내건축디자인/웹퍼블리셔/그래픽디자인/영상편집(유튜브)디자인/온라인 쇼핑몰광고 및 제작(쿠팡, 스마트스토어)/전산세무회계/컴퓨터활용능력/ITQ/GTQ/직업상담사

교육 문의 **1600-6700** www.eduwill.net